中国出国留学

蓝皮书

2025

教育部留学服务中心　编

中国言实出版社

图书在版编目（CIP）数据

中国出国留学蓝皮书. 2025 / 教育部留学服务中心编. -- 北京：中国言实出版社，2025. 4. -- ISBN 978-7-5171-5095-4

Ⅰ. G648.9

中国国家版本馆CIP数据核字第202554108P号

中国出国留学蓝皮书2025

责任编辑：张　朕
责任校对：李　颖

出版发行：中国言实出版社

地　址：北京市朝阳区北苑路180号加利大厦5号楼105室
邮　编：100101
编辑部：北京市海淀区花园北路35号院9号楼302室
邮　编：100083
电　话：010-64924853（总编室）　010-64924716（发行部）
网　址：www.zgyscbs.cn　电子邮箱：zgyscbs@263.net

经　销：新华书店
印　刷：三河市祥达印刷包装有限公司
版　次：2025年6月第1版　　2025年6月第1次印刷
规　格：710毫米×1000毫米　　1/16　　22.25印张
字　数：312千字

定　价：92.00元
书　号：ISBN 978-7-5171-5095-4

序　言

党的二十大报告提出，教育、科技、人才是全面建设社会主义现代化国家的基础性、战略性支撑，提出了要实施更加积极、更加开放、更加有效的人才政策，着力形成人才国际竞争的比较优势，要加强人才国际交流。党的二十届三中全会再次强调，教育、科技、人才是中国式现代化的基础性、战略性支撑，并提出推进高水平教育开放。习近平总书记2024年9月在全国教育大会上的重要讲话为新时代教育事业发展和教育强国建设指明了方向，强调要深入推动教育对外开放，统筹"引进来"和"走出去"，不断提升我国教育的国际影响力、竞争力和话语权。

在全球化深入发展的今天，教育国际化已成为各国提升综合国力和国际竞争力的重要途径，推动教育高水平对外开放是加快建设教育强国的必然要求。中国正处于全面建设社会主义现代化国家的关键时期，亟须更多具有国际视野和跨文化沟通能力的高素质国际化人才。留学作为培养国际化人才的重要渠道，不仅为个人提供了广阔的发展空间，也是加强教育国际合作、推进国际科技创新、增进文化理解交流、促进民心相通的重要纽带。

留学人员在推动中国科技创新、产业转型升级、企业全球化、全球治理、民间外交、人文交流等方面发挥着独特而重要的作用。随着国家和教育发展进入新阶段，出国留学群体构成、出国留学动机、留学目的地、留学专业选择、留学回国形势、高校国际化趋势等，都在发生深刻变化，对留学服务工作提出了新的挑战。

《中国出国留学蓝皮书2025》正是在这一背景下应运而生。教育部留学服务中心一直坚持围绕推动出国留学全链条服务效能提升、建设具有世界影响力的学历学位认证体系、助力提升高校国际化水平、健全留学中国服务和支持体系、完善留学报国服务体系五个战略方向，全力推动留学服务深入发展。为应对出国留学发展的新挑战，留学服务中心组织专家研究编写了《中国出国留学蓝皮书2025》，以深入分析当前出国留学的最新趋势，全面评估出国留学的环境，为留学决策和政策制定提供全面科学的参考依据。

本书的相关研究分析皆基于坚实的数据基础形成。其中，全球国际学生流动及各国留学环境的相关数据主要来自联合国教科文组织（UNESCO）、经济合作与发展组织（OECD）、世界银行（World Bank）等国际组织和28个国家政府部门的数十个数据库。中国出国留学人员数据主要来自教育部年度出国留学人员情况统计，留学回国人员数据则来自教育部留学服务中心的国（境）外学历学位认证数据库，涵盖了从2019年到2024年的212.9万个样本数据。为深入分析中国学生出国留学的具体情况，教育部留学服务中心与全球化智库（CCG）共同组织发布了面向国内用人单位、留学人员、计划出国留学人员的三种专题调研问卷，共回收了3713份有效问卷，为留学相关决策提供一手数据。

本书系统梳理了中国留学发展大事记，全面分析了全球国际学生流动与中国出国留学发展现状，深入探讨了留学群体大众化、留学动机多元化、留学目的地全球化、留学专业选择市场化、留学回国普遍化等变化趋势，全面评估了出国留学的环境，提供了从留学准备到留学回国的全要素指导。特别是，本书首次提出了"留学环境评价指标体系"，从质量与就业、安全与成本、信任与开放三个维度，依据学术声誉、治安情况、双边经贸等25个二级指标，对28个主要留学目的国的留学环境进行了系统评估，填补了我国在留学环境评价领域的空白，为留学决策和中外教育交流合作提供支持。

　　《中国出国留学蓝皮书》是教育部留学服务中心服务于留学工作的一个重要成果，在研发过程中得到全球化智库（CCG）专业团队的大力支持。在此，我们要感谢所有为本书编写做出贡献的专家学者、行业同人以及参与调研的留学人员代表。正是他们的辛勤付出和无私奉献，才使得本书得以顺利出版。我们也希望，本书能够为广大的留学人员及其家庭、教育机构、政策制定者带来实实在在的帮助，推动中国留学事业迈向新的高度。在未来的日子里，我们将继续努力，不断更新和完善蓝皮书，为中国留学事业的发展贡献更多的力量。我们相信，通过各方的共同努力，中国的留学事业必将迎来更加美好的明天。

　　最后，愿每一位怀揣梦想的留学人员都能在异国他乡学有所成，平安归来，为祖国的建设贡献自己的力量。

教育部留学服务中心　王大泉

2025 年 3 月

目 录

第一篇　出国留学概览

第一章　出国留学发展大事记

1.1　党的十八大之前大事记 [①]

1. 1949 年 12 月 6 日，政务院批准政务院文化教育委员会成立"办理留学生回国事务委员会"，简称"回国委"，统一办理留学生及学者回国事宜。

2. 1950 年 9 月 6 日，新中国第一批 25 名国家公派留学生启程，分别前往波兰、捷克斯洛伐克、罗马尼亚、匈牙利、保加利亚 5 国留学。

3. 1952 年，中央留学生（工作）领导小组成立，并陆续向驻有关国家中国大使馆派出留学生管理干部。

4. 1957 年 11 月 17 日，毛泽东同志在苏联莫斯科大学接见中国留学生，发表"希望寄托在你们身上"的著名演讲。

5. 1974 年 10 月 16 日，国务院批准印发《关于改进和加强出国留学生选派、管理工作的请示报告》（以下简称《报告》）。《报告》提出要向中国留学生较多的国家派出留学生专职管理干部。

6. 1978 年 6 月 23 日，邓小平同志听取教育部关于清华大学工作汇报并谈到派遣留学生问题时，作出扩大派遣留学生的战略决策。

7. 1981 年 1 月 14 日，国务院批转教育部、外交部、公安部、财政部、

[①] 王辉耀、郭娇：《中国留学发展报告（2012）No.1》，社会科学文献出版社，2012，pp.227-276. 苗丹国：《出国留学六十年——当代中国的出国留学政策与引导在外留学人员回国政策的形成、变革与发展》，中央文献出版社，2010.

国家人事局、国务院科干局和国家劳动总局等七个部门联合印发《关于自费出国留学的暂行规定》。1982 年 3 月 31 日，中共中央印发《关于自费出国留学若干问题的决定》。1984 年 12 月 26 日，国务院印发修改后的《关于自费出国留学的暂行规定》。

8. 1984 年 11 月 30 日，中央召开全国引进国外人才和出国留学人员会议。

9. 1986 年 5 月 4 日，中共中央、国务院印发《关于改进和加强出国留学人员工作若干问题的通知》。明确了"按需派遣、保证质量、学用一致"的出国留学人员工作方针。12 月 13 日，国务院印发《国务院批转国家教育委员会〈关于出国留学人员工作的若干暂行规定〉的通知》（国发〔1986〕107 号），次年 6 月 11 日《人民日报》全文刊出。

10. 1987 年 5 月，《神州学人》杂志创刊（时为双月刊），邓小平同志题写刊名，是全国唯一一份面向在外留学人员的综合性刊物。1993 年 1 月，《神州学人》变更为月刊；1995 年 1 月 12 日，《神州学人》电子版创办。这是中国大陆第一家中文网络新闻媒体。2001 年，《神州学人》网站建立。

11. 1989 年 3 月 31 日，教育部留学服务中心成立。

12. 1989 年 10 月 6 日，江泽民同志在中南海怀仁堂接见留学回国人员代表并发表"希望还在你们身上"的讲话。

13. 1990 年 1 月 17 日，中共中央办公厅印发通知，要求"国家教委可在每年留学人员总经费中安排 20% 的经费用于做好留学人员回国的安置工作，解决其科研和住房问题"。国家教委据此于当年设立"留学回国人员科研资助费"，1997 年更名为"教育部留学回国人员科研启动基金"。1998 年 9 月 16 日，教育部国际司印发《留学回国人员科研启动基金管理规定》。2002 年 5 月 15 日，教育部国际司批准教育部留学服务中心重新修订《留学回国人员科研启动基金管理规定》。

14. 1992 年 1 月 25 日，邓小平同志视察广东珠海留学人员高科技企业时表示，希望所有出国学习的人回来。不管他们过去政治态度怎么样，都可以回来，回来后妥善安排。这个政策不能变。告诉他们（指中国在外留学人员），要做出贡献，还是回国好；希望大家通力合作，为加快发展我国科技和教育事业多做实事。

15. 1993年2月13日，中共中央、国务院发布《中国教育改革和发展纲要》，首次正式提出，应"根据'支持留学，鼓励回国，来去自由'的方针，继续扩大派遣留学生"。1993年10月23日，欧美同学会举行成立80周年庆祝大会。江泽民同志出席大会并表示要继续执行"支持留学，鼓励回国，来去自由"的方针，把各项留学工作做得更好。党和人民热忱欢迎更多的留学人员回国服务。1993年11月14日，中共十四届三中全会通过《中共中央关于建立社会主义市场经济体制若干问题的决定》，明确实行"支持留学、鼓励回国、来去自由"的方针。

16. 1994年9月，中国大陆第一个留学人员创业园——金陵海外学子创业园在南京成立。

17. 1996年4月25日，国家教委外事司设立"春晖计划"，旨在鼓励并适当资助在外高层次留学人员短期回国工作或服务，并印发《资助海外留学人员短期回国工作专项经费实施办法》。

18. 1996年6月20日，中央机构编制委员会办公室批准设立国家留学基金管理委员会。

19. 1997年9月12日，江泽民同志在中共十五大报告中指出，要鼓励留学人员回国工作或以适当方式为祖国服务。

20. 1998年12月28日至30日，首届中国留学人员广州科技交流会举行。其后每年12月28日至30日如期举行"广州留交会"。教育部、科技部、人事部和中国科学院等先后被列为共同主办单位。

21. 1999年8月24日，教育部、公安部、国家工商行政管理局印发《自费出国留学中介服务管理规定》和《自费出国留学中介服务管理规定实施细则（试行）》。次年1月15日，教育部印发首批"自费出国留学中介服务机构资格认定书"。

22. 1999年9月18日，中共中央、国务院及中央军委颁授"两弹一星"功勋奖章。邓稼先、王大珩、王希季、朱光亚、孙家栋、任新民、吴自良、陈芳允、陈能宽、杨嘉墀、周光召、钱学森、屠守锷、黄纬禄、程开甲、彭桓武、王淦昌、赵九章、姚桐斌、钱三强、郭永怀等为研制"两弹一星"作出突出贡献的留学回国科技专家获得"两弹一星"功勋奖章。

23. 2003年9月22日，经中央机构编制委员会办公室批准，欧美同学会增冠"中国留学人员联谊会"的称谓。9月28日，欧美同学会增冠"中国留学人员联谊会"会名揭牌仪式在人民大会堂举行。

24. 2003年9月30日，经中共中央、国务院批准，中组部、中宣部、统战部、人事部、教育部和科技部联合召开"全国留学回国人员先进个人和先进工作单位表彰大会"。胡锦涛同志在人民大会堂会见出席全国留学回国人员先进个人和先进工作单位表彰大会的代表，并发表重要讲话指出，广大留学人员是国家的宝贵财富。

25. 2006年7月17日，教育部发起组织，教育部留学服务中心、科技部火炬高技术产业开发中心、广州留学人员科技交流会组委会办公室和威海经济技术开发区管委会共同主办了首届"春晖杯"创业大赛。由教育部、科技部共同主办的首届"春晖杯"中国留学人员创新创业大赛启动。

26. 2007年2月15日，人事部、教育部、科技部、财政部、外交部、国家发展改革委、公安部、商务部、人民银行、国资委、国务院侨办、中国科学院、国家外专局、海关总署、税务总局、工商总局等16个留学人员回国服务工作部际联席会议成员单位的部委以及有关部门共同制定并联合印发《关于建立海外高层次留学人才回国工作绿色通道的意见》。

27. 2011年3月2日，教育部、外交部联合印发《教育部 外交部关于进一步做好在外留学人员工作的意见》（教外留〔2011〕2号），为进一步做好在外留学人员工作提出指导性意见。

1.2 党的十八大以来大事记 ①

28. 2013 年 10 月 21 日，习近平总书记出席欧美同学会成立 100 周年庆祝大会并发表重要讲话，提出了"支持留学、鼓励回国、来去自由、发挥作用"的新时代留学工作方针。

29. 2014 年 1 月 16 日，习近平总书记给全体在德留学人员回信，肯定他们心系祖国、报国为民的爱国情怀，勉励他们早日用所学所得报效祖国和人民。

30. 2014 年 12 月 12 日至 13 日，全国留学工作会议在京召开。习近平总书记对会议作重要指示，强调留学工作要适应国家发展大势和党和国家工作大局，统筹谋划出国留学和来华留学，综合运用国际国内两种资源，培养造就更多优秀人才，努力开创留学工作新局面，为实现"两个一百年"奋斗目标、实现中华民族伟大复兴的中国梦不断作出新的更大的贡献。

31. 2016 年 2 月，中共中央办公厅、国务院办公厅印发《关于做好新时期教育对外开放工作的若干意见》（以下简称《意见》）。《意见》提出，加快留学事业发展，提高留学教育质量。

32. 2016 年 7 月，教育部印发《推进共建"一带一路"教育行动》。提出以国家公派留学为引领，推动更多中国学生到沿线国家留学，完善全链条的留学人员管理服务体系，保障平安留学、健康留学、成功留学。

33. 2017 年 5 月 25 日，习近平总书记对著名地球物理学家、留英回国学者黄大年同志先进事迹作出重要指示。

34. 2017 年 12 月，新华社发布习近平总书记主持中央全面深化改革领导小组会议审议通过的《关于加强和改进中外人文交流工作的若干意见》（以下简称《意见》）。《意见》指出，要进一步挖掘各地方、各部门、各类

① 《新中国 75 年出国留学大事记（1949 年—2024 年）》，《神州学人》，http://www.chisa.edu. cn/exclusive/202409/t20240927_2111251235.html，最后查阅时间：2024 年 10 月 15 日。

组织和群体在中外人文交流中的潜力和资源。引导留学人员等群体积极参与中外人文交流。①

35. 2017 年 12 月 30 日，习近平总书记给莫斯科大学中国留学生回信，勉励大家弘扬留学报国的光荣传统，胸怀大志，刻苦学习，早日成长为可堪大任的优秀人才。

36. 2018 年 3 月，习近平总书记参加十三届全国人大一次会议广东代表团审议。在听了 10 年前归国创业的袁玉宇代表发言后，习近平总书记强调，发展是第一要务，人才是第一资源，创新是第一动力。本土人才、海归人才要并用并重，使他们在报效祖国中实现自己的人生梦想。②

37. 2018 年 12 月 18 日，在庆祝改革开放 40 周年大会上，习近平总书记发表重要讲话。王大珩、孙家栋、吴良镛、南仁东、钟南山、程开甲、潘建伟等在改革开放中作出突出贡献的留学回国人员获改革先锋称号。

38. 2019 年 3 月，习近平总书记在参加十三届全国人大二次会议河南代表团审议时指出，现在市场要素双向流动、城乡之间流动更加活跃了。不仅是本土大学生返乡，也有很多海归到乡村去寻找创业机会，乡村、现代农村农业发展的空间仍然是一片大有可为的土地。③

39. 2019 年 9 月 17 日，国家主席习近平签署主席令，授予 42 人国家勋章、国家荣誉称号。留学回国人员孙家栋被授予"共和国勋章"，留学回国人员叶培建、吴文俊、南仁东（满族）、顾方舟、程开甲被授予"人民科学家"国家荣誉称号。

40. 2020 年 6 月，《教育部等八部门关于加快和扩大新时代教育对外开放的意见》（以下简称《意见》）印发，《意见》坚持内外统筹、提质增效、

---

① 中办、国办印发《关于加强和改进中外人文交流工作的若干意见》[N]. 人民日报，2017-12-22（01）.

② 习近平. 发展是第一要务，人才是第一资源，创新是第一动力 [OL]. 新华网，2018-03-07，18:55:23，http://www.xinhuanet.com/politics/2018-03/07/c_1122502719.htm.

③ 中央广播电视总台央视新闻. 习近平：农村发展大有可为 [OL]. 央广网，2019-03-08，18:06:00，https://news.cnr.cn/native/news/20190308/t20190308_524536241.shtml.

主动引领、有序开放，对新时代教育对外开放进行了重点部署。

41. 2021 年 9 月 27—28 日，中央人才工作会议在北京召开，习近平总书记强调要坚持党管人才，坚持面向世界科技前沿、面向经济主战场、面向国家重大需求、面向人民生命健康，深入实施新时代人才强国战略，全方位培养、引进、用好人才，加快建设世界重要人才中心和创新高地。会议的召开对留学人才工作的开展具有重大指导意义。

42. 2022 年 5 月 18 日，习近平总书记给南京大学留学归国青年学者回信，希望青年师生大力弘扬留学报国的光荣传统，以报效国家、服务人民为自觉追求，在坚持立德树人、推动科技自立自强上再创佳绩，在坚定文化自信、讲好中国故事上争做表率，为全面建设社会主义现代化国家、实现中华民族伟大复兴的中国梦积极贡献智慧和力量。

43. 2022 年 9 月，国家留学人才就业服务平台正式上线。

44. 2022 年 10 月，财政部、教育部印发《出国留学经费管理办法》，进一步规范出国留学经费管理。

45. 2023 年 5 月 29 日，习近平总书记主持中共中央政治局第五次集体学习，就建设教育强国发表重要讲话，指出要完善教育对外开放战略策略，统筹做好"引进来"和"走出去"两篇大文章，有效利用世界一流教育资源和创新要素，使我国成为具有强大影响力的世界重要教育中心。要积极参与全球教育治理，大力推进"留学中国"品牌建设，讲好中国故事、传播中国经验、发出中国声音，增强我国教育的国际影响力和话语权。

46. 2023 年 10 月 21 日，在欧美同学会成立 110 周年之际，习近平总书记发来贺信，代表党中央向欧美同学会（中国留学人员联谊会）表示热烈祝贺，向广大留学人员和留学人员工作者致以诚挚问候。

47. 2024 年 6 月 24 日，全国科技大会、国家科学技术奖励大会、两院院士大会召开。留学回国人员李德仁、薛其坤荣获 2023 年度国家最高科学技术奖。

48. 2024 年 9 月 9—10 日，全国教育大会在北京召开。习近平总书记出席会议并发表重要讲话强调，要深入推动教育对外开放，统筹"引进来"和"走出去"，不断提升我国教育的国际影响力、竞争力和话语权。扩大国际学术交流和教育科研合作，积极参与全球教育治理，为推动全球教育事业发展贡献更多中国力量。

49. 2024 年 9 月 25 日，《中共中央　国务院关于实施就业优先战略促进高质量充分就业的意见》发布，该意见明确指出"支持留学回国人员同等享受就业创业政策和服务"，释放留学回国人员就业创业利好。

50. 2024 年 11 月，中共中央组织部、人力资源社会保障部、外交部、教育部、科技部、公安部、中国人民银行、海关总署、国家医保局、国家移民局等 10 部门印发《关于进一步做好留学人才回国服务工作的意见》(以下简称《意见》)，吸引更多留学人才回国工作、创业和为国服务。《意见》指出，留学人才是我国人才资源的重要组成部分，是实现高质量发展、推进中国式现代化的重要力量。《意见》明确，将留学回国人才纳入国家统一的就业政策体系，促进留学回国人才高质量充分就业。[1]

---

① 《中共中央组织部　人力资源社会保障部　外交部　教育部　科技部　公安部　中国人民银行　海关总署　国家医保局　国家移民局关于进一步做好留学人才回国服务工作的意见》，https://www.gov.cn/zhengce/zhengceku/202412/content_6992189.htm，最后查阅时间：2024 年 12 月 16 日。

第二章　2025 年出国留学的关注点与趋势变化

2.1　出国留学五大趋势变化

2.1.1　留学群体大众化

近年来，中国经济快速发展，人民生活水平不断提高，越来越多的家庭有能力送子女出国留学，留学人员群体正朝着大众化的方向发展。不同背景的人员都有出国留学的可能。自 21 世纪初以来，中国学生自费出国留学的比例维持在 90% 左右。根据教育部历年《年度出国留学人员情况统计》数据，自 2001 年至 2018 年，除了个别年份，自费留学的比例保持在 90% 以上。

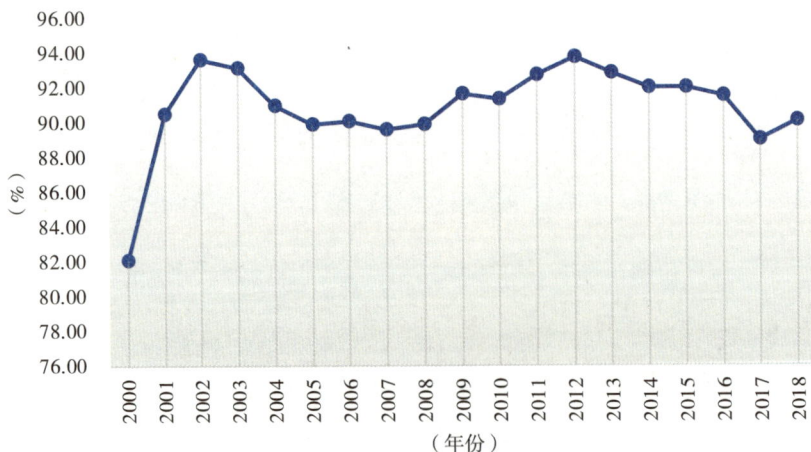

图 2-1　2000—2018 年中国留学人员自费留学占比

资料来源：根据教育部公开的历年《年度出国留学人员情况统计》数据统计。

留学资金来源的多样化为不同人群出国留学提供了可能。据调研，尽管 65.5% 的计划出国留学人员在规划过程中感受到了经济压力，但有多种渠道可以提供留学经费支持。76.3% 的计划出国留学人员表示，其出国留学资金主要来源于父母资助；59.6% 表示将获得部分（国内外）奖学金支持；还有 19.2% 表示计划通过课余兼职获取部分留学资金；16.6% 表示留学资金主要来自个人积蓄；13.9% 计划通过留学贷款来筹集部分资金；12.6% 表示将获得企业的资助。这些数据显示，虽然大多数计划出国留学的人员依赖于家庭的支持，但也有相当一部分人员通过奖学金、兼职工作、个人积蓄、贷款和企业资助等多种方式来减轻经济负担，这些方式为更多人员提供了实现留学梦想的可能性。

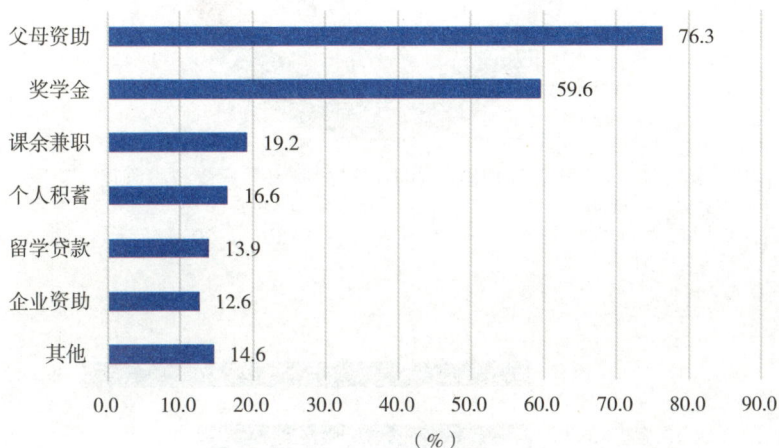

图 2-2　2024 年计划出国留学人员的出国留学资金来源

资料来源：教育部留学服务中心、全球化智库（CCG），2024 年计划出国留学人员专题调研。

根据调研，计划出国留学的人员中，超三成的留学人员父母最高受教育程度在大专及以下，其中父母最高学历是大专的占比 14.9%；高中及以下的占比 18.8%。另外，有约四成的计划出国留学人员的直系亲属没有任何海外留学、就业和生活经历。这表明，尽管部分计划出国留学人员的家庭具有较高的教育背景和国际经验，但仍有相当一部分计划出国留学人员来自普通家庭，其直系亲属没有海外经历。这反映了留学群体的大众化，越来越多的人员选择出国留学，无论其家庭背景如何，都希望通过国际教育提升自身竞争力和发展机会。这种现象不仅体现了全球化背景下教育需求的多样化，也展示了社会对国际化人才培养的广泛重视。

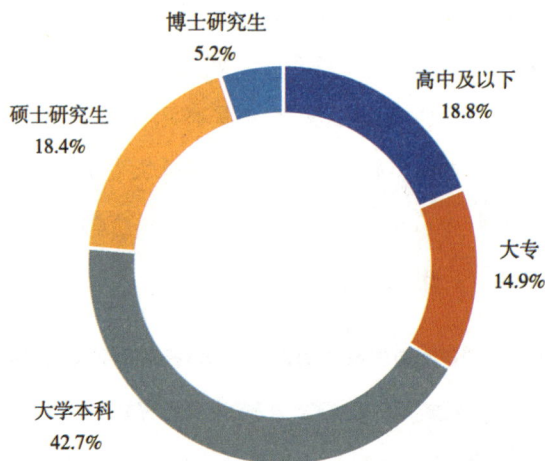

图 2-3　2024 年计划出国留学人员的父母最高受教育程度

资料来源：教育部留学服务中心、全球化智库（CCG），2024 年计划出国留学人员专题调研。

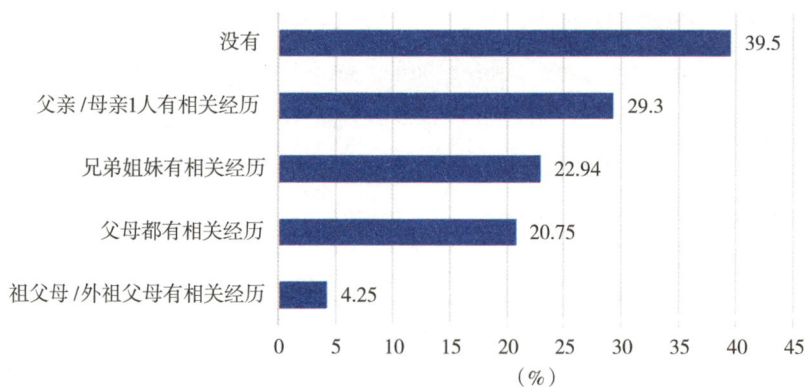

图 2-4　2024 年计划出国留学人员的亲友海外留学经历情况

资料来源：教育部留学服务中心、全球化智库（CCG），2024 年计划出国留学人员专题调研。

2.1.2 留学动机多元化

随着中国经济的快速发展和国际化程度的不断加深，留学人员出国留学的驱动力已从单一的知识获取转向多维的价值追求。在21世纪之前，出国留学的主要动机是学习发达国家的先进知识、技术与经验；近年来，留学动机反映了时代发展的新需求，留学所追求的不仅局限于技术和物质层面，也立足于现实基础上的个人成长与社会适应，呈现出多元化的发展态势。一方面，发达国家的先进科技和丰富的管理经验仍然是吸引留学人员的主要动力之一。另一方面，中国自主创新能力不断提升，科技水平不断提高，企业全球化发展、人才国际化需求、体验不同文化和生活方式等也成为出国留学的重要驱动力。根据调研，计划出国留学人员中，63.6%表示出国留学的主要原因是拓展国际视野；55.2%表示学习前沿科学技术知识是其出国留学的主要原因；53.0%表示增强职业综合能力是其出国留学的主要原因；32.0%希望借此机会培养自己的国际化背景和视野从而成为国际化人才；27.0%表示渴望体验国外生活也是其出国留学的一个重要原因。

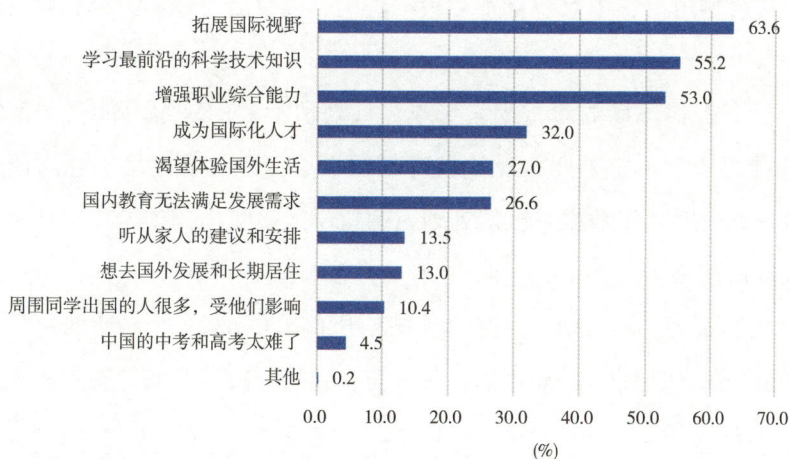

拓展国际视野 63.6
学习最前沿的科学技术知识 55.2
增强职业综合能力 53.0
成为国际化人才 32.0
渴望体验国外生活 27.0
国内教育无法满足发展需求 26.6
听从家人的建议和安排 13.5
想去国外发展和长期居住 13.0
周围同学出国的人很多，受他们影响 10.4
中国的中考和高考太难了 4.5
其他 0.2

0.0 10.0 20.0 30.0 40.0 50.0 60.0 70.0
(%)

图2-5 2024年计划出国留学人员计划出国留学的原因分布

资料来源：教育部留学服务中心、全球化智库（CCG），2024年计划出国留学人员专题调研。

2.1.3 留学目的地全球化

当前，快速多变的国际形势造就了全球留学格局新变化。总体来看，留学目的地呈现全球化的发展特点，国际教育版图呈现"传统中心 + 新兴区域"的双轨扩张特征。尽管以美国、英国为代表的高收入国家依然是最主要的国际学生留学目的国，但其他国家也在逐渐吸引更多国际学生。根据联合国教科文组织（UNESCO）的数据，2022 年，英国、美国、澳大利亚和德国接收的国际学生占全球国际学生总数的 35.1%。[①] 但中等收入国家接收的国际学生占全部国际学生的比例从 2017 年的 24.9% 上升至了 2022 年的 28.1%。[②] 随着更多国家加大对教育领域的投入和开放力度，未来国际学生的流向将更加多样化和分散化。

国内学生赴传统留学国家留学的意愿仍然强烈，但留学目的地呈现全球化、更加包容的特点。调研数据显示，2024 年，计划出国留学人员中，留学意向最强烈的目的国仍然集中在欧美和部分亚洲国家，美国（26.1%）、英国（20.3%）和澳大利亚（16.1%）三个传统留学目的国家的意向占比超六成，其余热门留学国家包括加拿大、法国、俄罗斯、德国以及韩国、新加坡、日本等。

由于个人和环境的双重因素影响，计划留学目的地也可能会与实际出国留学目的地有一定差距。对比教育部留学服务中心国（境）外学历学位认证数据库[③]2024 年数据，虽然计划出国留学人员在出国前希望去往美国留学的人数占比最多（26.1%），但申请国（境）外学历学位认证的人员中留学英国的比例最高，占 24.1%；留学美国的比例（13.6%）远比计划留学美国的比例低。另外，留学马来西亚、菲律宾、泰国、白俄罗斯等国家的人数占

---

① UNESCO. Number and rates of international mobile students[EB/OL].（2025-02-11）[2025-02-12]. http://data.uis.unesco.org/#.

② 同上。

③ 注：如无特别说明，本书中，涉及教育部留学服务中心国（境）外学历学位认证数据库认证人员的数据，仅包含本科、硕士、博士学历学位认证人员，且认证申请总数中含大陆学生赴中国香港特别行政区、中国澳门特别行政区与中国台湾省学习取得学历学位的认证申请数据。

比远超过计划出国留学意向中的占比。

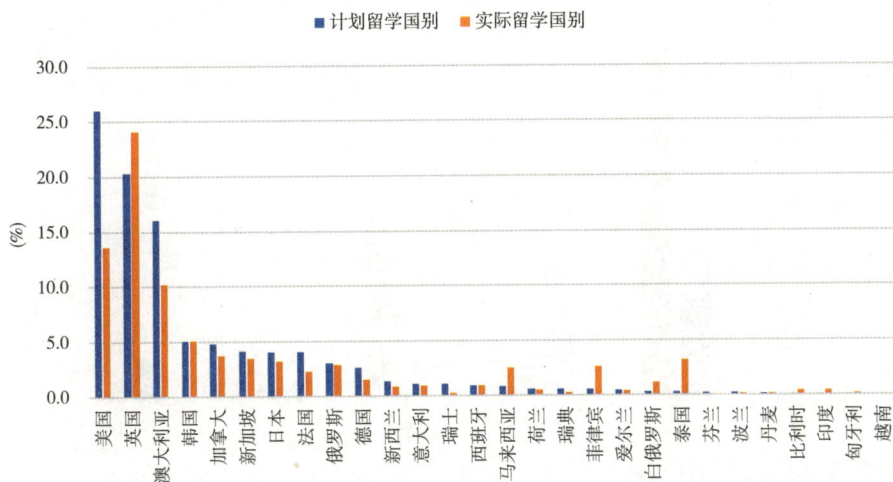

图 2-6　2024 年计划出国留学国家和留学人员学历学位认证国家占比分布

资料来源：教育部留学服务中心，国（境）外学历学位认证数据库；教育部留学服务中心、全球化智库（CCG），2024 年计划出国留学人员专题调研。

与此同时，留学人员的留学目的地也向共建"一带一路"国家进行全球化拓展，这与经贸合作的深入发展密切相关。根据 UNESCO 2025 年 2 月的数据①，2021—2022 年在白俄罗斯、俄罗斯和马来西亚留学的中国学生增速分别为 112.2%、14.4% 和 38.8%，和这些国家与中国的正向贸易增速相呼应，从 2021 年至 2022 年，中国同白俄罗斯的进出口总额增速达 32.3%，同俄罗斯的进出口总额增速为 29.4%，同马来西亚的进出口总额增速为 13.9%②。这表明，在"一带一路"倡议的引导下，经贸合作的蓬勃发展与人员流动紧密关联。

---

① UNESCO. Number and rates of international mobile students[EB/OL].（2025-02-11）[2025-02-12]. http://data.uis.unesco.org/#.

② 国家统计局 . 国家数据 [2025-02-01]. https://data.stats.gov.cn/easyquery.htm?cn=C01.

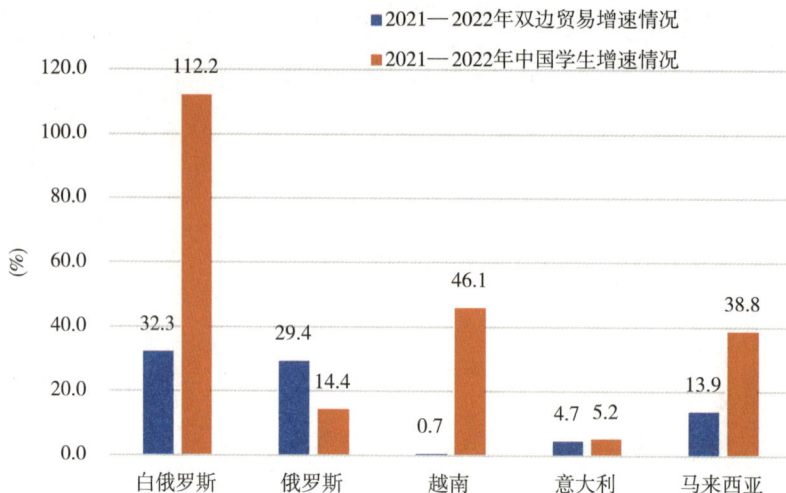

图 2-7　2021—2022 年部分共建"一带一路"国家进出口总额增速和中国学生增速情况

资料来源：UNESCO. Number and rates of international mobile students[EB/OL]. （2025-02-11）[2025-02-12]. http://data.uis.unesco.org/#.

国家统计局 [2025-02-01]. https://data.stats.gov.cn/easyquery.htm?cn=C01.

共建"一带一路"国家大部分有小语种的特点，而恰恰是这种语言和文化的差异性，让这些国家具有较为独特的留学需求和市场空间。与此同时，中国与共建国家在教育、科研和技术等多个领域展开了广泛合作。这些国家的留学政策也逐渐放宽，提供了更多的机会来吸引留学人员。随着"一带一路"倡议的深入实施，中国在共建"一带一路"国家的留学人员数量将越来越多，不仅为当地经济社会发展提供有力支持，也将为中国企业"走出去"和文化传播创造更广阔的空间。

2.1.4　留学专业选择市场化

留学人员的专业选择既体现个人的兴趣和发展规划，也顺应全球人才市场的需求变化。调研发现，计划出国留学人员计划学习的专业占比从高到低依次是商业、管理与法律（27.2%），社会科学、新闻与传播（18.7%），人文学科（14.2%），信息与通信技术（10.3%），自然科学、数学与统计学（9.6%），工程、制造与建筑学（7.1%），教育学（6.2%），健康与社会福利

（4.0%），农业、林业、渔业与兽医学（1.5%），服务学科（1.2%）。

从计划出国和已出国留学的数据对比来看，留学人员实际所学专业在排名上没有变化，除了健康与社会福利专业，其他专业占比都有一定幅度的增加，这与部分学生在完成某个阶段学习后选择在本专业或跨专业领域继续深造有一定联系。

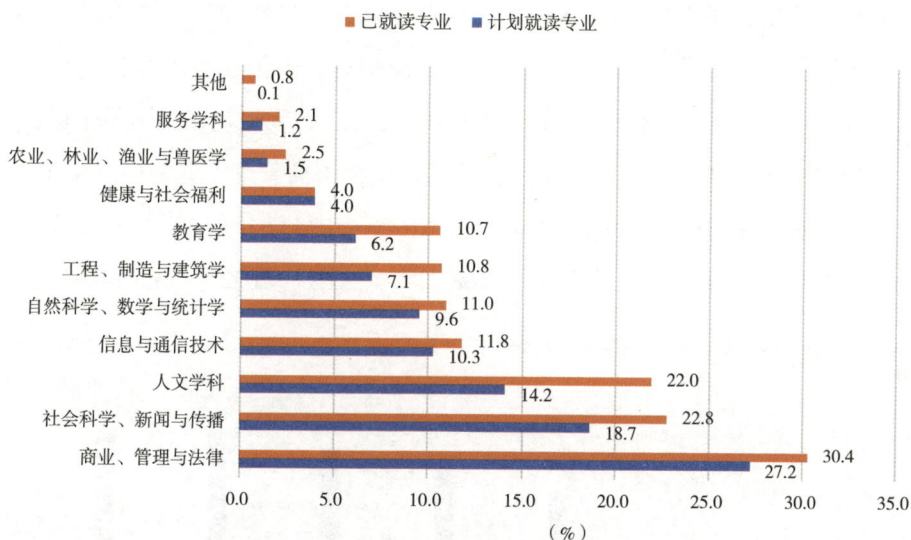

图 2-8　计划就读及正在（已）就读专业

资料来源：教育部留学服务中心、全球化智库（CCG），2024 年计划出国留学人员专题调研、2024 年海外留学人员专题调研。

根据教育部留学服务中心国（境）外学历学位认证数据库，2024 年申请国（境）外学历学位认证的人员的专业主要集中在理学、管理学、经济学、工学和文学等领域。其中，理学、工学的人员占比相对于计划就读的相应专业占比要高，反映了国内对相关专业的需求热度较高，而留学人员所选择的专业领域与经济社会发展大趋势紧密相关，与就业市场的国际化人才需求基本适应。

随着 AI 在各领域的深入渗透，选择就读 AI 及相关专业的学生越来越多。据麦肯锡 2023 年报告，到 2030 年，中国 AI 人才缺口预计达到 400

万。^① 这一缺口反映了人工智能领域对专业人才的巨大需求，相应的需求缺口将刺激 AI 领域的学习热潮，与之相关的计算机、数学、物理、统计学等专业也是留学人员专业选择的重要方向。

例如，自 2015—2016 学年以来，中国在美国留学人员中，选择数学与计算机科学、物理与生命科学以及社会科学专业的学生比例持续上升。其中，数学与计算机科学专业自 2018—2019 学年起，超越工程学和工商管理专业，成为中国在美留学人员占比最高的专业。类似地，中国在德国留学人员中，选择数学专业的学生比例也在持续增长。相比之下，无论是在美国还是德国，工商管理专业的热度均有所下降。在美国，攻读工商管理专业的中国学生比例从 2016—2017 学年的 23.1% 逐步降至 2022—2023 学年的 13.4%；在德国，这一比例则从 2016—2017 学年的 15.6% 下降至 2021—2022 学年的 14.2%。

图 2-9　2015—2016 学年至 2022—2023 学年中国学生海外留学人数
占比持续增长的国家与专业

资料来源：美国：IIE. Fields of Study by Place of Origin [EB/OL].（2024−11−17）[2024−11−19].
德国：IIE. Project Atlas: Germany. [EB/OL].（2023−07）[2023−08−02]. https://www.iie.org/en/Research−and−Insights/Project−Atlas/Explore−Data/Germany.

---

① McKinsey & Company. China's AI talent gap. https://www.mckinsey.com/featured-insights/sustainable-inclusive-growth/charts/chinas-ai-talent-gap.

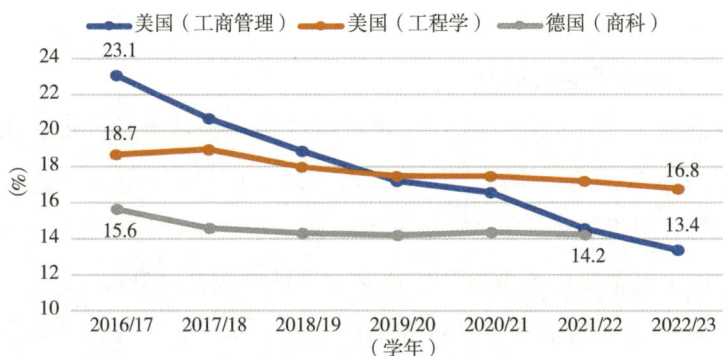

图2-10　2016—2017学年至2022—2023学年中国学生海外留学人数
占比持续减少的国家与专业

资料来源：美国：IIE. Fields of Study by Place of Origin [EB/OL].（2024-11-17）[2024-11-19].

德国：IIE. Project Atlas: Germany. [EB/OL].（2023-07）[2023-08-02]. https://www.iie.org/en/Research-and-Insights/Project-Atlas/Explore-Data/Germany.

但是，部分国家也在相关专业的学习上对国际学生进行限制。专业限制主要来自国家层面和大学层面。在国家层面，美国政府通过各种法规限制国际学生接触某些与国家安全相关的敏感技术领域，特别是在科学、技术、工程和数学（STEM）学科。例如，国际学生在参与涉及敏感技术研究项目时，可能需要获得相应许可。[①]澳大利亚签证8208条款规定，凡是涉及关键技术的研究生课程，学生在开始学习之前必须获得书面批准。[②]在英国，政府设立的学术技术批准计划要求，非欧洲经济区的国际学生和研究人员在申请某些涉及敏感领域的研究生课程或研究项目时，必须先获得ATAS证书。[③]在学校层面，瑞士苏黎世艺术大学以"运作方面风险"为由终止了其在中国的联合办学项目，苏黎世联邦理工学院也宣布加强对中国、俄罗斯、朝鲜、伊

① U.S. Immigration and Customs Enforcement. https://www.ice.gov/sevis/schools/reg.

② Australian Government Department of Home Affairs. Critical technology − enhanced visa screening measures. https://www.homeaffairs.gov.au/about−us/our−portfolios/national−security/critical−technology.

③ GOV.UK. The Academic Technology Approval Scheme. https://www.gov.uk/guidance/academic−technology−approval−scheme.

朗等 23 个国家的国际学生、访问学者和教职工应聘者的所谓"安全审查"。[①]

2.1.5 留学回国普遍化

根据教育部留学服务中心国（境）外学历学位认证数据库，2019 年至 2024 年，除了 2022 年小幅回落，国（境）外学历学位认证申请总量呈现稳步提升态势。根据调研，98.5% 的计划出国留学人员计划学成后回国，其中三分之二以上有清晰的职业规划，留学回国的热潮持续升温。

随着越来越多的留学人员选择回国发展，留学人员在就业市场面临的竞争日益增加。根据教育部年度出国留学人员情况统计，2015—2019 年留学回国人员数量保持 10% 左右的增速，超过了国内高校毕业生增长速度（3% 左右）。就业市场中留学回国人员数量快速增长，留学回国人员在当年新进入就业市场的人员中占比不断提高。而据调研，同岗位、同学历、同水平毕业院校情况下，国内一、二线城市中，53.1% 的用人单位更倾向于聘用国内院校毕业生；19.8% 偏向于聘用留学人员；27.1% 表示对国内院校毕业生和海外留学人员没有偏好。这意味着，留学人员在回国寻找就业机会时面临的竞争和挑战将越来越大。

图 2-11　2013—2019 年留学回国人数与当年高校毕业生人数对比

资料来源：留学人员数据根据教育部公开的历年《年度出国留学人员情况统计》数据统计；当年高校毕业生人数来自教育部每年公开的高校毕业生预计人数。

---

① ETH Zurich. Dual use and sanctions: these applications require security screening. https://ethz.ch/staffnet/en/news-and-events/internal-news/archive/2024/10/dual-use-and-sanctions-these-applications-require-security-screening.html.

根据 2022—2024 年教育部留学服务中心对留学回国人员的调研，有工作的留学回国人员的占比从 2022 年的 85.9% 下降至 2024 年的 68.8%。从留学回国人员首份工作搜寻时长来看，虽然约九成的留学回国人员在半年内找到工作，但寻找工作的时间变长，在 3 个月内找到工作的人员占比变少，从 2022 年的 73.8% 下降到 2024 年的 68.1%。

表 2-1 2022—2024 年中国留学回国人员就业情况

年份	有工作（%）	没有工作（%）	退出劳动力市场（%）
2022	85.9	8.1	6.1
2023	75.5	8.1	16.4
2024	68.8	22.3	8.9

资料来源：教育部留学服务中心：《中国留学回国就业蓝皮书 2022》《中国留学回国就业蓝皮书 2023》《中国留学回国就业蓝皮书 2024》。

表 2-2 2022—2024 年中国留学回国人员首份工作搜寻时长

年份	不到 1 个月（%）	1—3 个月（%）	4—6 个月（%）	7—12 个月（%）	1 年以上（%）
2022	39.3	34.5	16.2	4.2	5.8
2023	25.0	33.1	32.8	4.7	4.4
2024	29.1	39.0	21.4	6.7	3.8

资料来源：教育部留学服务中心：《中国留学回国就业蓝皮书 2022》《中国留学回国就业蓝皮书 2023》《中国留学回国就业蓝皮书 2024》。

从用人单位对留学人员的态度来看，国内一、二线城市用人单位对留学人员的期待更聚焦于专业匹配度、专业知识与技能、跨文化交流能力等核心竞争力方面。66.8% 的用人单位看重专业匹配度，体现了当前就业市场对"精准匹配"的追求，即用人单位更倾向选择能快速填补岗位空缺的专才。64.1% 的用人单位看重专业知识和技能；60.6% 的用人单位强调跨文化沟通能力；50.2% 强调创新能力；49.9% 看重独立性和适应性；38.2% 强调实习或工作经验；37.9% 强调国际视野；36.2% 强调拥有海外先进技术技能。

而看重毕业院校排名的只有 31.5%，看重英语语言能力的为 28.6%。

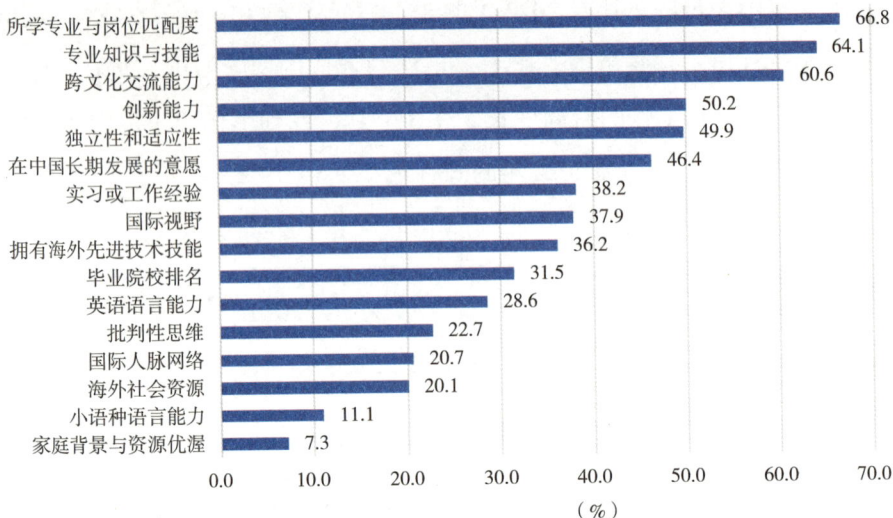

图 2-12　用人单位看重留学人员的相关因素

资料来源：教育部留学服务中心、全球化智库（CCG），《中国出国留学蓝皮书》国内用人单位专题问卷。

　　根据对用人单位的调研，65.6% 的用人单位为初入职场的硕士毕业留学人员提供的税前月薪预算区间设定在 10000 元以上，这意味着其年工资水平超过了 2023 年全国城镇非私营单位就业人员的年平均工资（120698 元）。然而，仍有 6.4% 的用人单位将月薪预算区间设在 8000 元以下，这意味着其年薪低于 2023 年规模以上企业就业人员的年平均工资（98096 元）。[①]另一方面，根据对留学人员的调研，45.3% 的留学人员认为其学历背景在国内用人单位中"大多数认可程度高"。同时，有 14.5% 表示其学历背景与国内大学生相比"没有差别"，有 18.9% 感受到"认可度低，国内重点大学的学生更有优势"。这种学历背景的认可度差异直接影响了留学人员的薪酬待遇。调研显示，31.7% 的受访留学人员表示其薪酬比国内毕业的同水平学生更具

① 国家统计局：《2023 年城镇单位就业人员年平均工资情况》，（2024-05-17）[2025-02-14].
https://www.stats.gov.cn/xxgk/sjfb/zxfb2020/202405/t20240520_1950434.html.

优势，而38.2%则表示其薪酬与国内毕业的同水平学生相同。尽管留学人员拥有更多的国际经验，但学历背景的认可度仍然是影响其薪酬待遇的一个重要因素。

2.2　2025年中国出国留学环境整体评估

根据2025年留学环境评价指标体系，2025年留学环境评价综合评估得分为0.6分以上，换算为100分制达到60分以上的国家有16个，分别是英国、新加坡、加拿大、美国、德国、瑞士、澳大利亚、丹麦、荷兰、日本、韩国、瑞典、比利时、新西兰、法国、芬兰，这16个国家具有较好的留学环境。

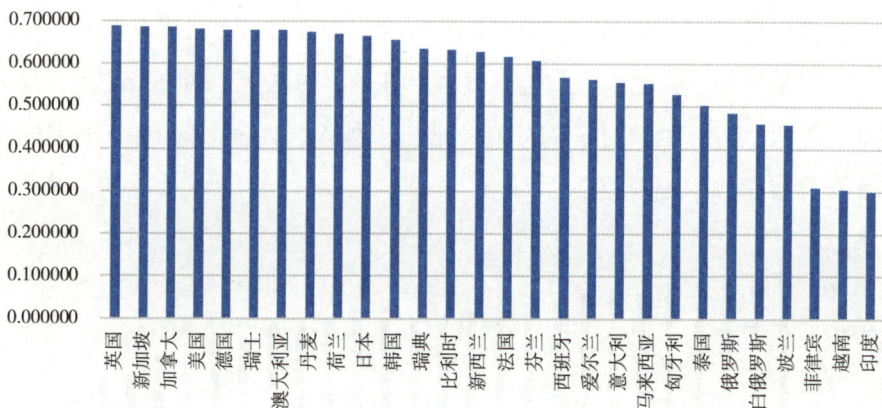

图2-13　2025年28国留学环境评价综合评估指数

从质量与就业指标来看，按指标满分为1计算，质量与就业指标得分在0.6分以上的国家有16个，即美国、德国、英国、瑞士、加拿大、荷兰、澳大利亚、法国、瑞典、丹麦、韩国、日本、新加坡、比利时、芬兰、新西兰，这16个国家留学质量与就业环境较好。

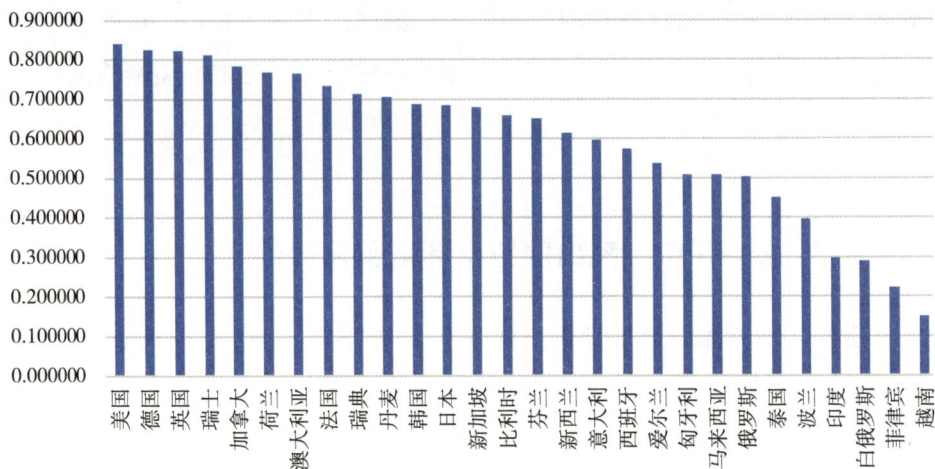

图 2-14 2025 年 28 国留学环境评价质量与就业指数

从安全与成本指标来看，按指标满分为 1 计算，安全与成本指标得分整体较高，得分在 0.6 分以上的国家有 19 个，即新加坡、丹麦、新西兰、比利时、白俄罗斯、荷兰、爱尔兰、日本、芬兰、加拿大、瑞典、波兰、马来西亚、澳大利亚、西班牙、匈牙利、瑞士、越南、韩国，这 19 个国家的留学安全和留学成本表现较好。

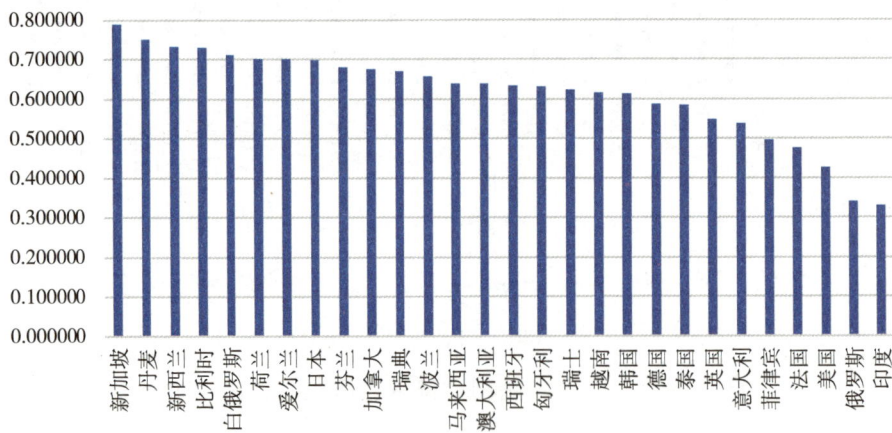

图 2-15 2025 年 28 国留学环境评价安全与成本指数

从信任与开放指标来看，按指标满分为 1 计算，信任与开放指标得分总体较低，在 0.5 分以上的国家有 10 个，分别为白俄罗斯、韩国、马来西亚、俄罗斯、新加坡、日本、新西兰、泰国、美国、丹麦，这 10 个国家的留学信任与开放程度较好。

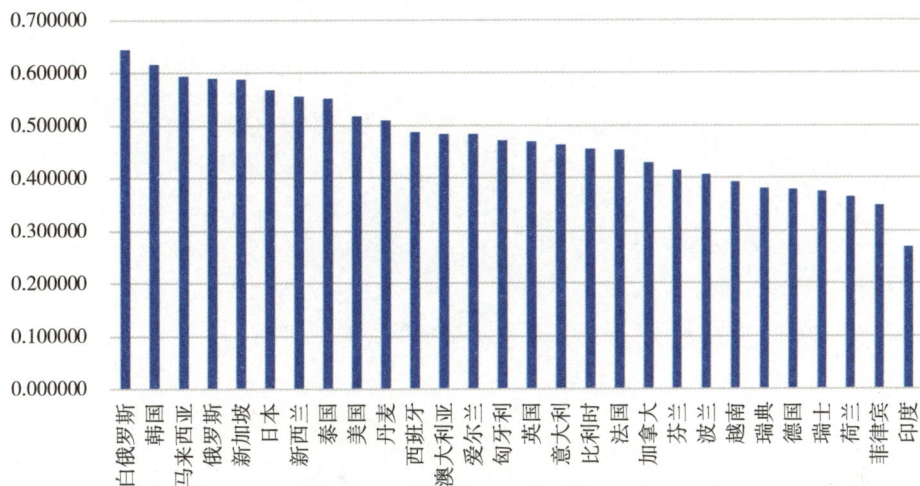

图 2-16 2025 年 28 国留学环境评价信任与开放指数

第二篇　出国留学发展现状

第三章 全球国际学生发展现状

3.1 国际学生数量增长情况

根据联合国教科文组织（UNESCO）2025 年 2 月发布的数据，全球范围内，国际学生规模实现了显著增长。2022 年，国际学生人数达到 686 万人，相比 2000 年的 211 万人增长了 2.3 倍。在 2017—2022 年间，尽管新冠疫情导致 2021 年国际学生数量有所下降，但 2022 年国际学生数量相较于 2021 年增长了 6.5%，相较于 2017 年增长了 26.7%。虽然面临严峻挑战，国际学生的数量仍然保持了增长态势，全球国际教育交流依然保持活力和韧性。

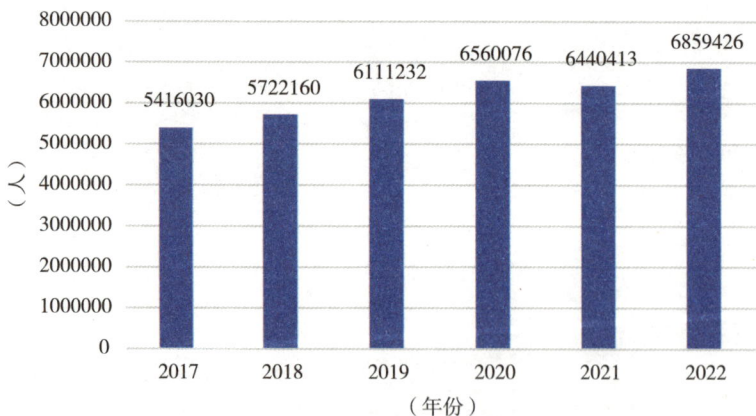

图 3-1 2017—2022 年全球国际学生人数

资料来源：UNESCO. Number and rates of international mobile students[EB/OL]. [2025-02-15]. http://data.uis.unesco.org/#.

3.2　国际学生区域分布

国际学生主要来自中等收入国家或地区。来自中等收入国家或地区的国际学生自 2018 年至 2022 年一直占国际学生总数的 60% 以上，并且占比呈上升趋势；2022 年来自中等收入国家的国际学生达 423.3 万人，占比达61.7%。其中，2022 年，中国仍是国际学生第一大来源国，共有 105.2 万学生在海外高等教育机构留学，占全球国际学生总数的 15.3%；印度是第二大国际学生来源国，2022 年共有 62.2 万学生在海外高等教育机构留学，占全球国际学生总数的 9.1%；其后是乌兹别克斯坦（2.2%）、越南（2.0%）等国。

图 3-2　2017—2022 年来自中等收入国家或地区国际学生数量及占比

资料来源：UNESCO. Number and rates of international mobile students[EB/OL]. [2025-02-15]. http://data.uis.unesco.org/#.

表3-1　2022年国际学生二十大来源国的国际学生数量及占比

国家	人数（人）	占比（%）
中国	1052283	15.3
印度	621623	9.1
乌兹别克斯坦	150488	2.2
越南	134141	2.0
德国	126241	1.8
美国	115026	1.7
法国	113515	1.7
尼日利亚	112416	1.6
叙利亚	104987	1.5
尼泊尔	95092	1.4
巴基斯坦	90614	1.3
韩国	87535	1.3
巴西	87337	1.3
意大利	86469	1.3
伊朗	85729	1.2
哈萨克斯坦	78335	1.1
摩洛哥	74289	1.1
埃及	69371	1.0
俄罗斯	63578	1.0
印度尼西亚	62828	1.0

资料来源：UNESCO. Number and rates of international mobile students[EB/OL]. [2025–02–15]. http://data.uis.unesco.org/#.

国际学生的留学目的地主要在高收入国家或地区。在高收入国家或地区留学的国际学生自2017年以来一直占国际学生总数的75%以上，但占比呈现逐步下降趋势，从2018年的79.1%下降至2022年的75.8%。其中，在2022年，美国是国际学生最大目的地国，有94.9万名国际学生在美国高等教育机构留学，占全球国际学生总数的13.8%。英国是国际学生第二大目的地国，共有67.5万名国际学生在英国高等教育机构留学，占全球国际学生总数的9.8%；其后分别是德国（5.9%）、澳大利亚（5.6%）、俄罗斯（5.0%）等。

图 3-3　2017—2022 年高收入国家或地区接收国际学生数量及占比

资料来源：UNESCO. Number and rates of international mobile students[EB/OL]. [2025-02-15]. http://data.uis.unesco.org/#.

表 3-2　2022 年国际学生二十大目的地国接收国际学生数量及占比

国家	国际学生数量（人）	占比（%）
美国	948519	13.8
英国	674931	9.8
德国	403473	5.9
澳大利亚	382007	5.6
俄罗斯	340326	5.0
加拿大	336837	4.9
法国	263459	3.8
土耳其	244027	3.6
中国	210903	3.1
日本	199298	2.9

国家	国际学生数量（人）	占比（%）
阿根廷	137116	2.0
韩国	123280	1.8
荷兰	122287	1.8
马来西亚	100437	1.5
波兰	91751	1.3
西班牙	91692	1.3
意大利	89946	1.3
奥地利	85197	1.2
吉尔吉斯斯坦	80701	1.2
埃及	69828	1.0

资料来源：UNESCO. Number and rates of international mobile students[EB/OL]. [2025–02–15]. http://data.uis.unesco.org/#.

美国、荷兰的数据来自：Institute of International Education. Project Atlas [EB/OL].（2024–11–17）[2024–11–19]. https://www.iie.org/research–initiatives/project–atlas/explore–data.

3.3 国际学生就读的学历层次分布

从国际学生就读的学历层次来看，在经济合作与发展组织（OECD）国家中，研究生阶段的国际学生占比均显著高于本科阶段。2022 年，OECD 国家中，就读于本科阶段的国际学生占该阶段学生总数的 5%；硕士研究生阶段的国际学生占比为 15%；而博士研究生阶段的国际学生占比则达 25%。

在 OECD 国家的主要留学目的地国家中，研究生阶段的国际学生数量占比高于本科阶段国际学生占比，这从侧面反映了国际学生对赴海外攻读本科学位的态度趋于保守，而学制较短、时间投入较少的硕士研究生课程以及学位认可度较高、学术回报更明显的博士研究生课程更受青睐。例如，在澳大利亚和英国，硕士研究生阶段的国际学生占比分别达到 39% 和 43%，甚至高于博士研究生阶段的国际学生占比（分别为 35% 和 41%）。

表 3-3   2022 年部分 OECD 国家新入学国际学生在相应层次学位课程学生中的占比

国家 / 学位等级	本科及同等水平（%）	硕士及同等水平（%）	博士及同等水平（%）
澳大利亚	15	39	35
比利时	7	17	25
丹麦	5	20	37
芬兰	6	11	28
法国	7	14	36
德国	7	18	23
爱尔兰	7	16	37
意大利	3	6	12
日本	3	10	22
荷兰	15	27	—
新西兰	9	19	44
波兰	7	6	3
西班牙	2	10	20
瑞典	3	12	36
瑞士	10	31	58
英国	15	43	41
OCED 国家总计	5	15	25

资料来源：OECD. Education At a Glance 2024 [R/OL] 2024:320.（2024-09-10）[2024-10-12]. https://www.oecd-ilibrary.org/education/education-at-a-glance-2024_c00cad36-en.

3.4   国际学生学习领域分布

在 OECD 国家，国际学生与本国学生在选择专业领域时表现出了明显的差异，平均而言，30% 的国际学生倾向于选择 STEM 专业，而 OECD 国家的本国学生中平均只有 19% 选择 STEM 专业。以丹麦为例，近 40% 的国际学生注册学习 STEM 专业，而本国学生中仅有 22% 选择 STEM 专业。其中也有例外的情况，例如在韩国，34% 的本国学生学习 STEM 领域，而在韩国留

学的国际学生中学习 STEM 专业的仅占 16%。①科学、数学以及工程领域的
教学知识，一般使用国际通用语言进行教学，特殊符号以及专业术语国际
通行化程度较高，对于学生的语言要求相较于人文社科类专业要低，学成
之后直接经济转化率高于传统人文社科类专业，就业导向性强，更受旨在
提升求职竞争力的国际学生的青睐。

表 3-4 部分 OECD 国家国际学生学习的主要专业占比

国家	STEM（%）	商业、管理与法律（%）	健康与社会福利（%）	社会科学、新闻与传播（%）
爱尔兰	31	18	25	7
澳大利亚	29	42	14	2
比利时	19	14	34	11
波兰	15	27	14	16
丹麦	40	25	9	9
德国	51	18	7	7
法国	35	32	6	10
芬兰	46	21	12	4
韩国	16	31	3	13
加拿大	41	29	5	10
瑞典	46	11	11	13
瑞士	40	18	9	12
西班牙	21	26	22	12
新西兰	33	27	10	9
意大利	31	16	13	16
英国	29	36	9	12
OECD 国家总计	30	27	11	12

资料来源：OECD. Education At a Glance 2024 [R/OL] 2024:320.（2024-09-10）[2024-10-12]. https://www.oecd-ilibrary.org/education/education-at-a-glance-2024_c00cad36-en.

---

① OECD. Education At a Glance 2024 [R/OL] 2024:237.（2024-09-10）[2024-10-12]. https://www.oecd-ilibrary.org/education/education-at-a-glance-2024_c00cad36-en.

在 OECD 国家，女性国际学生获得高等教育学位的可能性与男性相同，但男性国际学生更偏好 STEM 领域。据对 30 个 OECD 国家的数据统计，发现其中有 10 个国家本科阶段女性国际毕业生占女性毕业生的比例，低于男性国际毕业生占男性毕业生的比例。在澳大利亚、爱沙尼亚、拉脱维亚、新西兰和瑞典，男性国际毕业生的比例至少比女性高 5 个百分点。相比之下，卢森堡是唯一一个女性国际毕业生占优势比较明显的国家。在教育、健康等领域，女性国际学生的占比普遍较高，女性国际学生中选择教育与健康领域的多达 31%，而男性国际学生中选择教育与健康领域的占比仅为 12%。相对地，男性国际学生选择 STEM 领域的占比较高，男性国际学生中 41% 选择 STEM 领域，女性国际学生中仅有 15% 选择 STEM 领域。在国际学生评估计划（PISA）测试中得分较高的学生中，期望从事科学和工程领域工作的绝大多数是男生。工作和职业的性别刻板印象观念以及个人和职业生活中的性别角色可能导致对女生和男生的不同职业期望，并影响其选择学习的专业。

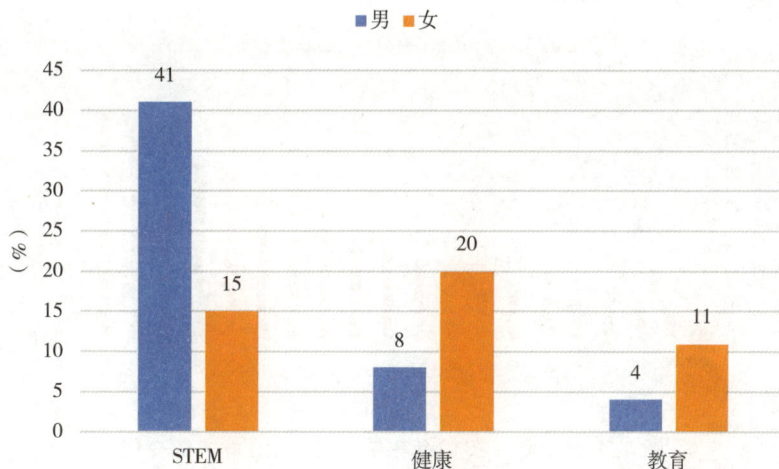

图 3-4　2023 年 OECD 国家国际学生不同性别学习专业占比

资料来源：OECD. Education At a Glance 2024 [R/OL] 2024:320.（2024-09-10）[2024-10-12]. https://www.oecd-ilibrary.org/education/education-at-a-glance-2024_c00cad36-en.

第四章 中国学生出国留学现状

4.1 中国学生出国留学人数

从年度出国留学的人数来看，2000—2019 年，中国出国留学人数快速增长，除 2003 年和 2004 年之外，年度出国留学人数均为正增长，其中 2001年比 2000 年大幅增长 115.4%，2008 年至 2010 年连续三年增长幅度超过20%。2019 年，中国出国留学人数达历史最高值（70.35 万人），比 2018 年增长 6.3%。[①]

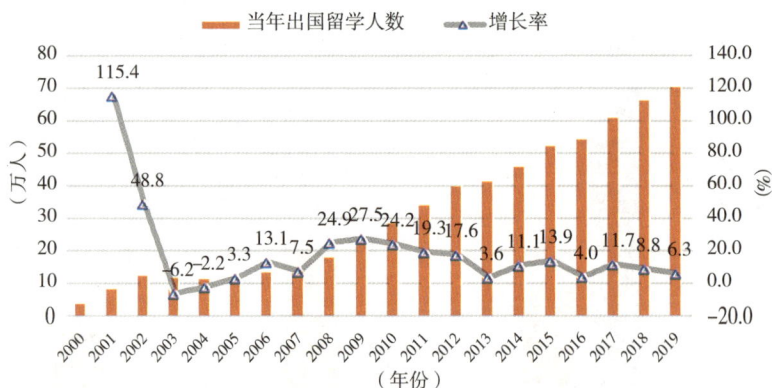

图 4-1　2000—2019 年中国年度出国留学人数变化

资料来源：《中国统计年鉴 2010 年》，2010—2019 年数据为教育部年度出国留学人员情况统计。

[①] 教育部 . 2019 年度出国留学人员情况统计 [EB/OL].（2020-12-14）[2024-11-19]. http://www. moe. gov.cn/jyb_xwfb/gzdt_gzdt/s5987/202012/t20201214_505447.html?eqid=abe00920000 3879600000000664373182.

根据教育部留学服务中心国（境）外学历学位认证数据库，2019—2024 年认证申请量总体呈现稳步增长态势。值得注意的是，2023—2024 年认证申请量已显著超过 2022 年前水平，且连续两年维持在 38 万人次以上，反映出国际教育交流的韧性和持续性。

根据 UNESCO 于 2025 年 2 月发布的数据，2017—2020 年中国在海外高等教育机构留学的学生人数保持稳定增长；2018 年相较于 2017 年增长了 7.5%；2020 年在海外高等教育机构留学的学生人数达到近年来峰值 110.9 万人，比 2019 年增长 4.7%。2022 年中国在海外高等教育机构留学的学生人数为 105.2 万人，比 2021 年增加 1.3%，人数基本恢复至 2019 年水平。

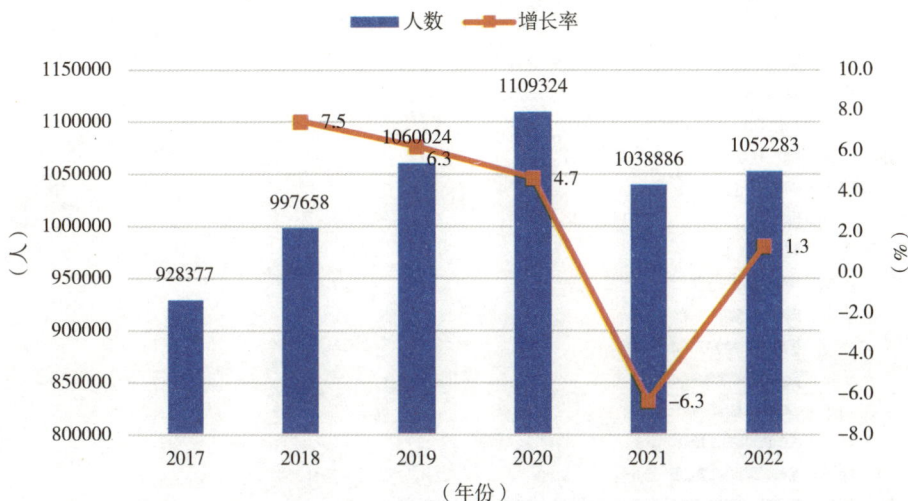

图 4-2 2017—2022 年中国学生在海外高校留学人数变化

资料来源：UNESCO. Number and rates of international mobile students[EB/OL]. [2025-02-12]. http://data.uis.unesco.org/#.

4.2 中国学生出国留学目的地分布

4.2.1 计划出国留学人员的计划留学国家分布

目前，中国学生留学的动机更加多元化和个性化，其留学目的地也更加全球化。根据调研，计划出国留学人员计划留学的国家中，选择最多的国家依然是传统的留学目的国，分别是美国（26.1%）、英国（20.3%）、澳大利亚（16.1%）、韩国（5.1%）、加拿大（4.8%），计划到这五个国家留学的人数占计划出国留学人员的72.4%。同时，计划到新加坡（4.2%）、日本（4.1%）、法国（4.1%）、俄罗斯（3.1%）、德国（2.7）留学的人数也均占2%以上。其他计划留学的目的国非常分散，计划到新西兰（1.4%）、意大利（1.1%）、瑞士（1.1%）、西班牙（0.9%）、马来西亚（0.8%）、荷兰（0.6%）、瑞典（0.6%）、菲律宾（0.6%）留学的人数分别约占1%。

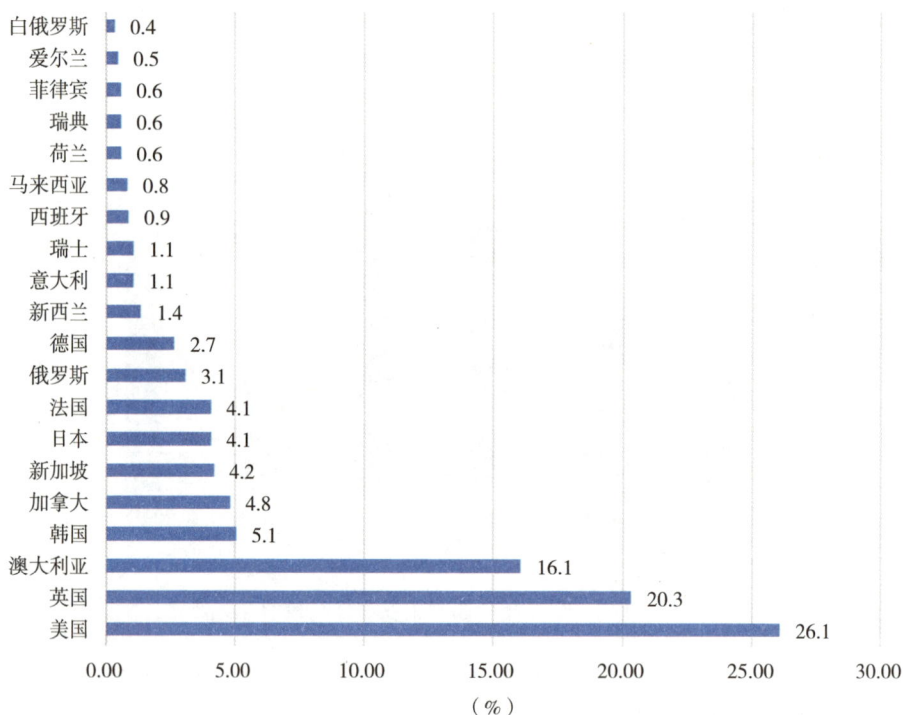

图 4-3　2024 年计划出国留学人员计划出国留学的国别分布

资料来源：教育部留学服务中心、全球化智库（CCG），2024 年计划出国留学人员专题调研。

具体到不同年级的学生而言，目前处于高中阶段（国际高中一年级至三年级）的计划出国留学人员，计划出国留学的前五大国家依次是：美国、英国、澳大利亚、德国（与韩国并列第四）、加拿大；目前处于国际预科阶段的计划出国留学人员，计划出国留学的前五大国家依次是：美国、澳大利亚、英国、法国（与新加坡并列第四）、日本（与加拿大、俄罗斯并列第五）；目前处于本科阶段的计划出国留学人员，计划出国留学的前五大国家依次是：美国、英国、澳大利亚（与加拿大并列第三）、韩国（与德国并列第四）、新加坡；目前处于硕士研究生阶段的计划出国留学人员，计划出国留学的前五大国家依次是：美国、英国、澳大利亚、新加坡、法国；目前处于博士研究生阶段的计划出国留学人员，计划出国留学的前五大国家依次是：美国、英国、新加坡、澳大利亚（与韩国、日本、德国并列第四）、加拿大（与俄罗斯并列第五）。

表4-1　2024年不同阶段计划出国留学人员计划出国留学国别排序（前十位）

	英国	美国	澳大利亚	韩国	日本	加拿大	法国	新加坡	俄罗斯	德国
国际高中	2	1	3	4	6	5	8	7	9	4
国际预科	3	1	2	6	5	5	4	4	5	6
本科	2	1	3	4	7	3	6	5	8	4
硕士研究生	2	1	3	6	7	—	5	4	6	6
博士研究生	2	1	4	4	4	5	—	3	5	4

资料来源：教育部留学服务中心、全球化智库（CCG），2024年计划出国留学人员专题调研。

注：硕士研究生计划留学国家中，加拿大不在前十范围内；博士研究生计划留学国家中，法国不在前十范围内。

4.2.2　2024年申请国（境）外学历学位认证人员留学国家分布

根据教育部留学服务中心国（境）外学历学位认证数据库，2024年，申请认证人员的留学目的地分布呈现显著的区域集中性与多元化并存的特征。从申请认证人员留学的国别占比来看，留学英国、美国和澳大利亚的数量位列前三，合计占比达47.9%，显示英语国家仍是中国留学人员选择的主流目的地。

亚洲区域内，留学韩国、新加坡、日本、泰国、菲律宾和马来西亚的人员合计占比达 20.1%，表明中国与亚洲区域间的教育合作与交流日益深化。欧洲国家中，留学法国、德国、俄罗斯和白俄罗斯等国家的人员占比相对均衡，体现了中国留学人员对欧洲多语种及特色专业教育的关注。

数据进一步显示，申请认证人员留学目的地国覆盖全球五大洲 146 个国家或地区，前五名国家占比总和为 56.8%，前 15 名国家占比总和达 80.6%，既体现了头部国家的聚集效应，也展现出留学目的地国的广泛覆盖。整体而言，留学目的地国的分布既延续了对传统教育强国的偏好，也逐步向"一带一路"共建国家及新兴教育市场扩展，体现了中国留学人员国际化教育选择的全球化趋势。

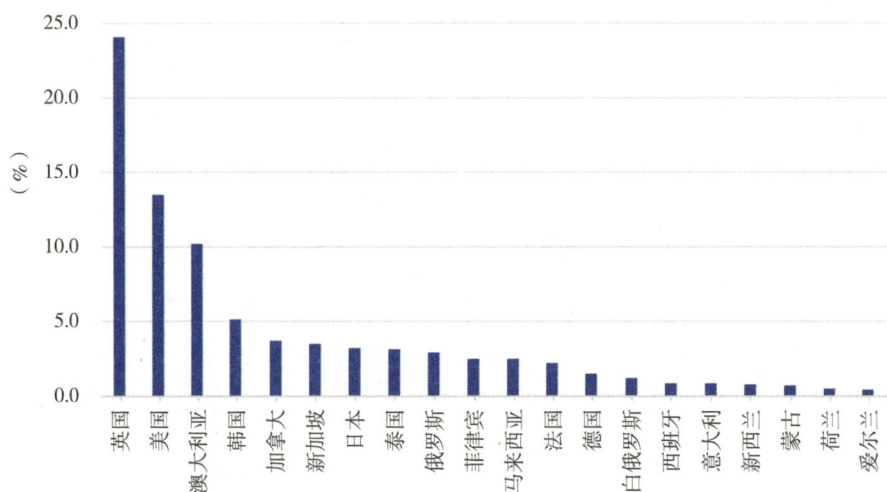

图 4-4　2024 年申请国（境）外学历学位认证人员留学的前 20 个目的地国分布情况

资料来源：教育部留学服务中心，2024 年国（境）外学历学位认证数据库。

4.2.3　海外留学人员的留学国家分布

根据 UNESCO 于 2025 年 2 月发布的数据及美国国际教育协会（IIE）的数据，中国学生出国留学的主要目的地国集中在美国、英国、澳大利亚、日本、加拿大等发达国家。2022 年，在美国留学的中国学生数量占中国在海外高等教育机构学生总数的 27.5%，紧随其后的是英国（14.7%）、澳大利亚（8.4%）、日本（8.2%）、加拿大（6.9%）。在这 5 个国家留学的中国学生之和占中国在海外高等教育机构学生总数的 65.7%，与 2021 年的 68.2% 相比略有下降。这表明，尽管传统留学目的地国仍然占据主导地位，但中国学生的留学选择正逐渐呈现多元化的趋势。

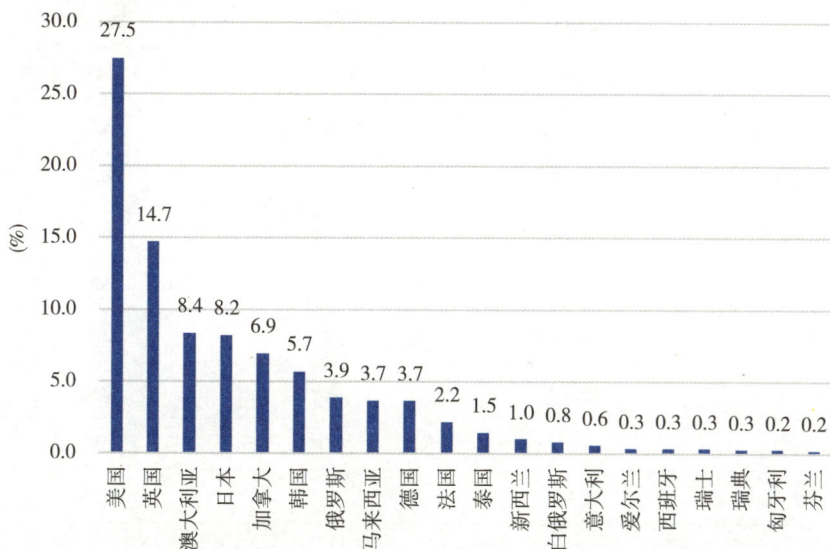

图 4-5　2022 年中国在国外高等教育机构留学的前 10 个目的地国

注：UNESCO 数据库中未统计中国赴新加坡留学人数，故上图中不显示新加坡的数据。

资料来源：UNESCO Institute for Statistics . Inbound Internationally Mobile Student by Country of Origin[EB/OL]. [2025-02-15]. http://data.uis.unesco.org/#.

美国、日本的数据来自：Institute of International Education. Project Atlas [EB/OL].（2024-11-17）[2024-11-19]. https://www.iie.org/research-initiatives/project-atlas/explore-data.

根据 UNESCO 的数据，一些新兴的留学目的地国逐渐受到中国学生的青睐。欧洲的法国、俄罗斯、白俄罗斯、意大利、爱尔兰、西班牙、瑞典、瑞士和匈牙利等均位列中国学生出国留学的前 20 个目的地国，吸引了数千名乃至数万名中国学生。与此同时，东南亚的马来西亚、泰国等国也成为中国学生的重要留学目的地国。新兴目的地的崛起反映了中国学生在选择留学国家时的多样化和全球化趋势，也反映了这些国家在教育质量、文化吸引力、留学成本和留学政策等方面的优势逐渐得到认可。

表4-2　2022年中国高等教育学生出国留学的前20个目的地国

目的地（国）	中国学生人数（人）	目的地（国）	中国学生人数（人）
美国	289526	泰国	15458
英国	154630	新西兰	10458
澳大利亚	87899	白俄罗斯	8484
日本	85762	意大利	5970
加拿大	73032	爱尔兰	3609
韩国	60087	西班牙	3589
俄罗斯	40797	瑞士	3408
马来西亚	38714	瑞典	2833
德国	38486	匈牙利	2588
法国	23261	芬兰	2259

注：UNESCO 数据库中未统计中国赴新加坡留学人数。

资料来源：UNESCO Institute for Statistics . Inbound Internationally Mobile Student by Country of Origin[EB/OL]. [2025-02-15]. http://data.uis.unesco.org/#.

2022 年美国、日本的数据来自：Institute of International Education. Leading Places of Origin [EB/OL].（2024-11-17）[2024-11-19].https://opendoorsdata.org/data/international-students/leading-places-of-origin/.

4.3　中国学生出国留学层次分布

4.3.1　计划出国留学人员的计划留学层次分布

根据调研，计划出国留学人员中近一半（48.9%）预计在本科阶段出国留学；31.5%预计在硕士阶段出国留学；11.2%预计在高中阶段出国留学；还有 8.4% 预计在博士阶段出国留学。这与参与调研的人员分布基本一致。计划出国留学人员中，35.7% 处于高中阶段；5.9% 处于国际预科阶段；44.6% 处于本科阶段；10.1% 处于硕士研究生阶段；3.7% 处于博士研究生阶段。其中处于初高中阶段的人员主要预计在高中阶段或本科阶段出国留学。

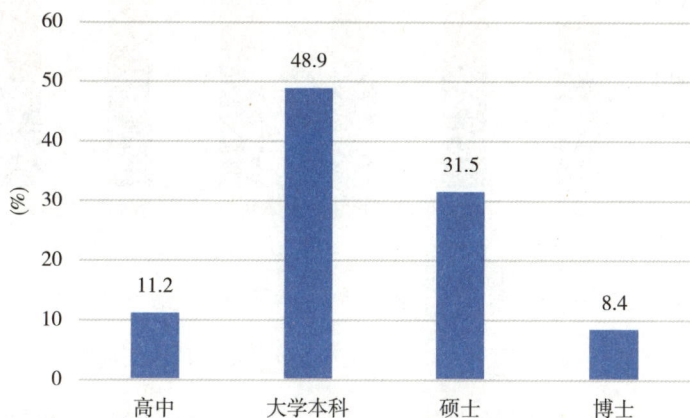

图 4-6　2024 年计划出国留学人员计划出国留学的留学层次分布

资料来源：教育部留学服务中心、全球化智库（CCG），2024 年计划出国留学人员专题调研。

4.3.2　留学人员的留学层次分布

根据教育部留学服务中心国（境）外学历学位认证数据库，2019—2024 年，申请学历学位认证的留学人员中，60%—62.2% 申请认证硕士学位；30.2%—34.7% 申请认证学士学位；4.9%—8.5% 申请认证博士学位。具体来看，留学英国、新加坡、法国、瑞典、西班牙、白俄罗斯、比利时等国的人员中，超过 70% 申请认证硕士学位；留学美国、波兰、韩国、匈牙利、新西兰、加拿大、越南等国的人员中，超过 40% 申请认证学士学位；留学德国、泰国、韩国、芬兰、荷兰、丹麦、印度、菲律宾等国的人员中，超过 15% 申请认证博士学位。

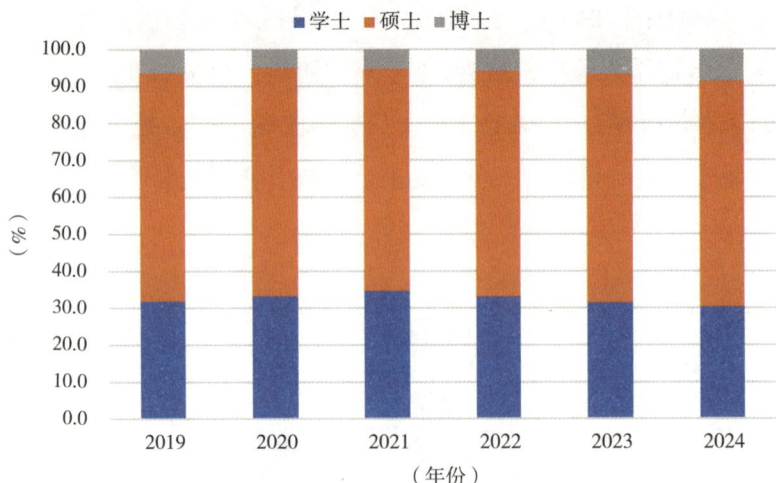

图 4-7　2019—2024 年申请国（境）外学历学位认证的学历学位分布

资料来源：教育部留学服务中心，国（境）外学历学位认证数据库。

从留学美国的中国学生就读的学历层次来看，2023—2024 学年，在美国就读于本科学段的中国学生有所减少，处于 OPT 阶段的中国学生有所增加。2023—2024 学年，就读于本科学段的中国学生共 87551 人，占在美中国学生总数的 31.6%，该学段人数相较 2022—2023 学年减少 12.8%；就读于研究生学段的中国学生共 122778 人，占 44.3%，人数比上一学年减少 2.6%；处于 OPT 阶段的为 61552 人，占 22.2%，人数比上一学年增长 11.6%。就读于非学历教育的学生大幅减少 31.2%。

表 4-3　中国学生在美国学段分布

学段分布	2022—2023 学年（人）	2023—2024 学年（人）	2023—2024 学年中国学生占总人数的比例（%）	增长率（%）
本科	100349	87551	31.6	-12.8
研究生	126028	122778	44.3	-2.6
非学历教育	8016	5517	2.0	-31.2
OPT	55133	61552	22.2	11.6

资料来源：Institute of International Education. 2024 International Students Academic Level and Place of Origin [R/OL].（2024–11–17）[2024–11–19].

从留学英国的中国学生就读学历层次来看，2022—2023学年中，中国赴英的本科生和授课型硕士生人数最多，分别为66320人和75645人，占总人数的42.99%和49.04%。研究型研究生人数相对较少，仅为12295人，占比7.97%，但从整体趋势来看，这三类学生的总人数在近年来均呈现上升趋势。这些数据表明，在英国学习的中国学生中，授课型硕士生是主力群体，英国的本科课程和授课型硕士课程因其短学制和高实用性等优势受到广大中国学生的普遍欢迎与认可。

图4-8　中国在英国接受高等教育的国际学生学历分布与比例

资料来源：HESA.Higher Education Student Statistics [EB/OL].（2024-09-12）[2024-10-21]. https://www.hesa.ac.uk/data-and-analysis/students/where-from.

4.4　中国学生出国留学专业分布

4.4.1　计划出国留学人员的计划留学专业分布

根据调研，计划出国留学人员出国留学预计学习的专业主要集中在商业、管理与法律（包含商业管理、会计与财务、市场营销、人力资源管理、国际商务、法学、经济学等，占比27.2%），社会科学、新闻与传播（包含社会学、政治学、心理学、人类学、社会经济学、新闻与传播、图书馆学等，占比 18.7%），人文学科（包含语言学、文学、哲学、历史学、艺术、宗教学等，占比 14.2%），信息与通信技术（包含计算机科学、软件工程、数据科学与大数据工程、网络与信息安全、人工智能、通信技术等，占比 10.3%），自然科学、数学与统计学（包含物理学、化学、生物学、地球科学、环境科学、数学、统计学等，占比 9.6%），工程、制造与建筑学（包含机械工程、电气与电子工程、土木工程、化学工程、建筑学、制造工程、环境工程等，占比 7.1%），教育学（6.2%）。这反映了计划出国留学人员在选择专业时的多样性和倾向性，商业、管理与法律领域仍然是最受欢迎的选择；其次是社会科学、新闻与传播以及人文学科。

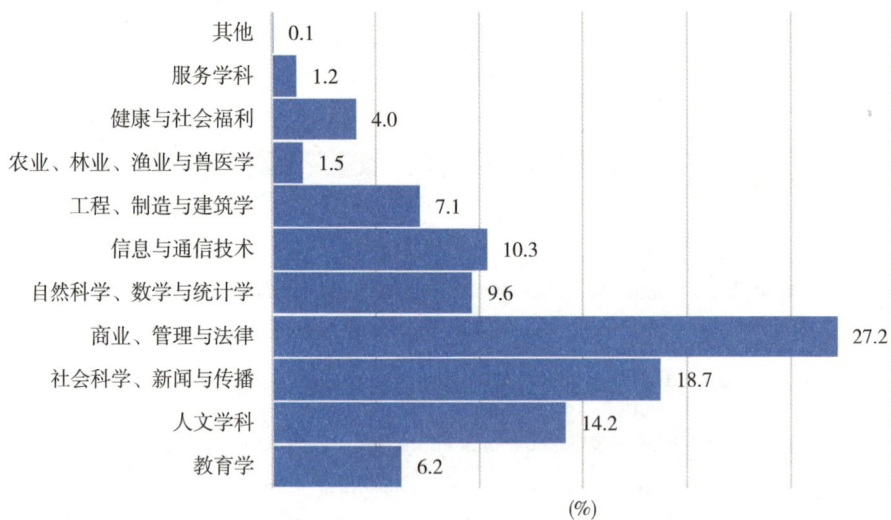

图 4-9　2024 年计划出国留学人员计划出国留学的专业分布

资料来源：教育部留学服务中心、全球化智库（CCG），2024 年计划出国留学人员专题调研。

　　具体到不同年级的学生，计划出国留学人员的专业选择呈现出以下特点。

　　国际高中（一年级至三年级）：计划出国留学的前三个专业依次为商业、管理与法律，社会科学、新闻与传播，人文学科，选择占比位列第四的为自然科学、数学与统计学。

国际预科阶段：计划出国留学的第一大专业为商业、管理与法律（45.1%）；其次为信息与通信技术（15.4%）和社会科学、新闻与传播（13.2%）。

本科阶段：计划出国留学的主要专业为商业、管理与法律（25.8%），社会科学、新闻与传播（18.2%），人文学科（14.2%）。

硕士研究生阶段：计划出国留学的主要专业为商业、管理与法律（26.0%），工程、制造与建筑学（13.6%），人文学科（13.0%）。

博士研究生阶段：计划出国留学的主要专业为工程、制造与建筑学（21.1%），自然科学、数学与统计学（14.0%），教育学（14.0%）。

这些数据反映了不同教育阶段的学生在选择留学专业时的倾向性和多样性。

表4-4　2024年计划出国留学人员计划出国留学的专业分布（按年级划分）占比（%）

教育阶段	教育学	人文学科	社会科学、新闻与传播	商业、管理与法律	自然科学、数学与统计学	信息与通信技术	工程、制造与建筑学	农业、林业、渔业与兽医学	健康与社会福利	服务学科
国际高中一年级	5.3	13.5	23.3	26.3	12.8	8.3	4.5	1.5	3.0	1.5
国际高中二年级	2.0	9.5	21.1	31.3	15.7	12.9	4.8	0.7	1.4	0.7
国际高中三年级	4.9	18.7	19.1	31.1	9.4	9.4	3.8	0.8	2.6	0.4
国际预科	4.4	4.4	13.2	45.1	7.7	15.4	4.4	4.4	0.0	1.1
本科	7.3	14.2	18.2	25.8	8.7	10.6	7.8	1.2	4.8	1.3
硕士研究生	5.8	13.0	12.3	26.0	7.8	9.7	13.6	2.0	7.8	2.0
博士研究生	14.0	7.0	12.3	12.3	14.0	5.3	21.1	5.3	8.8	0.0

资料来源：教育部留学服务中心、全球化智库（CCG），2024年计划出国留学人员专题调研。

具体到不同的计划留学国家，计划出国留学人员的专业选择呈现出一定的差异。

英国：计划出国留学的主要专业为商业、管理与法律（29.6%）、人文学科（17.7%）、社会科学、新闻与传播（17.4%）。

美国：计划出国留学的主要专业为商业、管理与法律（31.7%）、社会科学、新闻与传播（17.0%）、自然科学、数学与统计学（11.8%）。

澳大利亚：计划出国留学的主要专业为商业、管理与法律（26.0%）、社会科学、新闻与传播（24.2%）、人文学科（13.2%）。

韩国：计划出国留学的主要专业为社会科学、新闻与传播（23.3%）、人文学科（18.6%）、商业、管理与法律（16.3%）。

日本：计划出国留学的主要专业为商业、管理与法律（23.2%）、人文学科（20.3%）、社会科学、新闻与传播（15.9%）。

加拿大：计划出国留学的主要专业为商业、管理与法律（31.7%）、社会科学、新闻与传播（18.3%）、信息与通信技术（12.2%）。

法国：计划出国留学的主要专业为商业、管理与法律（33.3%）、社会科学、新闻与传播（21.7%）、信息与通信技术（13.0%）。

新加坡：计划出国留学的主要专业为商业、管理与法律（18.3%）、社会科学、新闻与传播（18.3%）、人文学科（15.5%）。

俄罗斯：计划出国留学的主要专业为社会科学、新闻与传播（19.2%）、信息与通信技术（19.2%）、商业、管理与法律（15.4%）。

德国：计划出国留学的主要专业为自然科学、数学与统计学（17.8%）、工程、制造与建筑学（17.8%）、信息与通信技术（15.6%）。

计划去其他国家留学的人员，留学专业主要集中在商业、管理与法律，社会科学、新闻与传播，人文学科这三类专业。

表 4-5　2024 年计划出国留学人员计划出国留学的专业分布（按国别划分）占比（%）

留学国家	教育学	人文学科	社会科学、新闻与传播	商业、管理与法律	自然科学、数学与统计学	信息与通信技术	工程、制造与建筑学	农业、林业、渔业与兽医学	健康与社会福利	服务学科
英国	8.1	17.7	17.4	29.6	6.7	8.7	7.0	0.9	2.9	1.2
美国	5.0	10.9	17.0	31.7	11.8	11.5	6.8	0.7	3.2	1.6
澳大利亚	6.2	13.2	24.2	26.0	9.2	9.2	6.6	1.8	2.6	1.1
韩国	5.8	18.6	23.3	16.3	12.8	9.3	2.3	3.5	7.0	1.2
日本	8.7	20.3	15.9	23.2	10.1	5.8	7.3	1.5	7.3	0.0
加拿大	6.1	9.8	18.3	31.7	6.1	12.2	7.3	2.4	4.9	1.2
法国	0.0	8.7	21.7	33.3	8.7	13.0	8.7	2.9	2.9	0.0
新加坡	4.2	15.5	18.3	18.3	8.5	11.3	11.3	0.0	11.3	0.0
俄罗斯	5.8	13.5	19.2	15.4	11.5	19.2	9.6	3.9	1.9	0.0
德国	4.4	11.1	13.3	8.9	17.8	15.6	17.8	4.4	4.4	2.2

资料来源：教育部留学服务中心、全球化智库（CCG），2024 年计划出国留学人员专题调研。

4.4.2　留学人员的留学专业分布

根据教育部留学服务中心国（境）外学历学位认证数据库，2019—2024 年，国（境）外学历学位认证专业领域占比呈现显著动态变化，映射出科技革命与产业升级的深层影响。认证申请中，理学的占比在 2019—2020 年间增长约 3 个百分点，随后进入稳定期；管理学的占比呈现波动下滑趋势，经济学的占比在五年内下降约 6 个百分点，反映了数字化转型对经济发展和管理模式的深度重塑。工学的占比震荡下行约 2 个百分点，这与留学目的国的专业限制有一定关系。文学的占比缓慢增长，艺术学则稳步增长，数字媒体与文化产业的发展可能为此提供了持续动力。

值得注意的是，哲学和教育学的占比均逐步增长，教育学的占比提高了近 3 个百分点。2024 年的认证申请中，申请哲学博士学位认证的人数是申请哲学本科与硕士学位认证的人数之和的 11.6 倍，超过 60% 的哲学博士学位来自菲律宾、泰国、马来西亚等东南亚国家；申请教育学博士学位认证的人员的留学国别集中在菲律宾、韩国、泰国、马来西亚等亚洲国家。

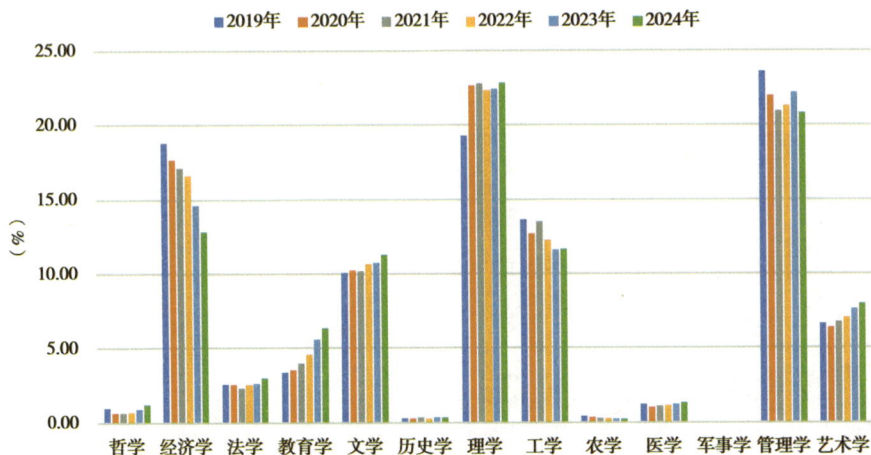

图 4-10　2019—2024 年申请国（境）外学历学位认证的人员的专业分布
（按年度划分）

资料来源：教育部留学服务中心，2019—2024 年中国国（境）外学历学位认证数据库。

第三篇　留学国别分析

第五章 留学环境评价指标体系

5.1 目的与意义

当前，国际局势日趋复杂，气候变化、地缘政治和经济贸易等方面的挑战不断加剧，这些因素正在不同程度上直接或间接地影响着国际留学的发展。在这一背景下，科学、全面地评价不同留学目的地的环境，成为留学人员及其家庭的迫切需求，也是未来中国留学发展面临的重要课题。

"留学环境评价指标体系"由教育部留学服务中心、全球化智库（CCG）和业内专家共同研究创立。设立"留学环境评价指标体系"的主要目的是使用中国话语体系评价全球主要留学目的地国家和地区的整体留学环境，为留学提供科学的决策支持，同时为中外教育交流合作提供相互促进的桥梁。该指标体系系统地衡量和比较不同国家在质量与就业、安全与成本、信任与开放等方面的表现。通过评价，一方面，帮助大家更好地理解潜在留学目的地的学术和社会环境，为留学选择提供全面的数据支持和科学依据。另一方面，这一指标体系也体现了中国在国际教育领域的独特视角，为各国教育机构和政策制定者提供宝贵的数据和参考，为与留学人员密切相关的教育体系的优化和国际学生服务的提升提供重要参考建议。通过指标体系综合评估，不仅在国际教育领域为学生、家庭和政策制定者带来价值，也为全球教育生态的和谐发展注入新的动力。这种双向促进的模式将推动全球教育合作的深化，使教育交流不再局限于个人的发展，更成为连接国家之间教育政策优化的重要纽带。

5.2　构建原则

5.2.1　以留学人员为中心，注重实践性和适用性

体系的设计以留学人员的实际需求为中心，确保其结果和数据具有实用价值。作为留学决策的重要工具，该体系囊括留学人员在留学过程中可能遇到的多方面因素，如学术环境、文化适应、经济负担、就业前景及安全环境等。通过这些指标，相关人员能够更直观地比较不同国家的整体学习和生活条件，从而做出更科学的决策。

5.2.2　兼顾全面性与多维度分析

构建体系的一个关键原则是全面性，即指标体系须涵盖影响国际留学的主要维度。以质量与就业、信任与成本、安全与开放为核心的一级指标拓展至二级指标，包括文化环境、社会稳定性、经济发展水平、教育资源、自然环境、就业市场和健康安全等。这种多维度分析能确保体系不仅评估学术因素，还综合考虑到社会与文化融入、个人发展机会和生活舒适度等方面。

5.2.3　确保数据可靠性与透明性

留学环境评价指标体系的构建以高质量的数据为支撑。数据来源于权威机构，如国际教育组织、各国教育部门的统计报告及世界银行、联合国教科文组织等全球性机构的数据。为保证结果的可信度和科学性，体系具有透明的指标来源和数据收集方法。对于数据不足或信息不对称的国家，提供清晰的注释和背景说明，以帮助用户了解数据的局限性和研究的边界。

5.2.4　平衡全球视角与区域差异

该体系体现全球视角，确保在评估各国时对不同教育和文化背景下的国家有相应的调整。不同国家在教育体制、文化背景、社会规范等方面存在显著差异，因此，指标体系在全球适用的同时，适当考虑地区性差异。

5.2.5 实现动态更新与灵活调整

留学环境受到多种因素的动态影响，如国际政治局势、经济波动、自然灾害等。体系的构建具备可调整和更新的能力，以及时反映新的趋势。为此，构建指标体系设计动态更新机制，以保证其保持与现实状况的紧密联系。

5.2.6 关注留学人员多样化需求

不同背景的留学人员对留学环境有不同的期望和需求。构建体系时考虑到本科生、研究生在学术和生活上的差异需求。例如，博士研究生对研究环境和科研经费的重视程度远高于本科生，而本科生则可能更关注语言环境和文化适应性。因此，在设计指标体系时尽量考虑具备分类指导功能，以满足不同层次留学人员的需求。

5.2.7 强调安全与信任的保障

强调安全性和信任度的评估，这是留学人员和家长在选择留学国家时的重要考量因素。国际关系的不确定性、社会治安问题以及潜在的自然灾害风险，都需要在体系中进行量化评估。通过这些因素，留学人员能够更好地评估某国是否适合其学术追求和个人发展。

5.2.8 促进中外文化交流与合作

留学环境的建设不仅是帮助学生选择合适的目的地，还旨在促进文化交流与理解。指标体系体现出各国对国际学生的接纳程度以及教育体系的开放性。通过这种视角，指标体系能鼓励更积极的国际教育合作，推动全球教育的融合与互通。

综上所述，"留学环境评价指标体系"的构建旨在综合考虑多方面因素，通过系统化、科学化的方法为学生提供更广泛且可靠的参考。这一体系不仅将有助于留学人员决策，还能促进全球教育的多元化发展和文化交流，为世界各国间的理解与合作搭建桥梁。

5.3 指标体系的结构

本指标体系旨在为留学人员提供留学目的地国的全方位信息，帮助其做出更科学和专业的决策。指标体系包括3项一级指标和25项二级指标。一级指标分别是质量与就业、安全与成本、信任与开放。二级指标涵盖社会、经济、政治、文化、教育、自然环境、就业等因素。

图5-1　留学环境评价指标体系

　　本评估覆盖28个留学目的地国家，国家的选择主要基于2015—2024年教育部留学服务中心国（境）外学历学位认证数据库中学历学位认证数量最多的前30个国家，对这些国家的上榜次数和认证数量平均名次进行了整理和统计后，剔除了其中处于战争状态以及缺失大部分指标数据的国家，最后选择了 28 个国家开展留学环境评估。具体包括 16 个欧洲国家（爱尔兰、白俄罗斯、比利时、波兰、丹麦、德国、俄罗斯、法国、芬兰、荷兰、瑞典、瑞士、西班牙、匈牙利、意大利、英国）、2 个北美洲国家（美国和加拿大）、2 个大洋洲国家（澳大利亚和新西兰）以及 8 个亚洲国家（韩国、日本、菲律宾、印度、新加坡、泰国、越南、马来西亚）。

5.4 指标体系的模型

根据留学环境评价指标体系的结构，可以构建一般意义上的留学环境评价模型，即：

$$J_i = \sum B_k Q_k$$

其中，J_i 为不同国家的留学环境，B_k 为第一、第二、第三层级等各项指标（指数），Q_k 为分别对应第一、第二、第三层级指标（指数）的权重。k 分别为第一、第二、第三层级的指标数。与留学环境评价指标体系的结构对应，本报告第一层级指标数 k 为 3；第二、第三层级的指标数则根据不同一级指标的不同特征确定。

5.4.1 权重的确定方法

留学环境评价指标体系中各指标在评价某个国家的留学环境时发挥的作用各不相同。为体现不同指标在评价指标体系中的重要程度，每个指标赋予不同的权重系数。指标的权重是各指标相对重要程度的一种主观与客观度量的反映，合理的权重系数对留学环境评价具有重要的意义。

目前，指标权重的确定方法主要采用主客观相结合的专家集体决策方法，如德尔菲法、层次分析法、灰色关联分析法等。

5.4.2 数据处理的原则、方法

本指标体系数据来源主要包括：联合国教科文组织（UNESCO）数据库、经合组织（OECD）、世界银行（WB）、世界知识产权组织（WIPO）、各

国移民局、中华人民共和国统计局、中华人民共和国教育部、上海交通大学软科世界大学学术排名以及为了完成本蓝皮书而开展的调研问卷等众多数据项。

报告选用最新的数据，但因不同指标所跨越了不同的领域，数据更新的周期并不统一，数据选用标准主要考虑以下主要因素：数据需要具有获得性、一致性和完整性。相对而言，本报告采用的数据库所提供的大部分数据更新至 2024 年，少量数据更新至 2021 年至 2023 年。

由于留学环境各项指标数据的量纲不同，因此需要对这些指标进行综合集成，并对指标数据进行无量纲处理。本研究采用了最小—最大规范化的方法，在不改变数值差异的情况下，将数据标准化为 [0,1] 范围内。计算方法如下：

$$X_i = \frac{x_i - \min\limits_{1 \leqslant i \leqslant n} x_i}{\max\limits_{1 \leqslant i \leqslant n} x_i - \min\limits_{1 \leqslant i \leqslant n} x_i}$$

其中，X_i 为标准化后的指数，x_i 为原始值，i 为国家代码，取值范围为 Int[1,28]，代表 28 个国家。另外，为保持指数整体的同向性（越大越好），对负向数据进行了同向性处理，如生活成本、留学预警等。处理方法如下：

$$X_i = \frac{\max\limits_{1 \leqslant i \leqslant n} x_i - x_i}{\max\limits_{1 \leqslant i \leqslant n} x_i - \min\limits_{1 \leqslant i \leqslant n} x_i}$$

其中，X_i 为标准化后的指数；x_i 为原始值；i 为国家代码；取值范围为 Int[1,28]，代表 28 个国家。

5.5　评价指标与权重

留学环境评价的一级指标包括质量与就业指标、安全与成本指标、信任与开放指标，通过德尔菲法和层次分析法，确定其权重分别为 0.568、0.223、0.209。

表 5-1　留学环境评价的一级指标

一级指标及编号	一级指标权重 *
A01 质量与就业指标	0.568
A02 安全与成本指标	0.223
A03 信任与开放指标	0.209

* 一级指标的权重由德尔菲法、层次分析法确定。

5.5.1　质量与就业指标

"质量与就业"指标是衡量不同国家教育资源水平、人才培养能力、国际化人才吸引能力、科技创造能力等方面情况以及学生就业情况的指标。该指标包含 9 项二级指标：A011 科研与创新能力、A012 教育投入、A013 教育质量满意度、A014 学术声誉、A015 国际学生占比、A016 签证政策、A017 实习机会、A018 当地就业前景、A019 回国认可度。

表 5-2　质量与就业指标

一级指标及编号	二级指标及编号	二级指标权重 *	三级指标及编号	三级指标权重 *	数据来源
A01 质量与就业指标（0.568）	A011 科研与创新能力	0.140	A0111 全球创新指数 2023（分）	1.000	世界知识产权组织（WIPO）
	A012 教育投入	0.088	A0121 教育的公共投入占 GDP 比重（%）	1.000	世界银行（World Bank）
	A013 教育质量满意度	0.103	A0131 中国留学人员对留学国家的教育满意度（分）	1.000	调研数据
	A014 学术声誉	0.249	A0141 上海交通大学软科世界大学学术排名（名次）	1.000	上海交通大学软科世界大学学术排名该国入选学校名加权得分
	A015 国际学生占比	0.052	A0151 国际学生占比（%）	1.000	UNESCO

续表

一级指标及编号	二级指标及编号	二级指标权重*	三级指标及编号	三级指标权重*	数据来源
A01 质量与就业指标（0.568）	A016 签证政策	0.076	A0161 学习签证	0.200	各国移民局
			A0162 实习签及实习签时长	0.200	
			A0163 求职签及求职签时长	0.200	
			A0164 正式工签及工签时长	0.200	
			A0165 对中国是否免签	0.200	中国国家移民管理局
	A017 实习机会	0.103	A0171 中国留学人员在该国实习的平均次数（次）	1.000	调研数据
	A018 当地就业前景	0.108	A0181 2024 年 15—24 岁青年人失业率（%）	1.000	世界银行
	A019 回国认可度	0.082	A0191 用人单位对不同国家留学人员的认可度（分）	1.000	调研数据

＊二、三级指标的权重由德尔菲法、层次分析法确定。

（1）A011 科研与创新能力

"科研与创新能力"指标是以 WIPO 发布的 2023 年全球创新指数（GII）作为依据，全面反映各国的创新状况。全球超过 130 个国家参与 GII 的评分。GII 主要考量 4 大指标因素，分别是：1）科学以及创新投资：通过"投资额度"来衡量一个国家或地区对于创新以及科学发展的支持程度。2）技术进步：通过对"关键领域"（计算机实力、可再生能源消耗等）现状来评估当地的技术进步水平。3）技术应用：评估前沿科技在生活中的应用来反映技术转化为生活价值的能力。4）社会经济影响：使用"劳动生产率""预期寿命""二氧化碳排放"三项指标来评估当前科技对社会经济的影响。

（2）A012 教育投入

"教育投入"指标反映该国对于教育事业的重视程度。值得注意的是，教育投入占 GDP 比重越高不等同于该国家拥有越高质量的教育资源和教学环境，但可以间接反映该国的教育质量增长趋势。

（3）A013 教育质量满意度

"教育质量满意度"指标通过本报告调研问卷采集的中国留学人员对其留学所在地教育质量的满意度，反映中国留学人员对于该国 / 地教育质量的认可度。

（4）A014 学术声誉

"学术声誉"指标衡量目标国家高等教育的国际学术声誉，通过对上海交通大学软科世界大学学术排名中不同国家入选学校的名次加权计算得分。学术声誉高的学校吸引了优秀的师资和学生，对留学人员的教育质量和未来职业发展有积极影响。

（5）A015 国际学生占比

"国际学生占比"指标数据来自 UNESCO，主要评估目标国家的国际学生所占比例，反映其包容性和国际化教育程度。国际学生占比高的国家通常提供更多元的文化体验，有助于学生适应跨文化环境。

（6）A016 签证政策

"签证政策"指标旨在研究留学目的地的政策友好度及开放程度。较丰富的签证类型可以为留学人员提供灵活性，满足不同需求，如学术、实习及工作；签证数量的增加则通常与该国吸引外国学生的能力相关，可能会反映出教育机构的国际化程度及经济状况。签证政策将直接影响留学人员的选择和决策，尤其在留学规划阶段，明确的签证政策可以为留学人员提供更多的选择和便利。

（7）A017 实习机会

"实习机会"指标通过调研问卷来考察留学人员在目标国家获取实习机会的可能性，包括与学业相关的实习项目、企业合作等因素。丰富的实习机会有助于学生提升实际技能，为未来就业打下基础。

（8）A018 当地就业前景

"当地就业前景"指标利用当地国家 15—24 岁青年人失业率分析目标国家对毕业生的就业接纳度、人才需求和总体就业形势。失业率低的国家，意味着就业前景较好，有利于学生在学成后获得工作机会，提升留学投资的回报率。

（9）A019 回国认可度

"回国认可度"指标主要评估中国就业市场对留学人员的学历和经历的认可程度。这个指标基于一线 / 二线城市用人单位对不同国家留学回国人员的认可度的调研结果。认可度较高的留学背景通常意味着用人单位对该国学历有更高的认可度，该国留学人员在国内就业市场上更具竞争力。

5.5.2　安全与成本指标

"安全与成本"指标是从留学人员视角来衡量各国的安全和成本情况，目的是帮助相关人员更全面地了解该国的安全情况与留学成本。本指标不仅考虑了社会安全，还考虑了自然、网络以及女性安全等因素，并纳入留学预警情况等指标作为重要参考。安全指标包含 8 项二级指标：A021 冲突水平、A022 治安情况、A023 心理压力、A024 自然灾害、A025 法律保护、A026 女性安全、A027 留学预警、A028 生活成本。

表 5-3　安全与成本指标

一级指标及编号	二级指标及编号	二级指标权重 *	三级指标及编号	三级指标权重 *	数据说明及来源
A02 安全与成本（0.223）	A021 冲突水平	0.197	A0211 国家在 ACLED 冲突指数中的总体排名（名次）	1.000	负向指标，ACLED 冲突指数
	A022 治安情况	0.211	A0221 社区韧性（指数得分）	0.250	劳埃德注册基金会 World Risk Poll 2024
			A0222 全球有组织犯罪指数中的犯罪市场指数（指数得分）	0.250	负向指标，Global Organized Crime Index: Criminal Markets
			A0223 留学人员对该国治安情况的满意度（分）	0.500	调研数据
	A023 心理压力	0.112	A0231 留学人员在留学过程中感受到的文化冲突、社交压力、语言压力、受歧视、经济压力的综合得分（分）	1.000	负向指标，调研数据

续表

一级指标及编号	二级指标及编号	二级指标权重*	三级指标及编号	三级指标权重*	数据说明及来源
A02 安全与成本（0.223）	A024 自然灾害	0.099	A0241 综合灾害场均受灾人次（人次/场）	1.000	负向指标，应急管理部、教育部、中国灾害防御协会联合发布的全球灾害数据平台
	A025 法律保护	0.049	A0251 是否有专门针对国际学生的法律保护	1.000	各国移民、司法部门网站
	A026 女性安全	0.103	A0261 女性遭性侵和暴力的情况（%）	1.000	联合国妇女署（UNWOMEN）和世界银行（World Bank）的性别数据
	A027 留学预警	0.054	A0271 留学预警情况（次）	1.000	负向指标，平安留学公众号的安全提醒、外交部领事司的安全提醒、中国驻各国大使馆相关通知提醒
	A028 生活成本	0.175	A0281 国际学生每月生活成本（元/月）	1.000	负向指标，各国政府移民管理局对于国际学生最低生活经济保障建议，以及部分国家政府官方推荐的留学适应建议网站

*二、三级指标的权重由德尔菲法、层次分析法确定。

（1）A021 冲突水平

"冲突水平"指标数据源自 ACLED 冲突指数，该指数依据冲突的致命性、对平民的威胁、地理扩散和武装团体的数量等四个指标计算不同国家和地区的冲突情况。ACLED 冲突指数是基于武装冲突地点与事件数据项目（Armed Conflict Location & Event Data Project）的数据，用于衡量和分析全球范围内的冲突和暴力事件。ACLED 是一个专门收集、分析和发布全球冲突事件数据的数据库，数据库涵盖了全球范围内的政治暴力、抗议、骚乱、战斗等事件。"冲突水平"指标为负向指标，经过指数化处理后，冲突水平越低，该指标得分越高。

（2）A022 治安情况

"治安情况"指标分析目标国家或地区的整体治安环境。该项指标包括社区韧性情况、该国家/地区的犯罪市场（包括网络诈骗）、中国留学人员对当地治安情况的主观感受三个三级指标。

社区韧性情况是劳埃德注册基金会（Lloyd's Register Foundation）2024世界风险民意调查（World Risk Poll 2024）中的一项指标，是一项衡量社区在应对社会、经济和环境挑战方面的适应力和凝聚力的指标，具体包括：邻里关怀感（居民对邻居关心自己福祉的感知）、夜间安全感（独自在夜间行走时的安全感）、互助行为（过去一个月是否帮助过有需要的陌生人）以及对社区基础设施（包括道路与公路、教育系统和医疗系统）的满意度。

犯罪市场指数是全球有组织犯罪指数（Global Organized Crime Index）的一个子项，用于衡量一个国家或地区犯罪市场的规模与活跃程度。全球有组织犯罪指数（Global Organized Crime Index）是由打击跨国有组织犯罪全球倡议（Global Initiative Against Transnational Organized Crime）发布的一项评估工具，用于衡量全球各国和地区的有组织犯罪水平及其影响。犯罪市场指数通过评估各类犯罪市场在特定国家的收入、利润和影响力来体现其严重性。指数分数越高，表明该国犯罪市场规模越大、活动越频繁。犯罪市场主要包括毒品贸易、人口贩运、武器走私、野生动物和自然资源非法贸易、假冒商品和知识产权犯罪、网络犯罪、金融犯罪等类型。

（3）A023 心理压力

"心理压力"指标通过调研了解留学人员的心理健康状况，以及留学国家在提供心理健康支持和服务方面的有效性和覆盖度。对留学人员的心理压力的调研，主要包括留学人员在学习和生活期间所遇到的压力、孤独感、文化冲突等挑战的情况。调研还了解了留学人员是否有机会获得心理健康支持服务，如辅导、咨询或危机干预服务等。该指标不仅要了解学生的心理健康状态，还关注留学目的地是否有针对国际学生的专门心理支持服务。心理支持资源完备、服务可及的国家，能更好地帮助留学人员应对学术、社交和文化冲击带来的心理压力，从而更好地促进留学人员的全面成长和发展。"心理压力"指标为负向指标，经过指数化处理后，心理压力水平越低，该指标得分越高。

（4）A024 自然灾害

"自然灾害"指标评估一个国家发生自然灾害（如地震、台风、洪水等）的频率和应对能力。对于留学人员来说，这关系到个人安全和对紧急事件的准备程度。常发自然灾害的地区可能会影响日常学习和生活，甚至导致短期或长期的教学中断。该指标显示了该国政府在应对灾害时的效率和基础设施的韧性。如果一个国家在自然灾害应对中表现良好，它通常有健全的应急响应系统和有韧性的公共基础设施，这对留学人员来说是一个保障。反之，如果应对能力薄弱，留学人员需要额外做好灾害防备和安全预案。"自然灾害"指标为负向指标，经过指数化处理后，自然灾害发生的频率越低，应对自然灾害的能力越好，该指标得分越高。

（5）A025 法律保护

"法律保护"指标主要分析目标国家对国际学生权益的法律保障，包括学生受法律保护的程度、种族歧视法律保护情况等，以确保学生在异国他乡能得到公平待遇。

（6）A026 女性安全

"女性安全"指标评估女性在社会中所面临的暴力、性骚扰和歧视的风险。对于女性国际学生而言，这是一个非常重要的指标，尤其影响其在公共场合、校园和日常生活中的安全感。该指标能够反映该国社会的性别平等状况、法律对女性权益的保障水平以及文化态度。一个对女性安全友好的国家，通常也意味着包容、多元和尊重人权的社会环境，对于留学人员的心理健康和学习体验至关重要。

（7）A027 留学预警

"留学预警"指标评估目标国家的整体安全环境和留学人员生活中可能面临的潜在风险。该指标主要依据为外交部领事司的安全提醒、教育部平安留学公众号汇总的"中国留学生安全提醒",该提醒主要是转发主要留学国家的中国驻外使领馆所发布的安全预警。一些未被"中国留学生安全提醒"包含的国家则是直接采集中国驻各国大使馆相关安全预警信息并进行分析,重点考察包括政治稳定性、社会治安、自然灾害、金融诈骗、暴力犯罪事件、种族歧视等可能影响留学人员人身安全和财物安全的因素。预警信息不仅提醒学生注意具体国家的局势变化,也提供了对潜在安全隐患的官方评估,为学生及其家庭提供风险参考。在留学决策中,留学预警情况有助于学生全面了解不同目的地的安全状况,提高留学期间的自我保护意识,增强安全保障。"留学预警"指标为负向指标,经过指数化处理后,留学预警越少,该指标得分越高。

（8）A028 生活成本

"生活成本"指标数据主要来源于各国政府移民管理局对于国际学生的最低生活经济保障建议,以及部分国家政府官方推荐的留学适应建议网站。本指标主要以平均每月生活成本为参考。这一指标可能会直接影响留学人员对经济负担和生活质量的预判。高生活成本可能导致留学人员在选择留学目的地时更为谨慎,影响其整体留学体验。每月生活成本反映了一个国家或地区的生活水平和消费结构。生活成本较高的国家通常意味着较高的生活质量,但同时也可能增加留学人员的经济压力。这一指标能够帮助学生在经济预算上做出更明智的选择,进而影响其留学决策。"生活成本"指标为负向指标,经过指数化处理后,生活成本越低,该指标得分越高。

（9）医疗保障

"医疗保障"指标评估目标国家或地区医疗体系的可及性、稳定性和经济性,关注目标国家或地区是否为国际学生提供全面的医疗保障体系,该指标难以指数化计量,故主要用于国别分析部分。具体包括以下几个方面:首先,重点考察国际学生是否纳入基本医疗保险覆盖范围,是否能够在必要时获得基本的医疗服务与急救支持。其次,分析当地是否有专门针对国际学生的医保政策或计划,以确保留学期间享有持续的健康保护。医保费用的高低也是重要考量标准，包括医疗保险的缴费金额、报销比例以及覆盖的具体医疗服务内容，帮助留学人员了解其在留学期间可能面临的额外医疗开支。

5.5.3 信任与开放指标

"信任与开放"指标包含 8 个二级指标：A031 双边经贸、A032 中国学生占比、A033 中国学生增速、A034 预估学费、A035 学历互认与审查、A036 专业限制、A037 不平等对待、A038 文化适应。该一级指标综合评估目标国家或地区对中国留学人员的接纳程度和包容性，衡量其社会、经济和文化层面上对中国的开放性。双边经贸情况、中国学生占比和增速、学历互认与加强审查情况等，可以反映该国对中国留学人员的欢迎度和对教育合作的支持性。专业限制和不平等对待等指标，进一步揭示学生在申请留学和学习期间可能面临的政策障碍和潜在的歧视性因素。此外，文化适应指标有助于了解中国学生融入和适应当地文化氛围与社交资源的情况。

表 5-4　信任与开放指标

一级指标及编号	二级指标及编号	二级指标权重 *	三级指标及编号	三级指标权重 *	数据说明及来源
A03 信任与开放指标（0.209）	A031 双边经贸	0.182	A0311 2023 年双边进出口总额（万美元）	0.500	国家统计局中国同各国（地区）进出口总额
			A0312 2022—2023 年双边进出口额增长率（%）	0.500	
	A032 中国学生占比	0.129	A0321 2022 年中国学生占比（%）	1.000	UNESCO
	A033 中国学生增速	0.101	A0331 2021—2022 年中国学生增速（%）	1.000	UNESCO
	A034 预估学费	0.119	A0341 2023—2024 年该国国际本科生平均学费（元 / 年）	0.500	各国学校抽样统计
			A0342 2023—2024 年该国国际硕士生平均学费（元 / 年）	0.500	各国学校抽样统计

续表

一级指标及编号	二级指标及编号	二级指标权重*	三级指标及编号	三级指标权重*	数据说明及来源
A03 信任与开放指标（0.209）	A035 学历互认与审查	0.117	A0351 中国与该国互认学段数量（段）	0.500	教育部留学服务中心
			A0352 对该国学校加强审查的力度（加强审查的学校数量／学校数量总数）	0.500	负向指标，教育部留学服务中心
	A036 专业限制	0.128	A0361 该国对中国学生的限制（项）	1.000	负向指标，相关报道情况
	A037 不平等对待	0.115	A0371 留学时经历过或听说他人经历过不平等事件的比例（%）	1.000	负向指标，调研数据
	A038 文化适应	0.108	A0381 留学时朋友圈的本地化情况（%）	1.000	调研数据

* 二、三级指标的权重由德尔菲法、层次分析法确定。

（1）A031 双边经贸

"双边经贸"指标用于衡量中国与目标国家之间的经济合作程度。经济合作密切的国家通常会为国际学生提供更为友好的政策支持，这有助于留学人员在该国的生活与学术发展。具体而言，贸易关系良好的国家可能会在签证、就业机会、文化交流以及学术合作等方面提供更多便利，这为留学人员的未来发展创造了更有利的环境。双边经贸的稳定性和增长性也能反映出目标国对留学人员的接纳度与支持力度，这对于留学人员的职业发展和融入当地社会都有重要影响。因此，双边经贸指标不仅是衡量两国经济合作的关键因素，也是评估留学人员在目的国未来成长和发展的重要参考。

（2）A032 中国学生占比

"中国学生占比"指标主要评估中国学生在该国国际学生中所占比例。较高的中国学生占比通常意味着该国对中国留学人员的欢迎度较高，显示出该国教育体系对中国学生的开放性及其提供的支持环境。这不仅反映了该国在教育方面的吸引力，也反映了对中国留学人员的社会接纳程度。中国留学人数多的国家，往往会提供更完善的服务体系，如汉语言文学、文化活动、学术交流等，帮助学生更好地融入当地社会。此外，高比例的中国学生群体能够为留学人员提供更多的社交支持。通过与来自相同文化背景的同学互动，学生能够减轻孤独感，建立更为稳固的社交圈。这种社交支持对留学人员的心理健康、学术发展以及适应异国生活都具有积极的影响。

（3）A033 中国学生增速

"中国学生增速"指标分析中国学生在该国的留学人数的变化，重点关注留学人数的增长趋势。增速较快的国家往往意味着留学市场的潜力较大，这类国家通常会采取一系列有利政策，如降低学费、放宽签证限制、增加奖学金等，以吸引中国学生。因此，增速情况不仅反映了中国学生出国留学的趋势，也可以作为评估目标国家留学环境变化的重要依据。

（4）A034 预估学费

"预估学费"指标主要评估各国热门学校和专业的学费水平。学费水平直接决定了留学的经济门槛和投资规模，是留学人员及其家庭最关注的基础性指标，不仅影响留学决策的可行性，还关系到教育投资回报率的测算。同时，学费水平也往往与教育资源的质量、学校声誉和专业建设水平相关联，是评估留学价值的核心指标。该指标的数据主要来源于各国热门学校、热门专业的国际本科生和国际硕士生的学费抽样统计。

（5）A035 学历互认与审查

"学历互认与审查"指标主要包含双边教育学历互认程度和对该国学校加强审查的力度。其中，双边教育学历互认程度衡量中国与目标国家是否签署学历互认协议以及协议的执行情况。学历互认协议通常是为了确保学生在国外获得的学位或学历回国后能被中国的教育体系和就业市场认可。学历学位加强审查，主要是教育部留学服务中心为维护留学人员合法权益，维持留学市场正常秩序，根据认证数据显著异常和相关举报频繁的情况，对部分国外院校学历学位加强认证审查，该指标数据主要通过计算受到加强审查的学校数量与该国学校数量总数的比例计算。"学历互认与审查"指标为负向指标，经过指数化处理后，加强审查的程度越低，该指标得分越高。

（6）A036 专业限制

"专业限制"指标用于评估目标国家对国际学生在某些专业方面的限制，如高科技领域的学习限制等。限制较少的国家更利于留学人员自由选择专业。目前主要留学目的地国家中，美国、英国、澳大利亚等国都对国际学生设有不同程度的专业限制。限制主要集中在军事、核技术、网络安全等敏感专业领域，以及医学、教育等与本国民生密切相关的专业。根据统计，约15%—20%的专业领域存在不同程度的限制，其中STEM领域的限制最为普遍。专业限制政策的实施主要基于国家安全考虑和本土就业市场保护。一方面，部分专业涉及国家机密或关键技术，限制外籍学生接触以防止技术泄密；另一方面，某些专业与当地就业市场直接相关，通过限制来保障本国毕业生就业机会。这些限制直接影响留学人员的专业选择范围，可能导致其需要调整学习规划或改变留学目的地。专业限制指标反映了留学目的地国家的教育开放程度和国际学生政策取向，该指标将直接影响国际学生流向。"专业限制"指标为负向指标，经过指数化处理后，专业限制越少，该指标得分越高。

（7）A037 不平等对待

"不平等对待"指标旨在评估中国留学人员在目标国家是否曾遭遇歧视、偏见、非法拘捕、非法调查等不平等待遇事件，不平等对待频率较高的国家需谨慎选择。该指标的数据主要来自本报告对正在海外留学以及留学回国人员的调研，调研留学人员及其朋友是否有遇到过当地不平等对待（如种族歧视、刻板偏见、校园霸凌、非法拘捕、非法调查等）。"不平等对待"指标为负向指标，经过指数化处理后，遭遇不平等对待越少，该指标得分越高。

（8）A038 文化适应

"文化适应"指标评估中国留学人员的文化适应情况，调查留学人员在异国的文化适应性及其参与文化交流的经验。该指标的数据主要来自本报告对海外留学人员的调研，调研留学人员留学时的朋友圈中大多数朋友的占比情况，针对朋友圈中本地人占比的情况进行计算。

（9）拒签率

"拒签率"指标分析不同国家留学签证的拒签率，反映该国在签证发放过程中对留学人员的态度和政策的友好程度。较低的拒签率通常表明该国的签证政策对留学人员较为宽松，学生在申请留学签证时成功率较高，能够更容易获得留学资格。这对于计划赴该国留学的学生来说，具有重要的参考价值。签证政策和拒签率直接影响留学的难易程度。低拒签率意味着学生在申请签证时面临的障碍较少，尤其对于那些留学人员较为集中的热门国家，低拒签率往往也能够反映出这些国家的教育体系对留学人员的接纳度和支持力度。此外，拒签率的变化也可以是政策导向的反映。例如，在全球新冠疫情后，某些国家为了吸引国际学生，可能调整了签证政策并降低了拒签率，从而鼓励更多学生前往留学。因为只有少数国家公开拒签数据，绝大部分国家均没有公开相关数据统计，因此该指标只在国别分析过程中呈现。

5.6 2025年留学环境综合评估分析

5.6.1 综合指数排序

根据留学环境评价指标体系，通过德尔菲法、层次分析法得到一、二、三级指标的权重，对28个国家留学环境的各项指标进行指数化处理，依据指标体系模型计算得到2025年28个国家留学环境的总体评价，并按指标得分进行排序。

其中，留学环境评价综合指数得分在0.6（满分为1）以上的共有16个国家，分别为英国、新加坡、加拿大、美国、德国、瑞士、澳大利亚、丹麦、荷兰、日本、韩国、瑞典、比利时、新西兰、法国、芬兰，这些国家总体上具有相对较好的留学环境。

留学环境评价综合指数得分在 0.5—0.6 的有 6 个国家，分别是西班牙、爱尔兰、意大利、马来西亚、匈牙利、泰国，这些国家的留学环境处于中等水平。

留学环境评价综合指数得分在 0.5 之下的有 6 个国家，分别为俄罗斯、白俄罗斯、波兰、菲律宾、越南、印度，这些国家的留学环境在某些指标上有一些优势，但整体留学环境相对较差，选择时需慎重考虑。

表 5-5　2025 年留学环境评价综合指数得分及排序

序号	留学环境评价综合指数排序	留学环境评价综合指数得分	序号	留学环境评价综合指数排序	留学环境评价综合指数得分
1	英国	0.686572	15	法国	0.617144
2	新加坡	0.685186	16	芬兰	0.607901
3	加拿大	0.684784	17	西班牙	0.568613
4	美国	0.679789	18	爱尔兰	0.562079
5	德国	0.678314	19	意大利	0.555312
6	瑞士	0.677966	20	马来西亚	0.554631
7	澳大利亚	0.677751	21	匈牙利	0.527407
8	丹麦	0.673207	22	泰国	0.501729
9	荷兰	0.668568	23	俄罗斯	0.485055
10	日本	0.663527	24	白俄罗斯	0.458050
11	韩国	0.655541	25	波兰	0.456200
12	瑞典	0.634162	26	菲律宾	0.308858
13	比利时	0.632225	27	越南	0.303466
14	新西兰	0.627855	28	印度	0.299217

5.6.2　质量与就业指数排序

表 5-6 为 2025 年留学环境评价质量与就业指标的指数得分及排序，这是各国留学质量及就业前景的指数反映。

质量与就业指标得分在 0.8（满分为 1，下同）以上的国家有 4 个，分别为美国、德国、英国、瑞士，这些国家的留学质量与就业指标表现优异。

质量与就业指标得分在 0.7—0.8 的国家有 6 个，分别为加拿大、荷兰、澳大利亚、法国、瑞典、丹麦，这些国家的留学质量与就业环境较好。

质量与就业指标得分在 0.6—0.7 的国家有 6 个，分别为韩国、日本、新加坡、比利时、芬兰、新西兰，这些国家的留学质量与就业环境处于及格线以上。

质量与就业指标得分在 0.5—0.6 的国家有 6 个，分别为意大利、西班牙、爱尔兰、匈牙利、马来西亚、俄罗斯，这些国家的留学质量与就业环境一般。

质量与就业指数得分在 0.5 以下的国家有 6 个，分别为泰国、波兰、印度、白俄罗斯、菲律宾、越南，这些国家的留学质量与就业环境相对较差。

表 5-6　2025 年留学环境评价质量与就业指标的指数得分及排序

序号	排序	A01 质量与就业指数得分	序号	排序	A01 质量与就业指数得分
1	美国	0.839264	15	芬兰	0.650678
2	德国	0.823974	16	新西兰	0.613874
3	英国	0.820487	17	意大利	0.595738
4	瑞士	0.811030	18	西班牙	0.572763
5	加拿大	0.782432	19	爱尔兰	0.536265
6	荷兰	0.767564	20	匈牙利	0.507273
7	澳大利亚	0.764646	21	马来西亚	0.506877
8	法国	0.732710	22	俄罗斯	0.502940
9	瑞典	0.713219	23	泰国	0.451078
10	丹麦	0.703477	24	波兰	0.395340
11	韩国	0.687120	25	印度	0.297653
12	日本	0.684165	26	白俄罗斯	0.289835
13	新加坡	0.680004	27	菲律宾	0.220977
14	比利时	0.659230	28	越南	0.147915

5.6.3　安全与成本指数排序

表 5-7 为 2025 年留学环境评价安全与成本指标的指数得分及排序。这

是各国留学环境安全情况及留学成本的指数反映。

安全与成本指标得分在 0.7（满分为 1，下同）以上的有 7 个国家，分别是新加坡、丹麦、新西兰、比利时、白俄罗斯、荷兰、爱尔兰，这些国家的安全情况很好，留学成本比较低。

安全与成本指标得分在 0.6—0.7 的有 12 个国家，分别是日本、芬兰、加拿大、瑞典、波兰、马来西亚、澳大利亚、西班牙、匈牙利、瑞士、越南、韩国，这些国家或安全情况较好，或留学成本适中。

安全与成本指标得分在 0.6 以下的有 9 个国家，分别是德国、泰国、英国、意大利、菲律宾、法国、美国、俄罗斯、印度，这些国家可能安全情况相对较差或留学成本较高。

表 5-7　2025 年留学环境评价安全与成本指标的指数得分及排序

序号	排序	A02 安全与成本指数	序号	排序	A02 安全与成本指数
1	新加坡	0.789449	15	西班牙	0.633578
2	丹麦	0.749262	16	匈牙利	0.630804
3	新西兰	0.731143	17	瑞士	0.623280
4	比利时	0.729233	18	越南	0.615671
5	白俄罗斯	0.710399	19	韩国	0.612104
6	荷兰	0.702255	20	德国	0.587884
7	爱尔兰	0.701300	21	泰国	0.583522
8	日本	0.699703	22	英国	0.548392
9	芬兰	0.680652	23	意大利	0.537725
10	加拿大	0.675393	24	菲律宾	0.495143
11	瑞典	0.670101	25	法国	0.475885
12	波兰	0.656786	26	美国	0.426145
13	马来西亚	0.639720	27	俄罗斯	0.340900
14	澳大利亚	0.638244	28	印度	0.330430

5.6.4　信任与开放指数排序

表 5-8 为 2025 年留学环境评价信任与开放指标的指数得分及排序。这

是在各国对中国留学人员的信任与开放水平的指数反映。

信任与开放指标得分在 0.6（满分为 1，下同）以上的只有白俄罗斯和韩国，在 0.5—0.6 的有 8 个国家，分别为马来西亚、俄罗斯、新加坡、日本、新西兰、泰国、美国、丹麦，这些国家对中国留学人员的信任与开放程度较高。

信任与开放指标得分在 0.4—0.5 的有 11 个国家，分别为西班牙、澳大利亚、爱尔兰、匈牙利、英国、意大利、比利时、法国、加拿大、芬兰、波兰，这些国家对中国留学人员的信任与开放程度一般。

信任与开放指标得分在 0.4 以下的有 7 个国家，分别为越南、瑞典、德国、瑞士、荷兰、菲律宾、印度，这些国家对中国留学人员的信任和开放程度相对较差。

表 5-8　2025 年留学环境评价信任与开放指标的指数得分及排序

序号	排序	A03 信任与开放指数	序号	排序	A03 信任与开放指数
1	白俄罗斯	0.645957	15	英国	0.470067
2	韩国	0.616063	16	意大利	0.464214
3	马来西亚	0.593623	17	比利时	0.455328
4	俄罗斯	0.590259	18	法国	0.453793
5	新加坡	0.588022	19	加拿大	0.429428
6	日本	0.568841	20	芬兰	0.414022
7	新西兰	0.555643	21	波兰	0.407575
8	泰国	0.552110	22	越南	0.393088
9	美国	0.517017	23	瑞典	0.380963
10	丹麦	0.509792	24	德国	0.378941
11	西班牙	0.488017	25	瑞士	0.374686
12	澳大利亚	0.483748	26	荷兰	0.363581
13	爱尔兰	0.483689	27	菲律宾	0.348928
14	匈牙利	0.471802	28	印度	0.270165

第六章　欧洲主要留学国家留学环境评估分析

6.1　英国留学环境评估分析

6.1.1　英国留学环境评估概览

英国在留学环境评价指标体系综合评估中，各指标加权总分为 0.686572，排名第 1。在三个一级指标中，质量与就业指标加权得分为 0.466037，排名第 3；安全与成本指标加权得分为 0.122291，排名第 22；信任与开放指标加权得分为 0.098244，排名第 15。英国留学环境的优势主要体现在科研与创新能力、学术声誉、国际学生占比、签证政策、回国认可度、自然灾害、法律保护、预估学费等指标方面。

表 6-1　英国留学环境评价指标得分及评估概览

指标层级		指数化得分	排名	加权得分	总排名
一级指标	二级指标				
质量与就业	科研与创新能力	0.873	4	0.466037	3
	教育投入	0.536	9		
	教育质量满意度	0.902	11		
	学术声誉	0.950	5		
	国际学生占比	0.803	3		
	签证政策	0.714	4		
	实习机会	0.746	16		
	当地就业前景	0.664	16		
	回国认可度	0.952	2		

指标层级		指数化得分	排名	加权得分	总排名
一级指标	二级指标				
安全与成本	冲突水平	0.667	17	0.122291	22
	治安情况	0.544	17		
	心理压力	0.358	13		
	自然灾害	1.000	1		
	法律保护	1.000	1		
	女性安全	0.863	12		
	留学预警	0.741	23		
	生活成本	0.197	27		
信任与开放	双边经贸	0.349	15	0.098244	15
	中国学生占比	0.401	10		
	中国学生增速	0.323	13		
	预估学费	0.889	3		
	学历互认与审查	0.690	16		
	专业限制	0.000	21		
	不平等对待	0.553	8		
	文化适应	0.664	14		
所有指标				0.686572	1

6.1.2 英国留学质量与就业情况述评

在质量与就业指标方面，英国得分 0.466037，排名第 3。在其下二级指标方面，英国在回国认可度、签证政策、国际学生占比、学术声誉、科研与创新能力等方面表现较好。

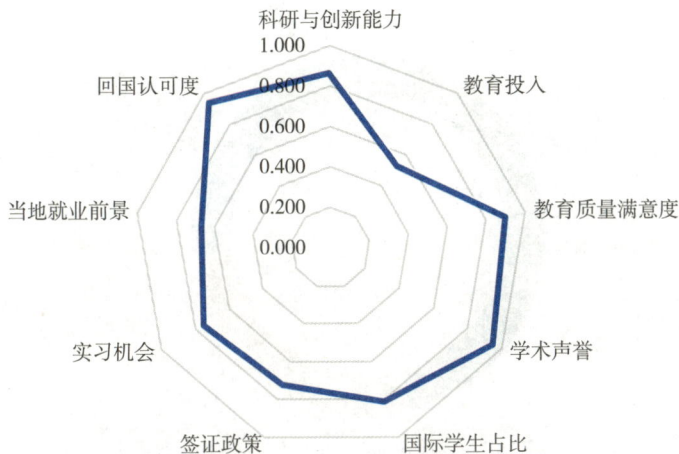

图 6-1 英国留学环境评价指标体系 – 质量与就业指标指数化得分情况

在科研与创新能力方面，在世界知识产权组织（WIPO）发布的全球创新指数（GII）中，2023 年，英国的全球创新指数为 62.4，在所调研的 28 个国家中排名第 4。[①]

在教育投入方面，2020 年，英国公共教育支出占国内生产总值的比例为 5.5%，比占比最高的瑞典（7.93%）低 2.43 个百分点。[②]英国在该项二级指标的得分为 0.536，在 28 个调研国家中排名第 9。

在教育质量满意度方面，根据对在英留学的中国留学人员的调研，超过 90% 的受访者对英国教育质量满意度打 8 分及以上；46.3% 的留学生表示很满意（10 分）。只有不到 1% 的中国留学人员对英国的教育质量表示很不满意。英国在该项二级指标的得分为 0.902，排名第 11。

---

① WIPO. Global Innovation Index 2023 [EB/OL]. (2023−09−27) [2025−02−18]. https://www.wipo. int/en/web/global−innovation−index/2023/index.

② World Bank. Public spending on education as a share of GDP[EB/OL].（2023−07−10）[2024−11− 04]. https://ourworldindata.org/financing−education#why−do−governments−finance−education.

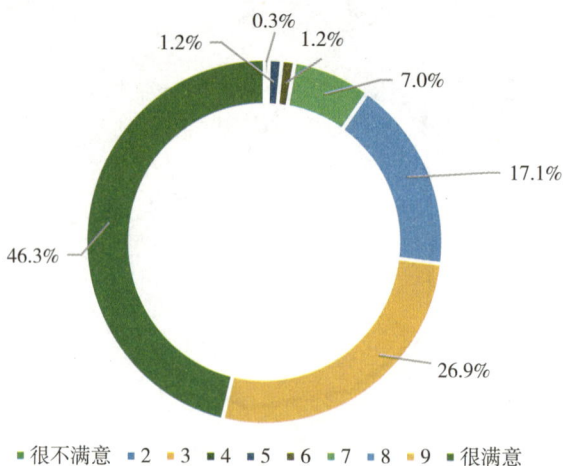

图 6-2　英国留学生对英国教育质量的满意度

资料来源：教育部留学服务中心、全球化智库（CCG），2024 年海外留学人员专题调研。

　　在学术声誉方面，根据 2024 软科世界大学学术排名，英国共有 8 所学校被列入前 100 名，其中剑桥大学、牛津大学排名前十，伦敦大学学院、帝国理工学院以及爱丁堡大学排名前五十。英国在学术声誉指标上的得分为 0.950，在调研的 28 个国家中排名第 5。

　　在国际学生占比方面，在英国高等教育机构学习的国际学生占英国高等教育机构学生总数的比例为 20.1%，仅次于新加坡和澳大利亚。[①]英国在国际学生占比指标上的得分为 0.803，排名第 3。

　　在签证政策指标方面，英国的得分为 0.714，排名第 4。签证拒签率为 2%。根据具体政策，英国签证包括学习和学习期间兼职的学生签证、完成学业后两年内的 Graduate Route（毕业生工作签证）、学习期间的实习签证以及针对有特定技能的工作者签发的 Skilled Worker Visa（正式工签）。从学生签证签发数量来看，2021—2023 年逐年递减，2023 年共签发 109827 张学生签证，同比减少约 6%。

---

① UNESCO Institute for Statistics. Share of students from abroad[EB/OL].（2024−06−16）[2024−11−04]. https://ourworldindata.org/grapher/share−of−students−from−abroad?tab=table.

在实习机会方面，调研反馈，在英国留学的中国学生中，29.2% 的受访者表示在当地没有实习经历；19.8% 表示实习过 2 次；15.6% 表示实习过 3 次；15.2% 表示实习过 6 次及以上；大多数学生的实习与兼职经历取决于个人的职业规划和就读于英国的时长。

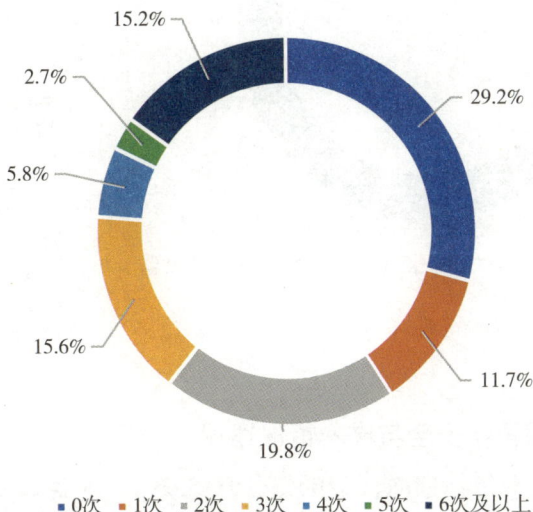

图 6-3　英国留学生留学过程中在当地兼职或实习的经历

资料来源：教育部留学服务中心、全球化智库（CCG），2024 年海外留学人员专题调研。

在当地就业前景方面，根据世界银行的数据，2024 年，英国 15—24 岁青年失业率为 12.10%。[1] 英国在该项二级指标的得分为 0.664，排名第 16，在所调研的 28 个国家中，英国的当地就业前景处于中等偏下水平。

在回国认可度指标方面，英国的得分为 0.952，排名第 2。根据调研，国内用人单位对英国留学回国人员的认可度仅次于德国。对留学英国的人员的调研发现，61.9% 表示国内用人单位对其认可程度高；12.5% 表示用人单位对其留学经历的认可度与国内大学毕业生没有差别；14.8% 表示国内用人单位对其认可度低于国内重点大学学生。41.3% 认为其薪酬比国内毕业的大学生有优势；同样有 41.3% 表示其薪酬与国内毕业的大学生相同。

---

[1] World Bank Group. Human Capital Data Portal. https://humancapital.worldbank.org/en/economies.

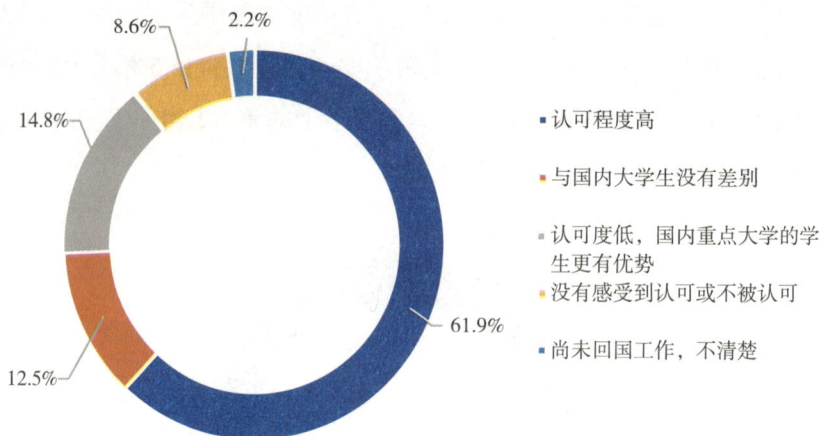

图 6-4　留学英国学生认为回国学历背景受国内用人单位的认可度

资料来源：教育部留学服务中心、全球化智库（CCG），2024 年海外留学人员专题调研。

6.1.3　英国留学安全与成本情况述评

在安全与成本指标方面，英国得分 0.122291，排名第 22。在其下的二级指标方面，英国在自然灾害、法律保护等方面表现较好，在留学预警、生活成本方面排名靠后。

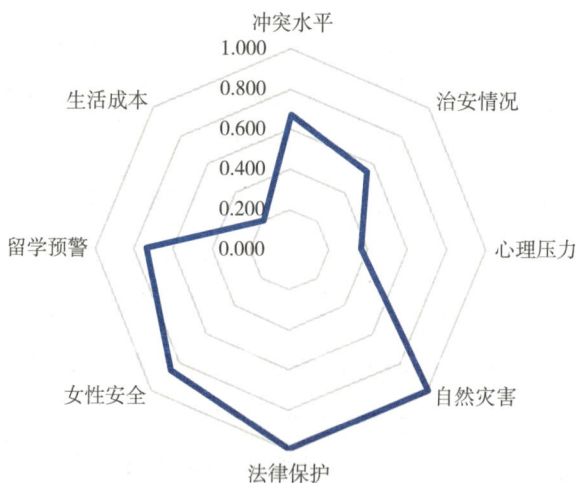

图 6-5　英国留学环境评价指标体系–安全与成本指标指数化得分情况

在冲突水平方面，从 ACLED 各项冲突指数中可以看到，英国在冲突的致命性和扩散性方面均得零分，在危险性和分裂性两项指标中表现也不突出，冲突水平属于 Low/Inactive 级别。[①]英国在冲突水平指标上得分为 0.667，在所调研的 28 个国家中排名第 17。

在治安情况指标方面，英国得分 0.544，在 28 个国家中排名第 17。其中，根据 2024 年数据，英国的社区韧性指数为 64，排名第 11。[②]在犯罪市场指数方面，英国排名第 12。根据对中国在英留学人员调研，90% 的受访者对英国整体治安情况表示满意，满意程度平均得分排名居中。

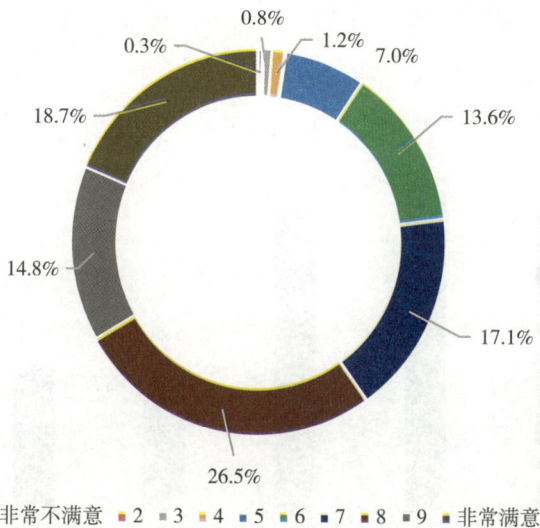

图 6-6 留学英国学生对所留学的地区治安情况满意度

资料来源：教育部留学服务中心、全球化智库（CCG），2024 年海外留学人员专题调研。

在心理压力指标方面，英国得分为 0.358，在 28 个国家中排名第 13。根据调研，在英留学人员的不同心理压力来源得分如下：文化冲突 3.17 分、

---

① ACLED. Conflict Index: December 2024.https://acleddata.com/conflict-index/.

② Lloyd's Register Foundation. World Risk Poll 2024 Report. https://wrp.lrfoundation.org.uk/sites/default/files/2024-06/World%20Risk%20Poll%20Report%202024%20Resilience%20in%20a%20Changing%20World_1.pdf; GLOBAL Organized Crime Index. https://ocindex.net/explorer.

社交压力 2.90 分、语言压力 2.95 分、受歧视 2.43 分、经济压力 2.43 分，英国心理压力指数总分 2.78 分（满分为 5 分）。可以看到，中国在英留学人员的心理压力主要来自文化冲突、语言压力以及社交压力。此外，面对消极情绪，79.0% 的留学人员通过不同渠道寻求心理辅导和帮助，主要包括学校的心理支持（30.0%）、当地社会的心理支持（27.2%）以及在国内医院咨询心理医生（21.8%）。16.0% 提到想寻求支持，但当地学校和社区没有免费的心理支持；27.2% 表示没有出现过消极情绪；24.9% 表示有过消极情绪但未曾寻求过心理支持。

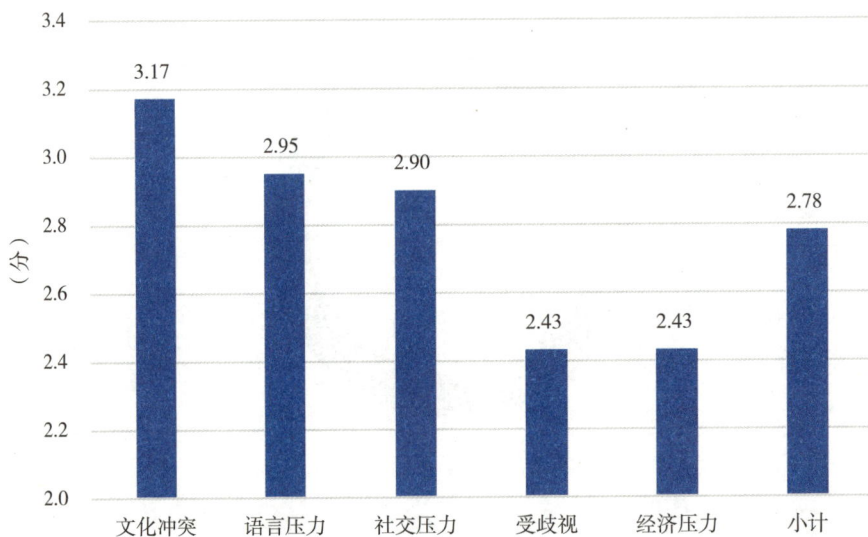

图 6-7　留学英国学生在留学的过程中心理压力来源

资料来源：教育部留学服务中心、全球化智库（CCG），2024 年海外留学人员专题调研。

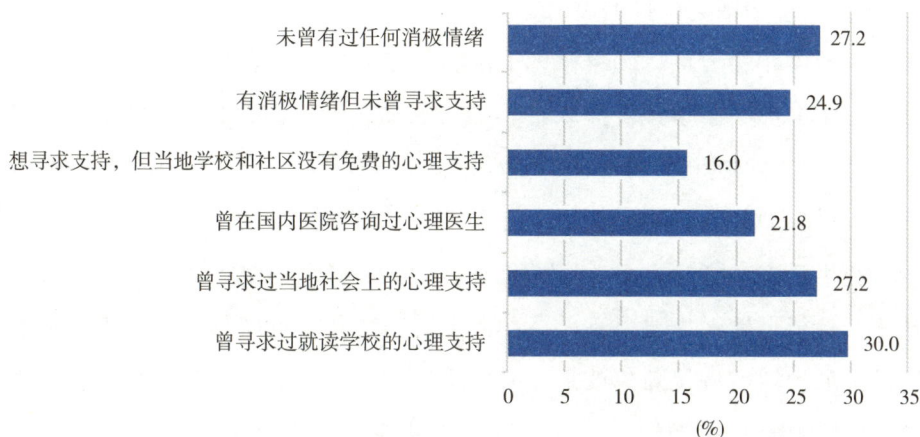

图 6-8 留学英国学生有消极的心理情绪时寻求学校或社会的心理支持的服务情况

资料来源：教育部留学服务中心、全球化智库（CCG），2024 年海外留学人员专题调研。

在自然灾害指标方面，英国在该指标上得分为 1.000。据全球灾害数据平台统计，英国 2023 年仅出现 1 次综合灾害，且在综合灾害中无人受影响或受伤。[①]

在法律保护方面，英国《2010 年平等法》提出，因年龄、性别、性别重置、已婚或有民事伴侣关系、怀孕或产假期间、残疾、种族、国籍、宗教或信仰等原因歧视任何人都是违法的。在工作中，教育中，作为消费者，使用公共服务时，购买或租赁房产时，作为私人俱乐部或协会的会员或客人等情况中均受到歧视保护。[②] 因此，英国在法律保护指标上得分为 1.000。

在女性安全方面，据 2018 年 UNWomen 数据统计，在英国，过去 12 个月内遭受身体或性暴力的女性比例为 4.2%，英国在该指标上的得分为

---

① 全球灾害数据平台. 全球灾害数据检索 [EB/OL]. [2025-02-18]. https://www.gddat.cn/newGlobalWeb/#/countryScale. 该平台由应急管理部、教育部、中国灾害防御协会联合运营发布，平台实时发布全球灾害数据并共享全球灾害分析评估产品。研究者可根据需要来确定所需数据范围（全球、区域、国家），也可根据所需灾害种类进行区分。

② GOV.UK. https://www.gov.uk/discrimination-your-rights.

0.863，在 28 个国家中排名第 12。①

　　在留学预警方面，2024 年，中国驻英国大使馆及教育部平安留学公众号中提示的英国留学预警信息共 14 次。其中，电信诈骗和人身安全均被提醒 4 次；自然灾害被提醒 2 次；换汇诈骗、防范盗抢、公共卫生及出入境事项各被提醒 1 次。② 英国在该指标上的得分为 0.741，排名第 23。

　　在生活成本指标方面，英国得分为 0.197，排名第 27，生活成本仅低于瑞士，且根据地区情况呈现较大的跨度。2024 年，英国移民局对于国际学生的最低生活经济保障建议是，伦敦地区每月生活费用约为 1483 英镑，非伦敦地区约为 1136 英镑。③ 调研显示，除去学习及住宿方面的固定费用，在英的中国留学人员中，超过 60% 每月平均花费在 5000 元到 2 万元之间，其中 22.6% 每月平均花费在 5000 元到 1 万元；19.5% 每月平均花费为 1 万元到 1.5 万元；20.2% 每月平均花费为 1.5 万元到 2 万元。另外，14.4% 每月平均花费在 2 万元到 3 万元；个别留学生（2.3%）月均花费低于 3000 元。

① UN Women. Violence Against Women [EB/OL]. [2025-02-18]. https://data.unwomen. org/data-portal/vaw-wps?annex=Violence%20Against%20Women&fiac%5BSH_STA_ FGMS%5D%5B%5D=15-49&fiwq%5BVAW-3%5D%5B%5D=All&filc%5BVAW- 3%5D%5B%5D=Urban&finic%5B%5D=VC_VAW_MARR&fiac%5BVC_VAW_ MARR%5D%5B%5D=15%2B&fiac%5BVC_VAW_SXVLN%5D%5B%5D=17-29&fiac%5BVAW- 1%5D%5B%5D=50-64&fiac%5BVC_HTF_DETVOP%5D%5B%5D=_U&fiac%5BVC_HTF_ DETVFL%5D%5B%5D=_U&fyr%5B%5D=Latest%20available&fsr=countries&tab=map.

② 教育部平安留学公众号 , https://mp.weixin.qq.com/s/pqIFPc4-jcUnRveQUhfJ9A；中华人民共和国驻大不列颠及北爱尔兰联合王国大使馆 , http://gb.china-embassy.gov.cn.

③ UKCISA. https://www.ukcisa.org.uk/get-to-know-our-new-website/.

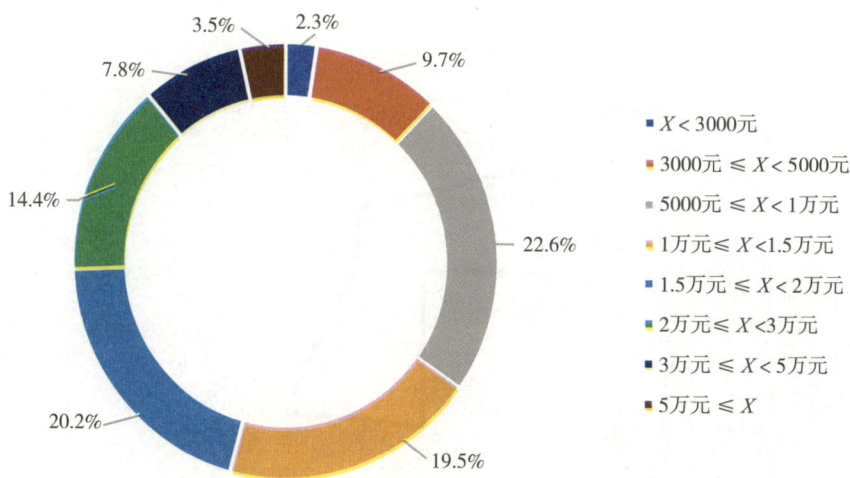

图6-9　留学英国学生每月的平均花销的范围

资料来源：教育部留学服务中心、全球化智库（CCG），2024年海外留学人员专题调研。

此外，英国医疗成本位居第4，仅次于美国、荷兰和德国。每年医疗保险费用约为1035英镑。[1]

6.1.4　英国留学信任与开放情况述评

在信任与开放指标方面，英国得分为0.098244，排名第15。在其下二级指标方面，英国在预估学费、不平等对待、中国学生占比等方面表现较好，在学历互认与审查、专业限制等方面排名靠后。

---

[1] GOV.UK. Pay for UK healthcare as part of your immigration application. https://www.gov.uk/healthcare-immigration-application/how-much-pay.

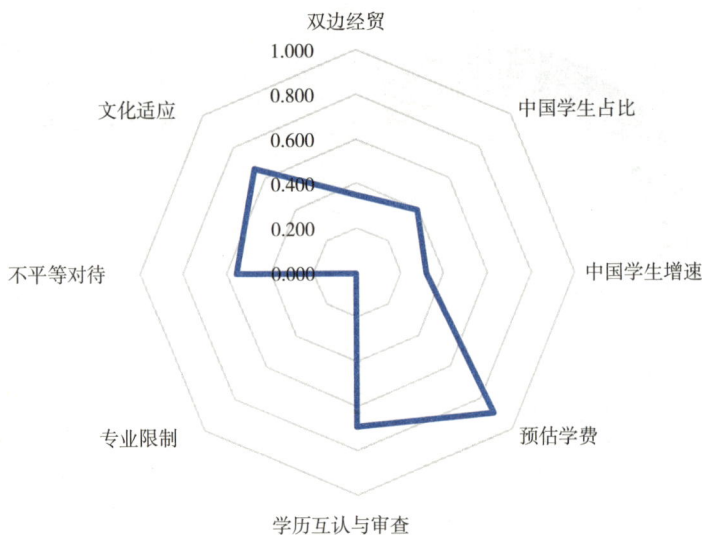

图 6-10 英国留学环境评价指标体系－信任与开放指标指数化得分情况

在双边经贸方面，2023 年，中国同英国进出口总额达到 9797388 万美元，同比下降 4.8%。[①] 英国在双边经贸指标上得分为 0.349，在 28 个国家中排名第 15。

在中国学生占比方面，根据 UNESCO 最近数据，2018—2022 年在英国留学的中国留学人员逐年增长，在 2022 年达到 107813 人，占英国国际学生总数的 22.9%。[②] 英国在中国学生占比指标上得分为 0.401，在 28 个国家中排名第 10。

在中国学生增速方面，2018—2022 年在英国留学的中国留学人员数量逐年增长，2022 年中国在英留学人员数量同比增长超过 6%。[③] 英国在中国学生增速指标上得分为 0.323，在 28 个国家中排名第 13。

在预估学费指标方面，英国的得分为 0.889，排名第 3。在留学热门国家中，英国的预估学费较为昂贵且区间较大，不同院校的学费有所差异。

---

① 国家统计局. 国家数据 [EB/OL]. [2025-02-18]. https://data.stats.gov.cn/easyquery.htm?cn=C01.

② UNESCO. Number and rates of international mobile students[EB/OL].（2025-02-11）[2025-02-12]. https://data.uis.unesco.org.

③ 同上。

具体来看，英国本科生年均学费在 11400 英镑到 38000 英镑；研究生年均学费在 9000 英镑至 30000 英镑。[①]

在学历互认与审查方面，中国与英国在本科、硕士、博士三个学段上实现了互认，2024 年没有对英国留学的学位加强认证审查的情况，英国在该项指标的得分为 0.690，排名第 16。

在专业限制方面，英国在国家层面对国际学生有一定专业方面的限制，但院校方面没有具体限制，也没有专门针对中国留学人员设限。比如，英国的学术技术批准计划是由英国政府设立的一项政策，要求非欧洲经济区的国际学生和研究人员在申请某些涉及敏感领域的研究生课程或研究项目时，必须先获得 ATAS 证书。[②]因此，英国在该项指标上得分为 0.000，并列最后，排名第 21。

在不平等对待方面，对在英留学的中国留学人员的调研显示，54.5% 的受访者表示自己或身边人在英国遭受过不平等对待，英国在该项指标上得分为 0.533，排名第 8。

在文化适应指标方面，英国的得分为 0.664，排名第 14。对在英留学的中国留学人员的调研显示，英国留学生大多数喜欢交朋友并且拥有自己的社交圈，其中，43.6% 表示其朋友圈大多数为中国人；29.6% 表示其朋友圈大多数是其他国家的留学人员；9.7% 表示其朋友圈大多数是当地人。

---

① British Council. Cost of studying in the UK[EB/OL]. [2025−01−12]. https://study−uk. britishcouncil.org/moving−uk/cost−studying.

② GOV.UK. Academic Technology Approval Scheme (ATAS). https://www.gov.uk/guidance/ academic−technology−approval−scheme.

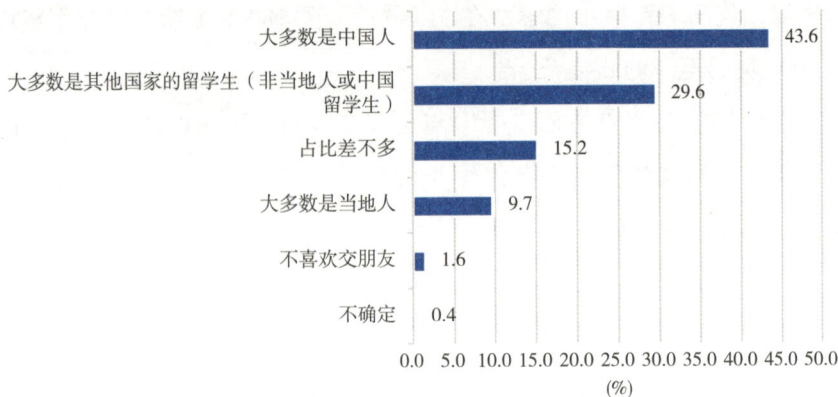

图 6-11　留学英国人员留学时的朋友圈占比情况

资料来源：教育部留学服务中心、全球化智库（CCG），2024 年海外留学人员专题调研。

6.2　德国留学环境评估分析

6.2.1　德国留学环境评估概览

德国在留学环境评价指标体系综合评估中，各指标加权总分为 0.678314，排名第 5。在三个一级指标中，质量与就业指标得分 0.468017，排名第 2；安全与成本指标得分为 0.131098，排名第 20；信任与开放指标得分为 0.079199，排名第 24。在各项二级指标中，德国留学环境优势主要体现在回国认可度、自然灾害、法律保护、教育质量满意度等方面。

表 6-2　德国留学环境评价指标得分及评估概览

指标层级		指数化得分	排名	加权得分	总排名
一级指标	二级指标				
质量与就业	科研与创新能力	0.784	8	0.468017	2
	教育投入	0.553	8		
	教育质量满意度	0.955	3		
	学术声誉	0.914	6		
	国际学生占比	0.446	9		
	签证政策	0.714	4		
	实习机会	0.833	13		
	当地就业前景	0.880	6		
	回国认可度	1.000	1		
安全与成本	冲突水平	0.327	23	0.131098	20
	治安情况	0.680	12		
	心理压力	0.415	12		
	自然灾害	1.000	1		
	法律保护	1.000	1		
	女性安全	0.820	15		
	留学预警	0.444	25		
	生活成本	0.724	13		
信任与开放	双边经贸	0.428	11	0.079199	24
	中国学生占比	0.166	15		
	中国学生增速	0.286	18		
	预估学费	0.213	14		
	学历互认与审查	0.776	11		
	专业限制	0.000	21		
	不平等对待	0.595	6		
	文化适应	0.611	17		
所有指标				0.678314	5

6.2.2　德国留学质量与就业情况述评

在质量与就业指标方面，德国得分为 0.468017，排名第 2。在其下二级指标方面，德国在回国认可度（在 28 个国家中排名第 1）、教育质量满意度（排名第 3）及签证政策（排名第 4）方面表现较好。

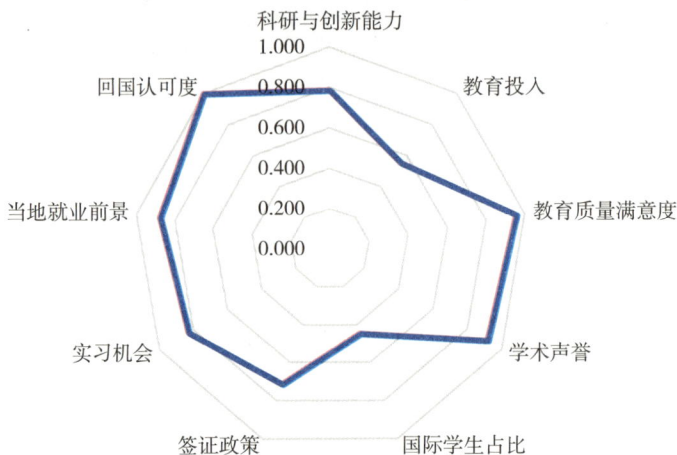

图 6-12　德国留学环境评价指标体系 – 质量与就业指标指数化得分情况

在科研与创新能力方面，2023 年，德国的全球创新指数为 58.8。德国在科研与创新能力指标上得分为 0.784，在 28 个国家中排名第 8。[①]

在教育投入指标方面，德国的得分为 0.553，在 28 个国家中排名第 8。2020 年数据中，德国公共教育支出占国内生产总值的比例为 5.59%，略高于英国。[②]

在教育质量满意度指标方面，德国的得分为 0.955，排名第 3。根据对留学德国的人员的调研，受访者对德国的教育质量满意度打分平均值为 8.57 分；58.1% 对德国教育质量表示很满意（10 分）；23.0% 对德国的教育质量打了 9 分；9.5% 打了 8 分。

---

① WIPO. Global Innovation Index 2023 [EB/OL]. (2023-09-27) [2025-02-18]. https://www.wipo. int/en/web/global-innovation-index/2023/index.

② World Bank. Public spending on education as a share of GDP[EB/OL].（2023-07-10）[2024-11-04]. https://ourworldindata.org/financing-education#why-do-governments-finance-education.

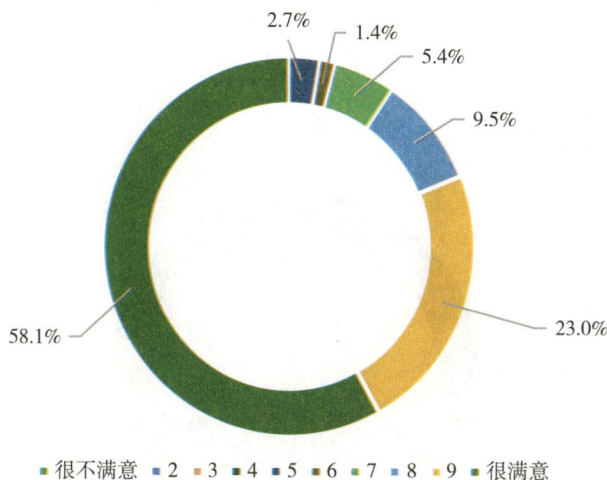

图 6-13　留学德国学生对德国的教育质量满意度

资料来源：教育部留学服务中心、全球化智库（CCG），2024 年海外留学人员专题调研。

在学术声誉方面，根据 2024 软科世界大学学术排名，德国共有 4 所学校被列入世界前 100 名，其中慕尼黑大学、慕尼黑工业大学、海德堡大学位列前 50。德国在该指标的得分为 0.914，在 28 个国家中排名第 6。

在国际学生占比方面，在德国高等教育机构学习的国际学生占德国高等教育机构学生的比例为 11.2%。[1] 德国在国际学生占比指标上的得分为 0.446，排名第 9。

在签证政策指标方面，德国得分为 0.714，排名第 4。整体来看，德国签证拒签率为 5%，在公开拒签率的国家中排在中间。德国的签证包括用于全日制学习的学生签证、允许国际学生毕业后寻找工作（通常最长为 18 个月）的工作签、在学习期间兼职工作的实习签证以及针对高技能专业人士发放的 EU Blue Card（正式工签）。

在实习机会方面，根据对在德中国留学人员的调研，21.6% 的受访者反

---

[1] UNESCO Institute for Statistics. Share of students from abroad[EB/OL].（2024-06-16）[2024-11-04]. https://ourworldindata.org/grapher/share-of-students-from-abroad?tab=table.

映未曾参加过实习，20.3% 表示有 6 次及以上实习经历，分别有 18.9% 表示有 1 次和 2 次的实习经历。德国在实习机会二级指标上得分为 0.833，在 28 个国家中排名第 13。

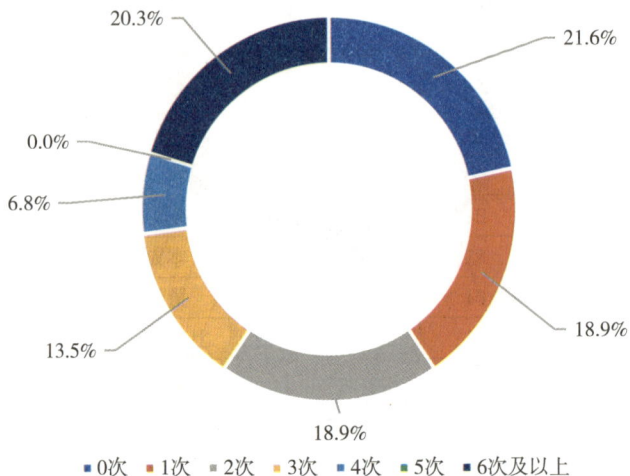

图 6-14　留学德国学生留学过程中在当地兼职或实习的经历

资料来源：教育部留学服务中心、全球化智库（CCG），2024 年海外留学人员专题调研。

在当地就业前景方面，德国 2024 年 15—24 岁青年失业率为 6.90%，处于较低水平，国际学生毕业后当地就业前景较好。[①] 德国在该项指标得分为 0.880，排名第 6。

在回国认可度指标方面，德国的得分为 1.000，排名第 1。根据调研，国内用人单位对德国留学回国人员的认可度最高，用人单位对德国留学回国人员的平均打分为 6.95 分（满分为 10 分）。对留学德国的人员的调研发现，59.5% 表示国内用人单位对其认可程度高；6.8% 表示用人单位对其留学经历的认可度与国内大学毕业生没有差别。37.8% 认为留学人员的薪酬比国内毕业的大学生有优势；35.1% 表示留学人员薪酬与国内毕业的大学生相同。

---

① World Bank Group. Human Capital Data Portal. https://humancapital.worldbank.org/en/economies.

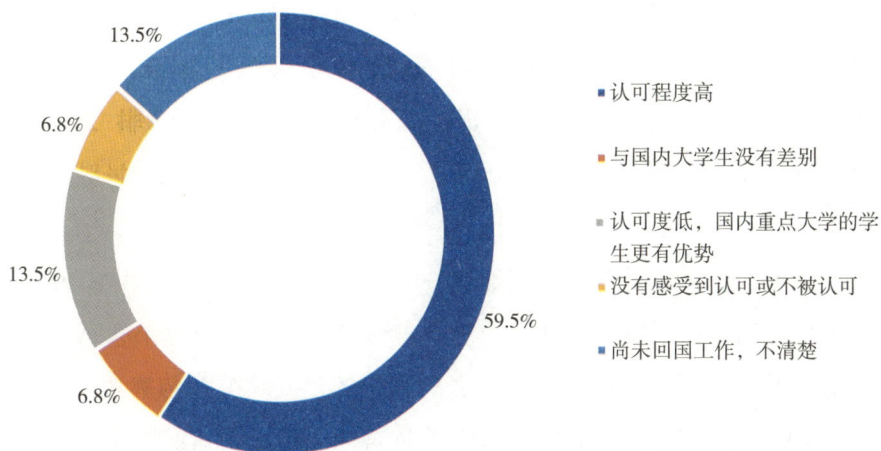

图 6-15　留学德国学生认为回国学历背景受国内用人单位的认可度

资料来源：教育部留学服务中心、全球化智库（CCG），2024 年海外留学人员专题调研。

6.2.3　德国留学安全与成本情况述评

在安全与成本指标方面，德国得分为 0.131098，排名第 20。在其下二级指标方面，德国的留学环境优势主要体现在法律保护和自然灾害指标方面，得分均为 1.000。

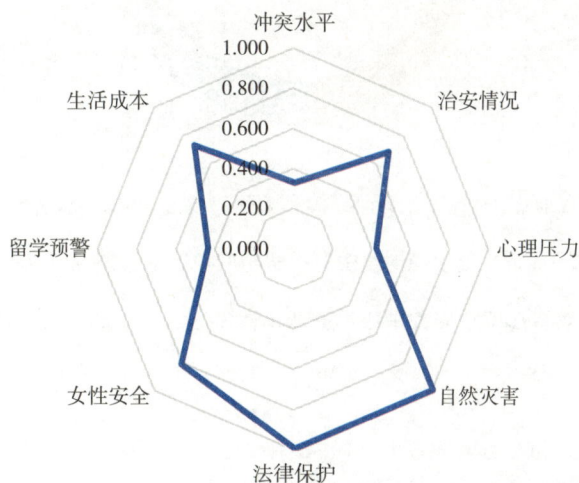

图 6-16　德国留学环境评价指标体系 - 安全与成本指标指数化得分情况

在冲突水平方面，从 ACLED 各项冲突指数中可以看到，德国在冲突的扩散性方面得分为 0，冲突的致命性、危险性和分裂性方面表现不突出，冲突水平属于 Low/Inactive 级别。[①] 德国在冲突水平指标上得分为 0.327，在所调研的 28 个国家中排名第 23。

在治安情况指标方面，德国的得分为 0.680，排名第 12。其中，根据 2024 年数据，德国的社区韧性指数为 69，在 28 个国家中排名第 8；在犯罪市场指数方面，德国得分为 5.47，在 28 个国家中排名第 18。[②] 根据对中国在德留学人员调研，约 95% 的受访者对德国的治安情况表示满意，其中满意度为 10 分的人数占比 29.7%，留学人员对德国的治安情况满意度平均为 8.18 分。

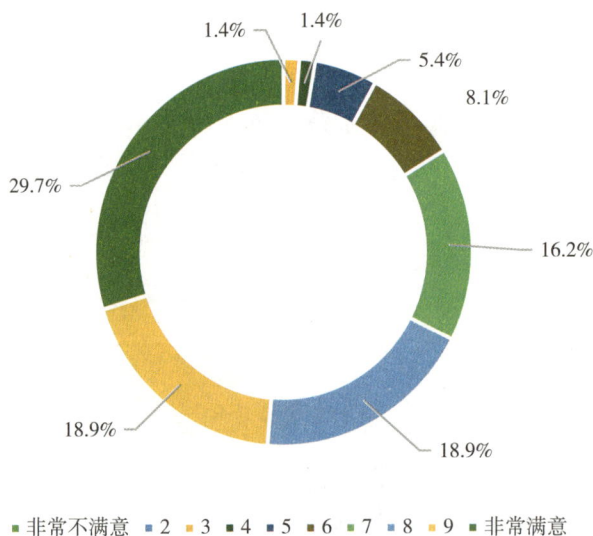

图 6-17 留学德国学生对所留学的地区治安情况满意度

资料来源：教育部留学服务中心、全球化智库（CCG），2024 年海外留学人员专题调研。

[①] ACLED. Conflict Index: December 2024. https://acleddata.com/conflict-index/.

[②] Lloyd's Register Foundation. World Risk Poll 2024 Report. https://wrp.lrfoundation.org.uk/sites/default/files/2024-06/World%20Risk%20Poll%20Report%202024%20Resilience%20in%20a%20Changing%20World_1.pdf; GLOBAL Organized Crime Index. https://ocindex.net/explorer.

在心理压力指标方面，德国的得分为 0.415，在 28 个国家中排名第 12。根据调研，在德国的中国留学人员留学期间主要受到的心理压力来自文化冲突、社交压力、语言压力、受歧视以及经济压力，这几项分别得分为2.81、2.73、3.2、1.84 及 2.65，平均得分为 2.65（满分为 5）。相比英国和美国等英语国家，在德国留学的中国留学人员在语言压力方面更为突出。在德国留学的中国留学人员，有 35.1% 表示未曾有过任何消极情绪；20.3%表示曾寻求过学校的心理支持；14.9% 表示寻求过当地社会的心理支持；12.2% 表示曾在国内医院咨询过心理医生。10.8% 提到想寻求支持，但当地学校和社区没有免费的心理支持；29.7% 表示有过消极情绪但未曾寻求过心理支持。

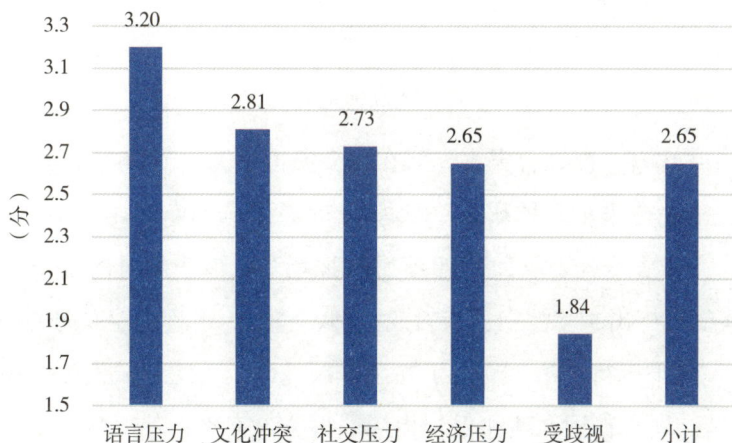

图 6-18　留学德国学生在留学的过程中心理压力来源

资料来源：教育部留学服务中心、全球化智库（CCG），2024 年海外留学人员专题调研。

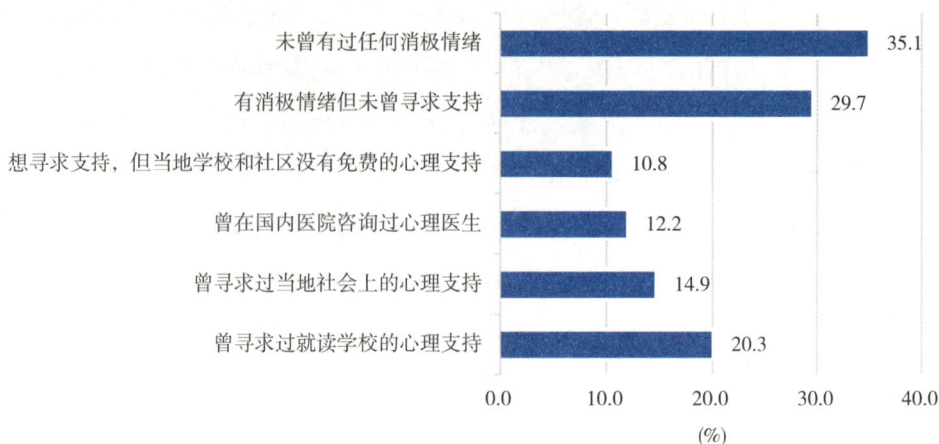

图 6-19　留学德国学生有消极的心理情绪时寻求学校或社会的心理支持的服务情况

资料来源：教育部留学服务中心、全球化智库（CCG），2024 年海外留学人员专题调研。

在自然灾害指标方面，德国得分为 1.000。据全球灾害数据平台统计，德国 2023 年出现 3 次综合灾害，但在综合灾害中无人受影响或受伤。[①]

在法律保护方面，德国《一般平等待遇法》（AGG）自 2006 年 8 月 18 日起生效。该法纳入了欧盟的四项反歧视指令。该法的目的是防止或停止基于种族或民族出身、性别、宗教或信仰、残疾、年龄或性取向的歧视（第 1 条）。《一般平等待遇法》规范了在工作领域以及民法领域发生歧视时的索赔和法律后果。[②] 德国在法律保护指标上得分为 1.000。

在女性安全方面，据 UNWomen 数据统计，在德国，2018 年内遭受身体或性暴力的女性比例为 5%，德国在该指标上的得分为 0.820，在 28 个国家

---

① 全球灾害数据平台. 全球灾害数据检索 [EB/OL]. [2025-02-18]. https://www.gddat.cn/new GlobalWeb/#/countryScale.

② https://www.antidiskriminierungsstelle.de/EN/about-discrimination/order-and-law/general-equal-treatment-act/general-equal-treatment-act-node.html#:~:text=Equal%20Treatment%20Act-，General%20Equal%20Treatment%20Act,the%20EU%20into%20German%20law.

中排名第 15。[①]

在留学预警方面，2024 年，中国驻德国大使馆及教育部平安留学公众号中提示的德国留学预警信息共 30 次。其中，人身安全被提醒 10 次，自然灾害被提醒 6 次，罢工预警出现 5 次，电信诈骗被提醒 4 次，出入境事项被提醒 3 次，换汇诈骗及防范盗抢各被提醒 1 次。[②]德国在该指标上的得分为 0.444，排名第 25。

在生活成本指标方面，德国得分为 0.724，排名第 13。德国移民局对于国际学生的最低生活经济保障建议是每月 992 欧元。[③]根据对在德国留学的中国留学人员的调研，除去学习及住宿方面的固定费用，35.1% 的受访者每月平均花费为 5000 元到 1 万元；23.0% 每月平均花费 3000 元到 5000 元；20.3% 每月平均花费 1 万元到 1.5 万元；12.2% 每月平均花费 1.5 万元到 2 万元。

① UN Women. Violence Against Women [EB/OL]. [2025-02-18]. https://data.unwomen.org/data-portal/vaw-wps?annex=Violence%20Against%20Women&fiac%5BSH_STA_FGMS%5D%5B%5D=15-49&fiwq%5BVAW-3%5D%5B%5D=All&filc%5BVAW-3%5D%5B%5D=Urban&finic%5B%5D=VC_VAW_MARR&fiac%5BVC_VAW_MARR%5D%5B%5D=15%2B&fiac%5BVC_VAW_SXVLN%5D%5B%5D=17-29&fiac%5BVAW-1%5D%5B%5D=50-64&fiac%5BVC_HTF_DETVOP%5D%5B%5D=_U&fiac%5BVC_HTF_DETVFL%5D%5B%5D=_U&fyr%5B%5D=Latest%20available&fsr=countries&tab=map.
② 教育部平安留学公众号，https://mp.weixin.qq.com/s/pqIFPc4-jcUnRveQUhfJ9A；中华人民共和国驻德意志联邦共和国大使馆，https://de.china-embassy.gov.cn.
③ DAAD. Costs of education and living. https://www.daad.de/en/studying-in-germany/living-in-germany/finances/.

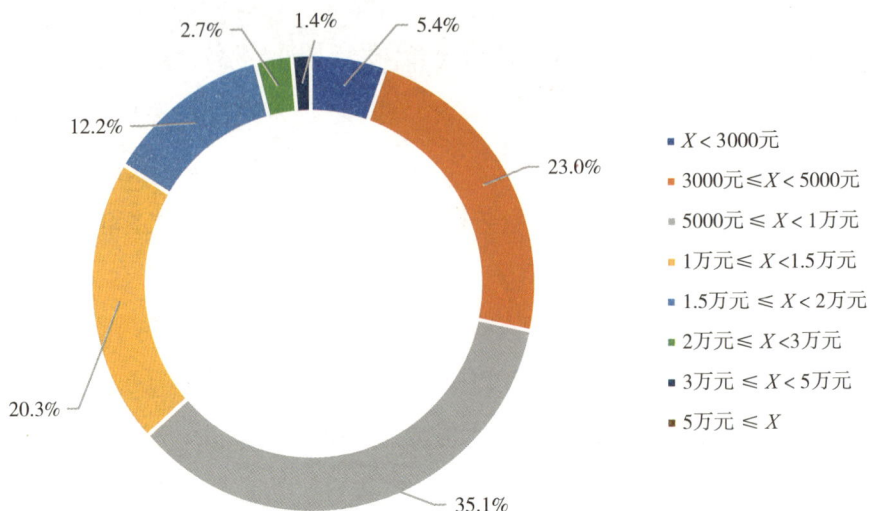

图 6-20　留学德国学生每月的平均花销的范围

资料来源：教育部留学服务中心、全球化智库（CCG），2024 年海外留学人员专题调研。

此外，德国医疗成本位居第三，仅次于美国和荷兰。每年医疗保险费用约为 1100 欧元。[①]

6.2.4　德国留学信任与开放情况述评

在信任与开放指标方面，德国得分为 0.079199，排名第 24。德国在信任与开放方面整体排名靠后，从各项二级指标来看，德国的中国留学生占比不高，但是近几年的中国留学生占比在持续增长。中国留学人员在德国整体文化适应程度中等，部分学生面临语言及文化冲突方面的压力，大多数学生没有遭遇过不平等对待。在德国，部分院校对中国留学人员有所限制，这也是德国在信任与开放指标上排名靠后的主要原因。

---

① DAAD. Healthcare and Health Insurance. https://www.daad.de/en/studying-in-germany/living-in-germany/health-insurance/#three.

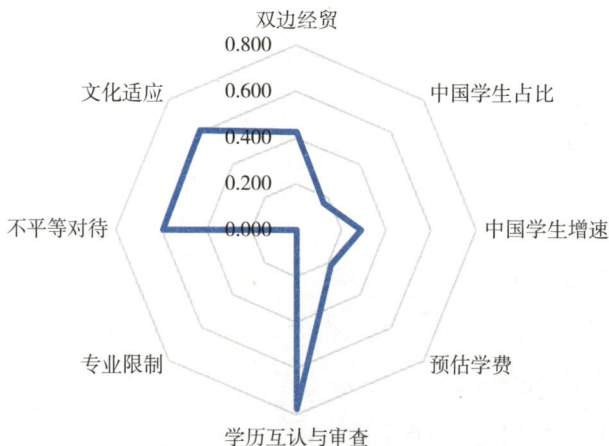

图 6-21　德国留学环境评价指标体系－信任与开放指标指数化得分情况

从双边经贸来看，2023 年，中国同德国进出口总额达到 20674653 万美元，同比下降 9.6%。[①] 德国在双边经贸指标上得分为 0.428，排名第 11。

在中国学生占比方面，根据 UNESCO 最新数据，在德国留学的中国留学人员 2022 年达到 39281 人，占德国国际学生总数的 9.54%。德国在中国学生占比指标上得分为 0.166，在 28 个国家中排名第 15。

在中国学生增速方面，在德国，2018—2022 年中国留学人员数量逐年增长，2022 年中国在德国留学人员数量同比增长 0.26%。[②] 德国在中国学生增速指标上得分为 0.286，排名第 18。

在预估学费指标方面，德国的得分为 0.213，排名第 14。德国大多数院校免学费，只有少数院校收取学费。[③]

在学历互认与审查方面，中国与德国在高中、本科、硕士、博士四个学段上实现了互认，2024 年没有对德国留学的学位加强认证审查的情况，德国在该项指标的得分为 0.776，排名第 11。

① 国家统计局 . 国家数据 [EB/OL]. [2025-02-18]. https://data.stats.gov.cn/easyquery.htm?cn=C01.

② UNESCO. Number and rates of international mobile students[EB/OL].（2025-02-11）[2025-02-12]. https://data.uis.unesco.org.

③ DAAD. Costs of education and living. https://www.daad.de/en/studying-in-germany/living-in-germany/finances/.

在专业限制方面，德国埃尔兰根—纽伦堡弗里德里希·亚历山大大学（FAU）暂停了持有中国留学基金管理委员会奖学金的研究人员和学生加入该机构。[①]德国在专业限制指标上得分为0.000，并列最后，排名第21。

在不平等对待方面，对在德国留学的中国留学人员的调研显示，40.5%的受访者表示自己或身边人在德国遭受过不平等对待，德国在该项指标上得分0.595，排名第6。

在文化适应指标方面，德国的得分为0.611，排名第17。对在德国留学的中国留学人员的调研显示，41.9%表示其朋友圈大多数为中国人，29.7%表示其朋友圈各地人员占比差不多，10.8%表示其朋友圈大多数是当地人。

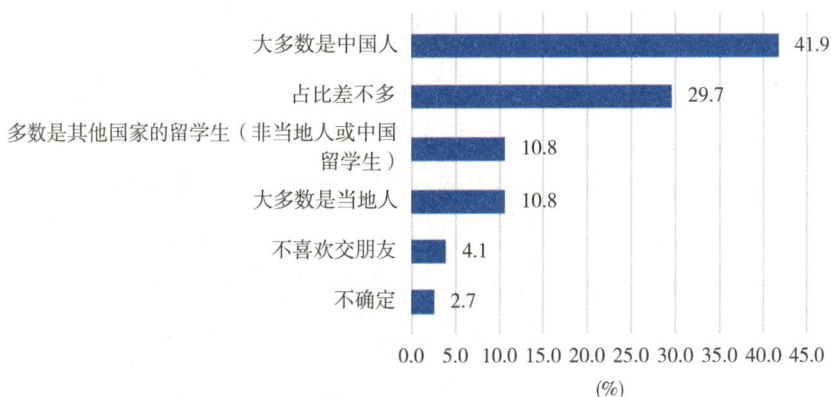

图6-22　留学德国人员留学时的朋友圈占比情况

资料来源：教育部留学服务中心、全球化智库（CCG），2024年海外留学人员专题调研。

6.3　法国留学环境评估分析

6.3.1　法国留学环境评估概览

法国在留学环境评价指标体系综合评估中，各指标加权总分为0.617144，排名第15。在三个一级指标中，质量与就业指标得分为0.416179，排名第

---

① PIE. German university suspends China-funded scholars. https://thepienews.com/german-university-china-students-researchers/.

8；安全与成本指标得分为0.106122，排名第25；信任与开放指标得分为
0.094843，排名第18。在各项二级指标中，法国留学环境的优势主要体现在
教育投入、学术声誉、签证政策、回国认可度、法律保护、专业限制等方面。

表6-3　法国留学环境评价指标得分及评估概览

指标层级		指数化得分	排名	加权得分	总排名
一级指标	二级指标				
质量与就业	科研与创新能力	0.716	11	0.416179	8
	教育投入	0.571	5		
	教育质量满意度	0.787	21		
	学术声誉	0.988	2		
	国际学生占比	0.357	13		
	签证政策	0.714	4		
	实习机会	0.584	18		
	当地就业前景	0.436	25		
	回国认可度	0.928	3		
安全与成本	冲突水平	0.280	24	0.106122	25
	治安情况	0.312	24		
	心理压力	0.343	16		
	自然灾害	0.916	25		
	法律保护	1.000	1		
	女性安全	0.820	15		
	留学预警	0.852	15		
	生活成本	0.523	22		
信任与开放	双边经贸	0.359	14	0.094843	18
	中国学生占比	0.153	16		
	中国学生增速	0.279	20		
	预估学费	0.086	20		
	学历互认与审查	0.793	10		
	专业限制	1.000	1		
	不平等对待	0.457	14		
	文化适应	0.523	19		
所有指标				0.617144	15

6.3.2　法国留学质量与就业情况述评

在质量与就业指标方面，法国得分为 0.416179，排名第 8。在二级指标方面，法国在教育投入、学术声誉、签证政策、回国认可度等方面表现较好，在当地就业前景、教育质量满意度指标方面表现欠佳。

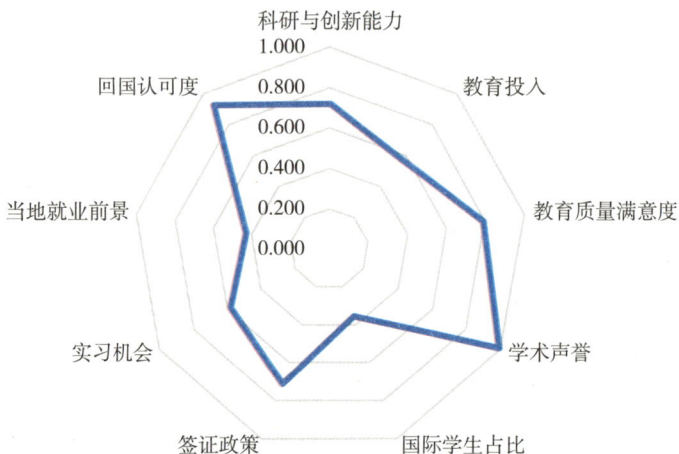

图 6-23　法国留学环境评价指标体系 - 质量与就业指标指数化得分情况

在科研与创新能力方面，2023 年，法国的全球创新指数为 56。[①] 法国在科研与创新能力指标上得分为 0.716，在 28 个国家中排名第 11，处于中上游水平。

在教育投入指标方面，法国的得分为 0.571，在 28 个国家中排名第 5。2020 年，法国公共教育支出占国内生产总值的比例为 5.68%，低于瑞典（7.93%）、丹麦（7.38%）、比利时（6.8%）、芬兰（6.63%）。[②]

在教育质量满意度指标方面，法国的得分为 0.787，排名第 21。根据对留学法国的人员的调研，受访者对法国教育质量满意度的打分平均值为 7.68 分。14.1% 表示对法国教育质量很满意（10 分），26.1% 对法国的教育

---

① WIPO. Global Innovation Index 2023 [EB/OL]. (2023-09-27) [2025-02-18]. https://www.wipo.int/en/web/global-innovation-index/2023/index.

② World Bank. Public spending on education as a share of GDP[EB/OL]. (2023-07-10) [2024-11-04]. https://ourworldindata.org/financing-education#why-do-governments-finance-education.

质量打了 9 分，23.4% 打了 8 分。

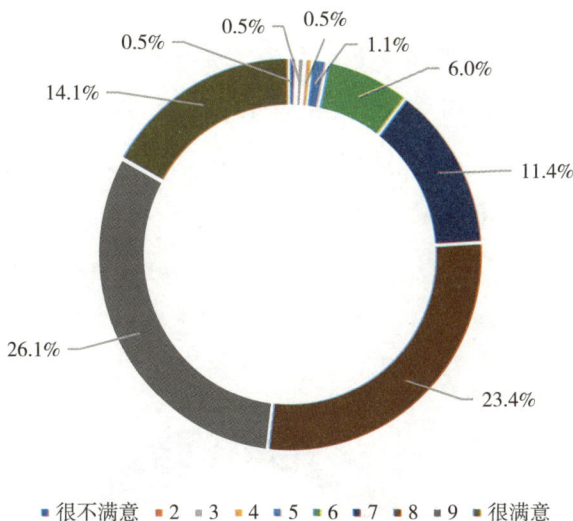

图 6-24　留学法国的人员对法国教育质量满意度打分

资料来源：教育部留学服务中心、全球化智库（CCG），2024 年海外留学人员专题调研。

在学术声誉方面，在 2024 软科世界大学学术排名中，法国共有 4 所学校被列入世界前 100 名，即巴黎萨克雷大学、巴黎文理研究大学、索邦大学、巴黎西岱大学。法国在学术声誉指标上得分 0.988，排名第 2，仅次于美国。

在国际学生占比方面，2021 年，在法国高等教育机构学习的国际学生占法国高等教育机构学生的比例为 9%，而德国为 11.2%，荷兰为 13.7%，该三国均为非英语的西欧国家，与德、荷相比，法国教育领域国际化水平较低。[①] 法国国际学生占比指标得分为 0.357，排名第 13。

在签证政策指标方面，法国得分为 0.714，排名第 4。法国学生签证适用于在法国接受高等教育的学生，允许兼职工作。法国为毕业生提供 APS

① UNESCO Institute for Statistics. Share of students from abroad[EB/OL].（2024-06-16）[2024-11-04]. https://ourworldindata.org/grapher/share-of-students-from-abroad?tab=table.

（临时工作许可），允许毕业生在完成学业后寻找工作，通常有效期为一年。在实习方面，学生签署实习协议即可在学习期间进行实习。法国高等院校所要求的实习协议一般需要学校、学生、实习单位三方签署。法国提供短期和长期工作签证，适用于特定工作的外国劳工。

在实习机会指标方面，法国得分为 0.584，排名第 18。根据对在法国留学的中国留学人员的调研，38.6% 的受访者没有在当地实习或兼职经历；61.4% 在法国有过 1 次或以上的实习或兼职，其中，18.5% 表示有过 1 次当地实习经历；21.7% 表示有过 2 次在当地实习经历。

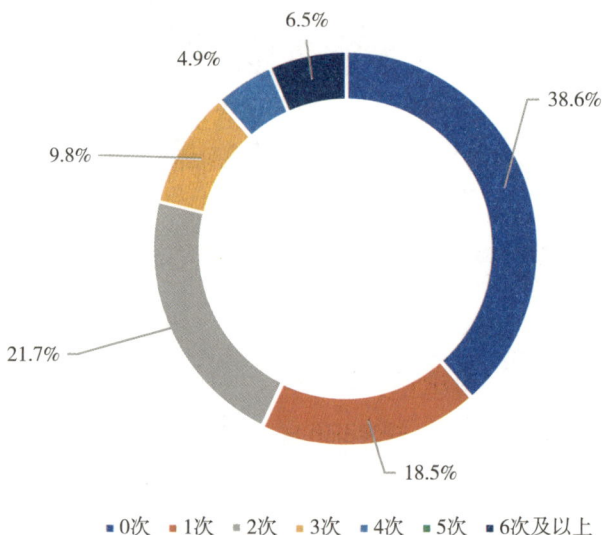

图 6-25　中国留学人员在法国留学过程中在当地兼职或实习的经历

资料来源：教育部留学服务中心、全球化智库（CCG），2024 年海外留学人员专题调研。

在当地就业前景方面，法国 2024 年 15—24 岁青年失业率为 17.60%，处于较高水平，国际学生毕业后当地就业前景较差。[1] 法国在该项指标上得分为 0.436，在 28 个国家中排名第 25。

_____

[1] World Bank Group. Human Capital Data Portal. https://humancapital.worldbank.org/en/economies..

在回国认可度指标方面，法国的得分为 0.928，排名第 3。根据调查，国内用人单位对法国留学回国人员的认可度打分为 6.77 分（满分为 10 分）。对留学法国的中国留学人员的调研发现，30.4% 表示国内用人单位对其认可程度度高；14.7% 表示用人单位对其留学经历的认可度与国内大学毕业生没有差别；21.2% 认为其薪酬比国内毕业的大学生有优势；54.4% 表示其薪酬与国内毕业的大学生相同。

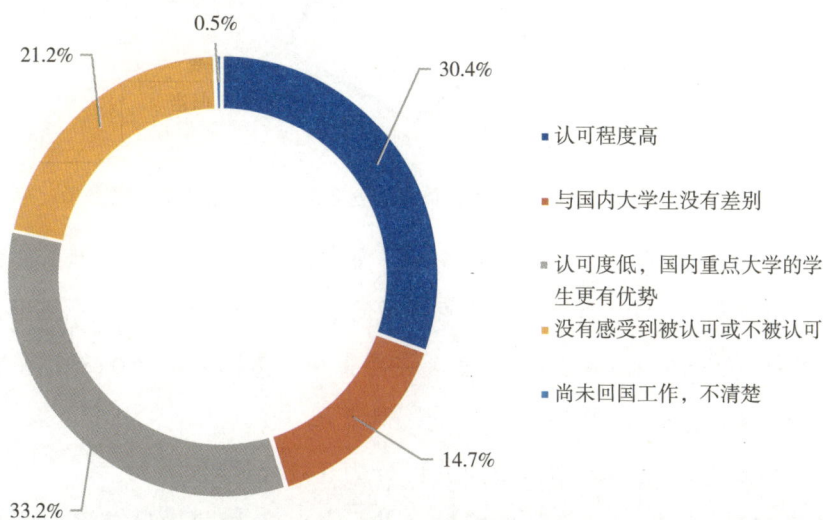

图 6-26　留学法国学生认为回国后学历背景受国内用人单位的认可度

资料来源：教育部留学服务中心、全球化智库（CCG），2024 年海外留学人员专题调研。

6.3.3　法国留学安全与成本情况述评

在安全与成本方面，法国得分为 0.106122，排名第 25。在二级指标方面，法国在治安情况、冲突水平、自然灾害等方面表现欠佳，在法律保护方面表现较好。

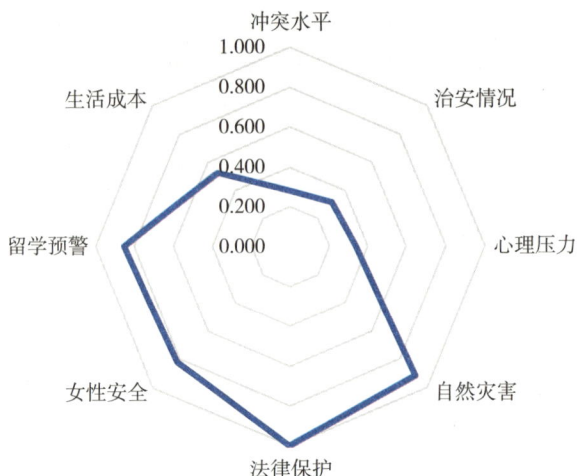

图 6-27　法国留学环境评价指标体系 – 安全与成本指标指数化得分情况

　　在冲突水平方面，从 ACLED 各项冲突指数中可以看到，法国在冲突的扩散性方面得分为 0，冲突的致命性、危险性和分裂性方面表现不突出，冲突水平属于 Low/Inactive 级别。[①]法国在冲突水平指标上得分 0.280，在所调研的 28 个国家中排名第 24。

　　在治安情况指标方面，法国的得分为 0.312，排名第 24。其中，根据 2024 年数据，法国的社区韧性指数为 59，在 28 个国家中排名第 21；在犯罪市场指数方面，法国得分为 5.93，在 28 个国家中排名第 23。[②]根据对中国在法国留学人员调研，14.7% 的受访者对法国的治安情况表示十分满意；9.2% 对法国的治安情况打 9 分；22.8% 打 8 分。中国留学人员对法国的治安情况满意度平均打分为 6.96 分。

---

① ACLED. Conflict Index: December 2024. https://acleddata.com/conflict-index/.

② Lloyd's Register Foundation. World Risk Poll 2024 Report. https://wrp.lrfoundation.org.uk/sites/default/files/2024-06/World%20Risk%20Poll%20Report%202024%20Resilience%20in%20a%20Changing%20World_1.pdf; GLOBAL Organized Crime Index. https://ocindex.net/explorer.

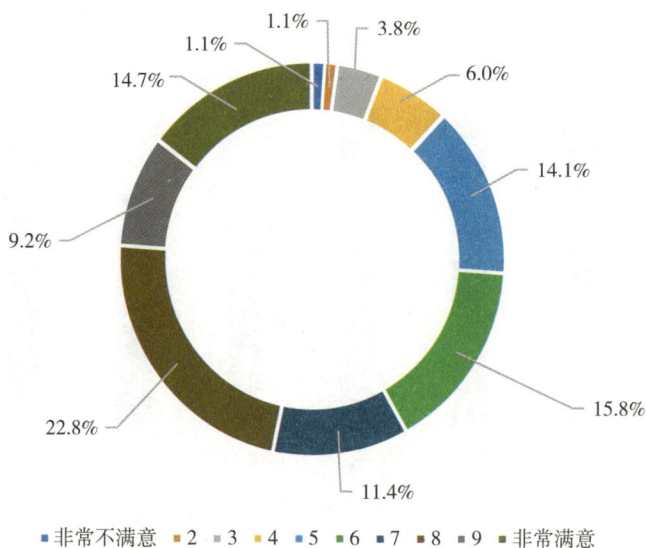

图6-28　留学法国学生对所留学的地区治安情况满意度

资料来源：教育部留学服务中心、全球化智库（CCG），2024年海外留学人员专题调研。

在心理压力指标方面，法国的得分为0.343，在28个国家中排名第16。根据调研，在法国的中国留学人员留学期间主要受到的心理压力来自社交压力（3.55分）、文化冲突（3.10分）、语言压力（3.02分）、受歧视（2.36分），以及经济压力（2.03分），平均得分2.81（满分为5），其中社交压力尤为突出。在法国留学的中国留学人员，有19.0%表示未曾有过任何消极情绪；14.7%表示曾寻求过学校的心理支持；16.3%表示寻求过当地社会的心理支持；18.5%表示曾在国内医院咨询过心理医生。12.5%提到想寻求支持，但当地学校和社区没有免费的心理支持；50.0%表示有过消极情绪但未曾寻求过心理支持。

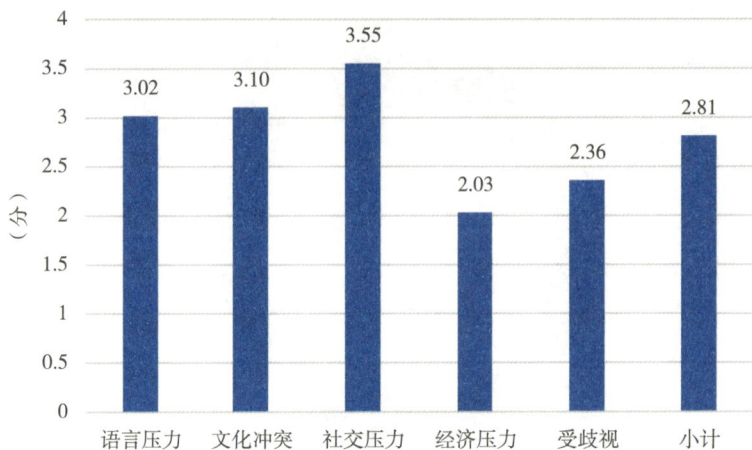

图 6-29 留学法国学生在留学的过程中心理压力来源

资料来源：教育部留学服务中心、全球化智库（CCG），2024 年海外留学人员专题调研。

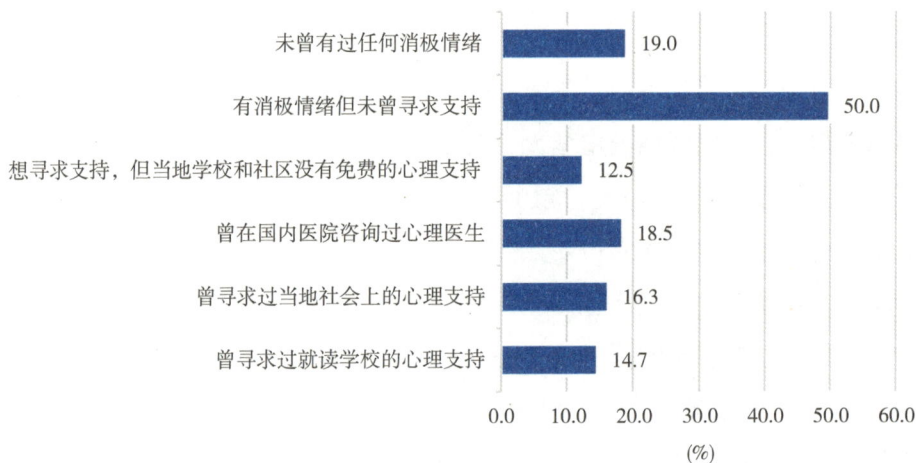

图 6-30 留学法国学生有消极的心理情绪时寻求学校或社会的心理支持的服务情况

资料来源：教育部留学服务中心、全球化智库（CCG），2024 年海外留学人员专题调研。

在自然灾害指标方面，法国的得分为 0.916，排名第 25。据全球灾害数据平台统计，2023 年，法国综合灾害总频次为 7 次，综合灾害影响人数为

527509 人，场均受灾人数为 75358。[①]

在法律保护方面，法国于 1972 年 7 月 1 日颁布了《反种族歧视法》，明确针对工作场所的歧视行为，并引入了刑事制裁。《劳动法》第 L.122—45 条概述了在工作场所禁止的各种歧视形式，包括反工会歧视，基于健康状况、性别、政治和宗教信仰的歧视，以及涉及个人的歧视，其中包括种族歧视。大多数歧视形式与种族主义和仇外心理有关，主要针对移民工人或具有外国血统的法国员工。[②]法国在法律保护指标中得分为 1.000，与其他 22 个国家排名并列第 1。

在女性安全方面，据 2018 年 UNWomen 数据统计，在法国，过去 12 个月内遭受身体或性暴力的女性比例为 5%。[③]法国在该指标上的得分为 0.820，在 28 个国家中排名第 15。

在留学预警方面，2024 年，中国驻法国大使馆及教育部平安留学公众号中提示的法国留学预警信息共 8 次，其中 2 次涉及电信诈骗；3 次涉及人身安全；1 次涉及自然灾害；2 次涉及抗议示威。[④]法国在该指标的得分为 0.852，排名第 15。

在生活成本指标方面，法国的得分为 0.523，排名第 22。法国移民局对于国际学生的最低生活经济保障建议是，巴黎地区的生活费在每月 1200—

---

① 全球灾害数据平台.全球灾害数据检索 [EB/OL]. [2025-02-18]. https://www.gddat.cn/newGlo balWeb/#/countryScale.

② France: Racial discrimination in the field of employment. https://www.equalrightstrust.org/ ertdocumentbank/Microsoft%20Word%20-%20France%20-%20race%20-%20employment%20_ Dechert%20Paris_.pdf.

③ UN Women. Violence Against Women [EB/OL]. [2025-02-18]. https://data.unwomen.org/data-portal/vaw-wps?annex=Violence%20Against%20Women&fiac%5BSH_STA_FGMS%5D%5B%5D=15- 49&fiwq%5BVAW-3%5D%5B%5D=All&filc%5BVAW-3%5D%5B%5D=Urban&finic%5B%5D=VC_ VAW_MARR&fiac%5BVC_VAW_MARR%5D%5B%5D=15%2B&fiac%5BVC_VAW_ SXVLN%5D%5B%5D=17-29&fiac%5BVAW-1%5D%5B%5D=50-64&fiac%5BVC_ HTF_DETVOP%5D%5B%5D=_U&fiac%5BVC_HTF_DETVFL%5D%5B%5D=_ U&fyr%5B%5D=Latest%20available&fsr=countries&tab=map.

④ 教育部平安留学公众号，https://mp.weixin.qq.com/s/pqIFPc4-jcUnRveQUhfJ9A；中华人民共和国驻法兰西共和国大使馆，http://fr.china-embassy.gov.cn.

1800 欧元，在法国其他地区的生活费在每月 800—1400 欧元。① 根据对在法国留学的中国留学人员的调研，除去学习及住宿方面的固定费用外，72.3%在法留学人员每个月的花销在 1 万元人民币以下。值得注意的是，37.50%在法留学生享受了免费的高等教育，这一数字在德国为 48.65%。

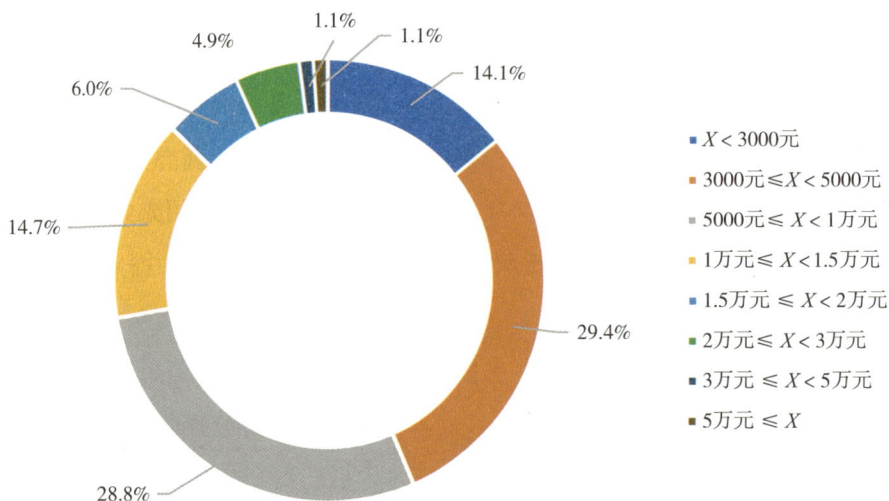

图 6-31　留学法国学生每月的平均花销的范围

资料来源：教育部留学服务中心、全球化智库（CCG），2024 年海外留学人员专题调研。

在医疗保障方面，在法国，国际学生可享受法国免费的国家医保服务。社会保障医疗保险（Sécurité Sociale de l'Assurance Maladie，Ameli），是法国社会保障体系中的一个分支，其主要目的是为个人在生病时提供相应费用补偿和医疗保障；从 2018 年 9 月开始，外国学生在法国享受和法国学生同等的福利待遇。②

---

① CAMPUS FRANCE. Preparing your budget. https://www.campusfrance.org/en/preparing-budget-student-France.

② KEDGE. Health insurance for an international student in France. https://student.kedge.edu/student-services/prepare-my-studies-abroad/administrative-formalities/health-insurance-for-an-international-student-in-france.

6.3.4　法国留学信任与开放情况述评

在信任与开放指标方面，法国得分为 0.094843，排名第 18。在二级指标方面，法国专业限制指标方面表现良好，对中国留学人员没有专业限制，在中国学生增速、预估学费等方面表现欠佳。

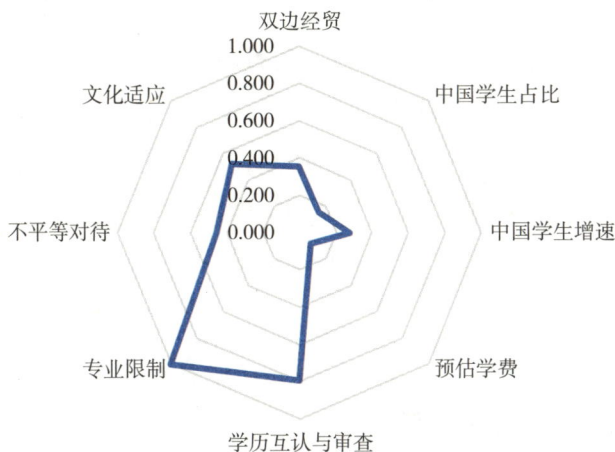

图 6-32　法国留学环境评价指标体系 – 信任与开放指标指数化得分情况

从双边经贸来看，2023 年，中国同法国进出口总额为 7892661 万美元，同比下降 2.5%。[①]法国在双边经贸指标上得分为 0.359，排名第 14。

在中国学生占比方面，根据 UNESCO 最新数据，在法国留学的中国留学人员 2022 年为 23260 人，占法国国际学生总数的 8.83%。[②]法国在中国学生占比指标上得分为 0.153，在 28 个国家中排名第 16。

在中国学生增速方面，在法国，2018—2022 年中国留学人员数量有所下降，2022 年中国在法国留学人员数量同比减少 0.81%。[③]法国在中国学生增速指标上得分为 0.279，排名第 20。

---

① 国家统计局 . 国家数据 [EB/OL]. [2025-02-18]. https://data.stats.gov.cn/easyquery.htm?cn=C01.

② UNESCO. Number and rates of international mobile students[EB/OL].（2025-02-11）[2025-02-12]. https://data.uis.unesco.org.

③ UNESCO. Number and rates of international mobile students[EB/OL].（2025-02-11）[2025-02-12]. https://data.uis.unesco.org.

在预估学费指标方面，法国的得分为 0.086，排名第 20。预估学费指标用于衡量中方对该国教育的信任程度，在一定范围内，预估学费越高，中方对该国教育越信任。法国在该项指标上排名欠佳，这可能和法国高等教育花费较低有关，法国很多高校对国际学生免学费，[①] 并不完全反映中方对该国教育的信任程度。比如，根据留学生调研问卷，37.50% 表示在法留学人员享受了免费的高等教育，在数量上排名第 1，在比例上仅次于德国，说明法国免费的高等教育比例较高。

在学历互认与审查方面，中国与法国在高中、职业技术高等院校 / 专科学校、本科、硕士、博士学历五个学段上实现了互认，2024 年出现对法国留学的个别学校的学位加强认证审查的情况。法国在该项指标的得分为 0.793，排名第 10。

在专业限制方面，法国对中国留学人员没有专业限制，因此在该项指标得分为 1.000，并列排名第 1。

在不平等对待方面，对在法国留学的中国留学人员的调研显示，59.2% 的受访者表示自己或身边人在法国遭受过不平等对待，法国在该项指标上得分 0.457，排名第 14。

在文化适应指标方面，法国的得分为 0.523，排名第 19。对在法国留学的中国留学人员的调研显示，50.5% 表示其朋友圈大多数为中国人，9.2% 表示其朋友圈大多数是当地人，15.8% 表示其朋友圈大多数是其他国家的留学生（非当地人或中国留学人员），19.0% 表示其朋友圈各地人员占比差不多。

---

① CAMPUS FRANCE. Tuition fees in France. https://www.campusfrance.org/en/tuition-fees-France.

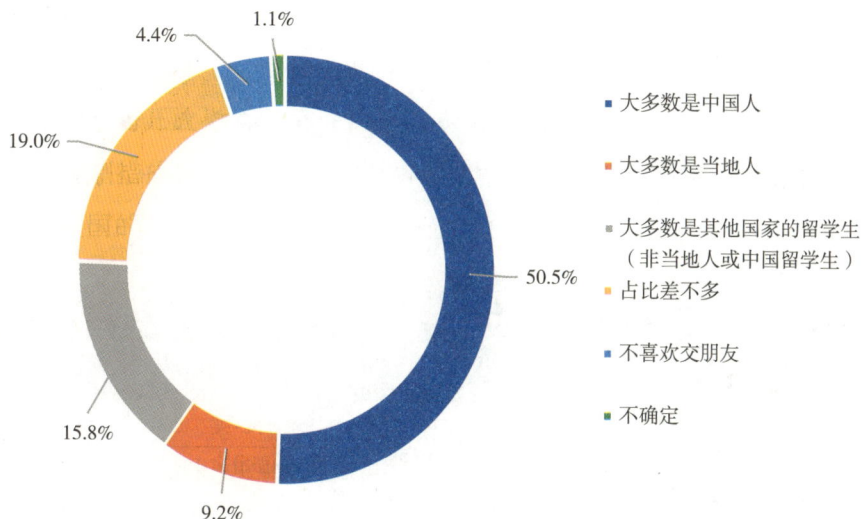

图 6-33 留学法国学生留学时的朋友圈占比情况

资料来源：教育部留学服务中心、全球化智库（CCG），2024 年海外留学人员专题调研。

6.4 其他欧洲国家留学环境概览

6.4.1 北欧国家留学环境评估概览

北欧国家（如丹麦、瑞典、芬兰等）的教育体系在全球范围内享有较高的声誉。北欧国家的高等教育通常注重学术自由、创新和可持续发展，尤其在社会科学、环境学和技术领域具有较强的国际竞争力。多个北欧国家提供面向国际学生的奖学金机会，芬兰和瑞典等国还设有全额奖学金项目，吸引了来自世界各地的国际学生。北欧的生活成本较高，但与其他西欧国家相比，这些国家的教育质量和生活质量使其成为热门的留学目的地。北欧国家的社会福利制度也为国际学生提供了相对稳定的社会保障，特别是在医疗和社会服务方面。

6.4.1.1 丹麦留学环境评估概览

丹麦在留学环境评价指标体系综合评估中，各指标加权总分为 0.673207，排名第 8。在三项一级指标中，丹麦的得分情况均在 28 国中游之上，其中，质量与就业指标得分为 0.399575，排名第 10；安全与成本指标得分为 0.167086，排名第 2；信任与开放指标得分为 0.106547，排名第 10。在各项二级指标中，丹麦的留学环境的优势主要体现在教育投入、教育质量满意度、签证政策、冲突水平、治安情况、自然灾害、女性安全、留学预警、专业限制、不平等对待、文化适应等方面。

表 6-4 丹麦留学环境评价指标得分及评估概览

指标层级		指数化得分	排名	加权得分	总排名
一级指标	二级指标				
质量与就业	科研与创新能力	0.782	9	0.399575	10
	教育投入	0.895	2		
	教育质量满意度	0.942	5		
	学术声誉	0.802	11		
	国际学生占比	0.398	10		
	签证政策	0.714	4		
	实习机会	0.282	23		
	当地就业前景	0.614	20		
	回国认可度	0.598	15		
安全与成本	冲突水平	0.900	4	0.167086	2
	治安情况	0.990	2		
	心理压力	0.348	14		
	自然灾害	1.000	1		
	法律保护	0.000	21		
	女性安全	0.984	2		
	留学预警	0.981	3		
	生活成本	0.689	15		
信任与开放	双边经贸	0.067	26	0.106547	10
	中国学生占比	0.091	21		
	中国学生增速	0.359	10		
	预估学费	0.294	12		
	学历互认与审查	0.690	16		
	专业限制	1.000	1		
	不平等对待	1.000	1		
	文化适应	0.833	4		
所有指标				0.673207	8

在质量与就业指标方面，丹麦在教育投入、签证政策、教育质量满意度等二级指标上表现良好。丹麦在教育投入方面位列第 2，指标得分为0.895。2020 年，丹麦公共教育支出占国内生产总值的比例为 7.38%，比最低的新加坡高出 4.69 个百分点。根据对留学丹麦的中国留学人员的调研，受访者对丹麦的教育质量满意度较高，该指标得分为 0.942，位列 28 国的第 5。

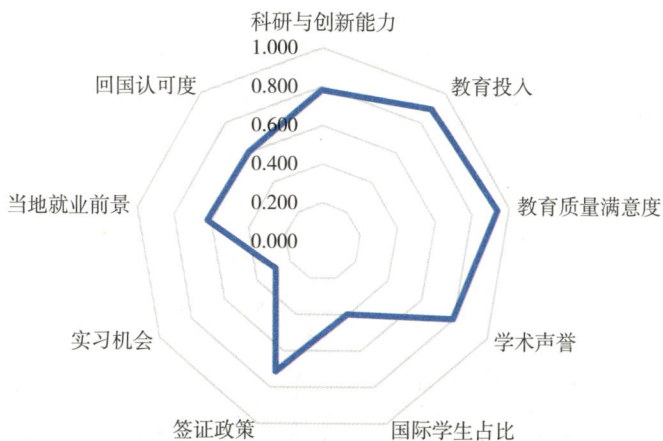

图 6-34　丹麦留学环境评价指标体系–质量与就业指标指数化得分情况

在安全与成本指标方面，丹麦在冲突水平、治安情况、自然灾害、女性安全、留学预警等二级指标中表现良好。在治安情况方面，丹麦展现了社会高度安全的特征，该指标得分为 0.990，位居第 2。在自然灾害方面，根据中国全球灾害数据平台公布的 2023 年数据，丹麦当年未出现任何自然灾害，虽然较为寒冷，但在自然环境稳定程度上较为出色。在女性安全方面，根据 UN Women 公布的 2018 年数据，丹麦 15—49 岁的女性遭受身体暴力 / 性暴力的比例为 2%，丹麦在该指标上的得分为 0.984，位居第 2。在留学预警方面，中国驻丹麦大使馆及教育部平安留学公众号在 2024 年全年没有发布任何与丹麦相关的留学预警公告 ①。但是，在法律保护指标方面，丹麦没有对于有色人种或种族歧视等相关的法律保护条款。

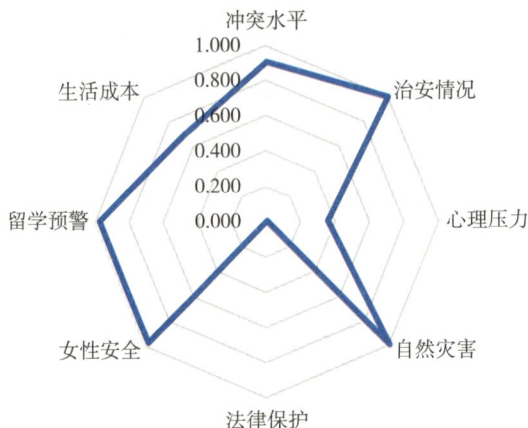

图 6-35　丹麦留学环境评价指标体系 – 安全与成本指标指数化得分情况

　　在信任与开放指标方面，丹麦在专业限制和不平等对待方面均排名第1，其对中国学生没有进行专业限制，而且据调研，也没有留学人员反映在当地遇到不平等对待。但丹麦在许多二级指标中呈现弱势。在双边经贸指标方面，丹麦的得分为 0.067，排名第 26，主要原因在于双边经贸总额相较其他国家较低，并且 2023 年相较 2022 年出现 15.9% 的降幅。双边经贸关系间接影响着双边人才的交流与企业对于双边人才的需求。在中国学生占比指标方面，丹麦的得分为 0.091，排名第 21。2022 年，在丹麦高等教育机构留学的中国留学人员数量占丹麦国际学生总数的 5.28%，比德国、法国、芬兰等国的相应占比低。

---

① 教育部平安留学公众号，https://mp.weixin.qq.com/s/pqIFPc4–jcUnRveQUhfJ9A；中华人民共和国驻丹麦王国大使馆，http://dk.china–embassy.gov.cn.

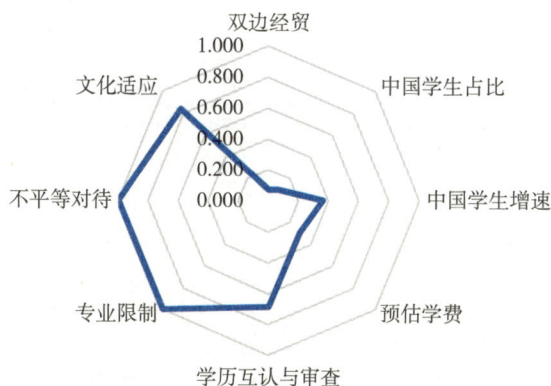

图 6-36　丹麦留学环境评价指标体系–信任与开放指标指数化得分情况

6.4.1.2　瑞典留学环境评估概览

瑞典在留学环境评价指标体系综合评估中，各指标加权总分为0.634162，排名第12。瑞典在质量与就业、安全与成本两项一级指标上表现较好，分别位列第9、第11，其中质量与就业指标得分为0.405108、安全与成本指标得分为0.149433。但瑞典在信任与开放指标中劣势较为明显，位列第23，得分为0.079621。主要原因是在专业限制、不平等对待以及双边经贸等指标方面表现相对劣势。在各项二级指标中，瑞典留学环境的优势主要体现在科研与创新能力、教育投入、签证政策、自然灾害、法律保护、学历互认与审查、文化适应等方面。

表 6-5　瑞典留学环境评价指标得分及评估概览

指标层级		指数化得分	排名	加权得分	总排名
一级指标	二级指标				
质量与就业	科研与创新能力	0.917	2	0.405108	9
	教育投入	1.000	1		
	教育质量满意度	0.697	24		
	学术声誉	0.717	14		
	国际学生占比	0.261	17		
	签证政策	0.714	4		
	实习机会	0.895	8		
	当地就业前景	0.232	26		
	回国认可度	0.761	8		
安全与成本	冲突水平	0.687	16	0.149433	11
	治安情况	0.714	10		
	心理压力	0.461	10		
	自然灾害	1.000	1		
	法律保护	1.000	1		
	女性安全	0.749	20		
	留学预警	0.852	15		
	生活成本	0.633	16		
信任与开放	双边经贸	0.178	24	0.079621	23
	中国学生占比	0.145	18		
	中国学生增速	0.280	19		
	预估学费	0.401	10		
	学历互认与审查	0.948	2		
	专业限制	0.000	21		
	不平等对待	0.300	25		
	文化适应	1.000	1		
所有指标				0.634162	12

在质量与就业指标方面，瑞典在科研与创新能力、教育投入、签证政策和回国认可度等二级指标方面位列前列。在科研与创新能力指标方面，

瑞典位列第 2 位，仅次于排名第 1 的瑞士。在教育投入方面，瑞典公共教育支出占国内生产总值的比例为 7.93%，位列第 1。在实习机会、回国认可度两项二级指标方面，瑞典均位列第 8，得分分别为 0.895 和 0.761。说明无论是中国留学人员实习经历方面，还是国内用人单位对于瑞典的中国留学人员认可度方面，都体现了瑞典的中国留学人员具备着一定的就业优势。

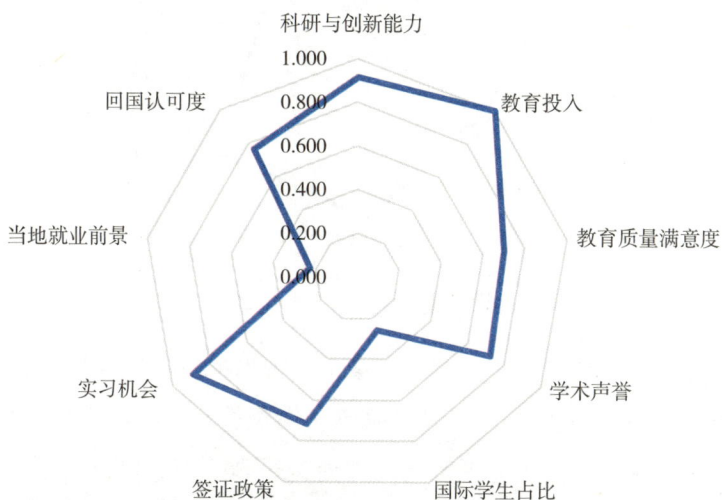

图 6-37　瑞典留学环境评价指标体系 - 质量与就业指标指数化得分情况

在安全与成本指标方面，瑞典在自然灾害、法律保护两项二级指标方面具有优势。在治安情况指标方面，瑞典表现处于中上游水平，瑞典在该项指标上得分为 0.714，排名第 10。在女性安全指标方面，瑞典位列第 20 位，有 6.3% 的 15—49 岁女性在过去一年中遭受身体暴力 / 性暴力。在留学预警指标方面，瑞典的指标得分为 0.852，排名第 15。2024 年，中国驻瑞典大使馆及教育部平安留学公众号中提示的瑞典留学预警信息共 8 次，其中 5 次预警与人身安全相关。①

---

① 教育部平安留学公众号，https://mp.weixin.qq.com/s/pqIFPc4-jcUnRveQUhfJ9A；中华人民共和国驻瑞典大使馆，http://se.china-embassy.gov.cn.

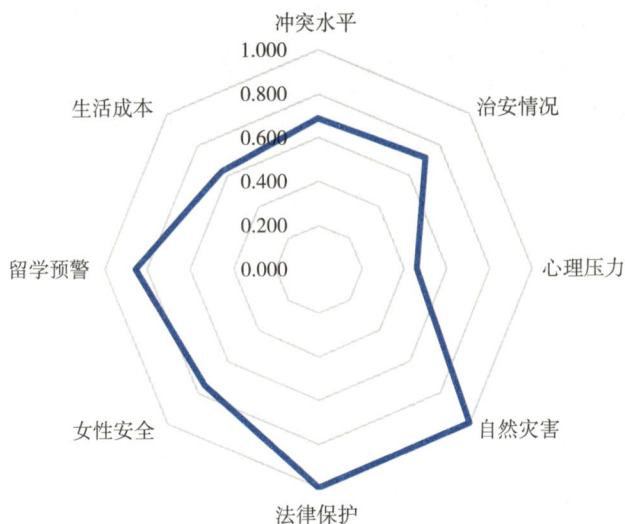

图 6-38　瑞典留学环境评价指标体系－安全与成本指标指数化得分情况

　　在信任与开放指标方面，瑞典在文化适应指标方面表现突出，排名第1；在学历互认协议中认可中国高等院校入学条件，学历互认与审查指标得分 0.948，排名第 2。在双边经贸指标方面，瑞典的指标得分为 0.178，排名24，主要原因在于双边经贸总额较低，并且 2023 年相较 2022 年出现 9% 的降幅。在专业限制方面，瑞典对中国留学人员有专业限制要求，瑞典高等教育委员会认为中国国家留学基金委员会（CSC）要求中国学生毕业后回国等条款违反当地法规，尽管如此，瑞典皇家理工学院（KTH）等高校仍选择接收 CSC 资助的中国留学人员。但瑞典高等教育委员会的行为会对中国公派留学生造成一定的影响。在不平等对待指标方面，根据调研，中国留学人员在瑞典遭受不平等对待的概率较大。

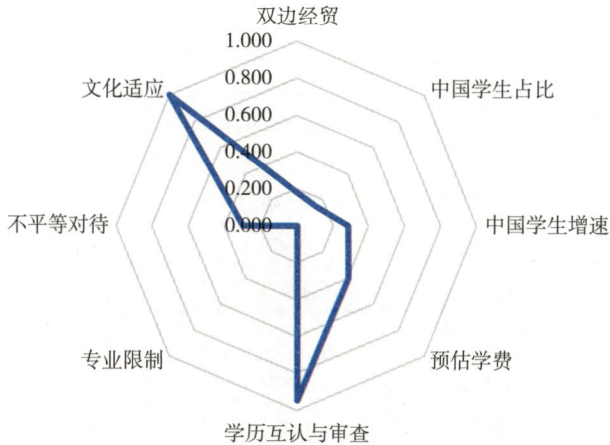

图 6-39　瑞典留学环境评价指标体系–信任与开放指标指数化得分情况

6.4.1.3　芬兰留学环境评估概览

芬兰在留学环境评价指标体系综合评估中，各指标加权总分为 0.607901，排名第 16。质量与就业、安全与成本指标的排名均超过了综合排名，分别位列第 15 名和第 9 名，指标得分分别为 0.369585 和 0.151785。信任与开放指标方面存在一定程度的劣势，排名第 20，指标得分为 0.086531。在各项二级指标中，芬兰留学环境的优势主要体现在教育投入、签证政策、治安情况、自然灾害、法律保护、留学预警、专业限制等方面。

表 6-6　芬兰留学环境评价指标得分及评估概览

指标层级		指数化得分	排名	加权得分	总排名
一级指标	二级指标				
质量与就业	科研与创新能力	0.843	6	0.369585	15
	教育投入	0.752	4		
	教育质量满意度	0.793	20		
	学术声誉	0.557	17		
	国际学生占比	0.321	14		
	签证政策	0.714	4		
	实习机会	0.820	14		
	当地就业前景	0.440	24		
	回国认可度	0.534	20		

续表

指标层级		指数化得分	排名	加权得分	总排名
一级指标	二级指标				
安全与成本	冲突水平	0.733	14	0.151785	9
	治安情况	0.826	4		
	心理压力	0.087	26		
	自然灾害	1.000	1		
	法律保护	1.000	1		
	女性安全	0.650	24		
	留学预警	0.981	3		
	生活成本	0.764	12		
信任与开放	双边经贸	0.000	28	0.086531	20
	中国学生占比	0.147	17		
	中国学生增速	0.383	7		
	预估学费	0.452	8		
	学历互认与审查	0.431	21		
	专业限制	1.000	1		
	不平等对待	0.429	18		
	文化适应	0.688	12		
所有指标				0.607901	16

在质量与就业指标方面，芬兰表现中规中矩，但在教育投入、签证政策等二级指标上表现较好。芬兰在教育投入指标方面位列第 4，公共教育支出占国内生产总值的比例为 6.63%。在科研与创新能力方面，芬兰也表现出色，在该指标上的得分为 0.843，位居第 6 位。

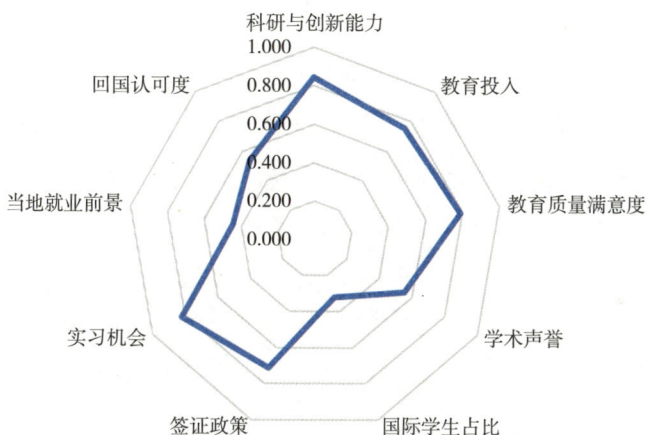

图 6-40　芬兰留学环境评价指标体系 – 质量与就业指标指数化得分情况

在安全与成本指标方面，芬兰在自然灾害、法律保护、留学预警三项二级指标方面具有优势。在自然灾害方面，根据中国全球灾害数据平台公布的 2023 年数据，芬兰与其他北欧国家一样，均未出现任何自然灾害。在女性安全方面，芬兰表现略有欠佳，在该指标上得分为 0.650，位列第 24，2018 年约有 8.1% 的 15—49 岁女性遭受身体暴力 / 性暴力。在心理压力指标方面，芬兰的指标得分为 0.087，位列第 26，语言压力、社交压力、文化冲突方面表现尤为明显。

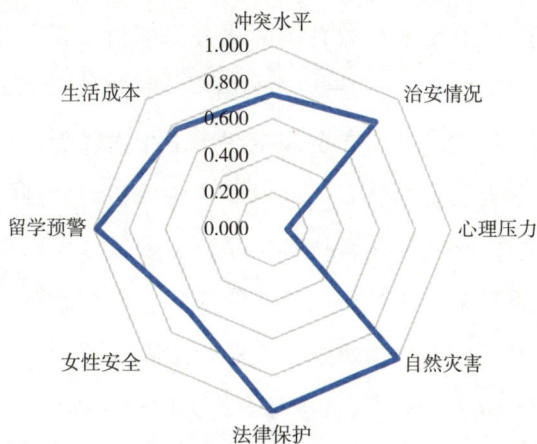

图 6-41　芬兰留学环境评价指标体系 – 安全与成本指标指数化得分情况

在信任与开放指标方面，芬兰未对中国留学人员进行专业限制，在专业限制二级指标方面表现良好，但在许多二级指标中呈现弱势。在学历互认与审查指标方面，芬兰未曾与中国签署双边教育学历学位互认协议。在双边经贸指标中，芬兰位居最后，主要原因在于双边经贸总额相较其他国家较低，并且 2023 年相较 2022 年降幅达到 19.8%。

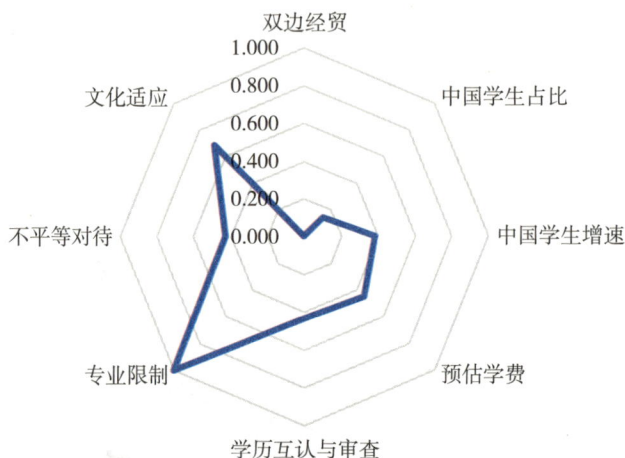

图 6-42　芬兰留学环境评价指标体系－信任与开放指标指数化得分情况

6.4.2　东欧国家留学环境评估概览

东欧国家（包括波兰、匈牙利、白俄罗斯、俄罗斯等）在教育质量方面优势不明显，但是近年来在教育国际化方面取得了显著进展。波兰、匈牙利等国的高等教育质量逐步提高，尤其在工程学、医学和人文学科领域。与西欧国家相比，东欧国家的学费和生活成本相对较低，这使得这些国家成为预算有限的学生的留学选择。俄罗斯、波兰和匈牙利的许多大学已开设英语授课的课程，特别是在科技类学科，国际学生可以在不受语言限制的情况下接受优质教育。此外，俄罗斯的部分大学在物理学、数学和工程学等学科领域具有较强的学术影响力。尽管东欧国家存在语言和文化适应的挑战，但越来越多的留学项目和国际合作为留学生提供了支持。

6.4.2.1　波兰留学环境评估概览

在留学环境评价指标体系综合评估中，波兰各指标加权总分为0.456200，排名第 25。波兰在质量与就业、安全与成本、信任与开放指标的排名均超过了综合排名，分别位列第 24 名、第 12 名和第 21 名，指标得分分别为 0.224553、0.146463 和 0.085183。在各项二级指标中，波兰留学环境的优势主要体现在自然灾害、法律保护、留学预警、生活成本、专业限制等方面。波兰在教育质量满意度、学术声誉、中国学生占比和增速等二级指标方面排名靠后。

表 6-7　波兰留学环境评价指标得分及评估概览

指标层级		指数化得分	排名	加权得分	总排名
一级指标	二级指标				
质量与就业	科研与创新能力	0.267	23	0.224553	24
	教育投入	0.412	16		
	教育质量满意度	0.612	26		
	学术声誉	0.218	25		
	国际学生占比	0.217	20		
	签证政策	0.429	17		
	实习机会	0.523	21		
	当地就业前景	0.651	17		
	回国认可度	0.446	23		
安全与成本	冲突水平	0.493	21	0.146463	12
	治安情况	0.424	21		
	心理压力	0.500	8		
	自然灾害	1.000	1		
	法律保护	1.000	1		
	女性安全	0.923	7		
	留学预警	1.000	1		
	生活成本	0.951	4		

续表

指标层级		指数化得分	排名	加权得分	总排名
一级指标	二级指标				
信任与开放	双边经贸	0.310	16	0.085183	21
	中国学生占比	0.024	27		
	中国学生增速	0.225	26		
	预估学费	0.071	23		
	学历互认与审查	0.776	11		
	专业限制	1.000	1		
	不平等对待	0.500	11		
	文化适应	0.370	23		
所有指标				0.456200	25

在质量与就业指标方面，波兰的各二级指标均不占优，每项指标排名都在 15 名以外。对比各项二级指标，波兰在教育投入和签证政策指标上排名略高。2020 年，波兰公共教育支出占国内生产总值的比例为 4.86%，该项指标得分为 0.412，排名第 16。波兰的签证政策包括针对非欧盟 / 欧洲经济区国家学生在波兰全日制学习时需要申请的学习居留许可签证、毕业生的求职居留许可签证（为期 9 个月）、申请人在获得波兰雇主的工作邀请后可申请的 A 类工作签证等。在学术声誉与教育质量满意度指标方面，波兰排名靠后，分别为第 25 和第 26。

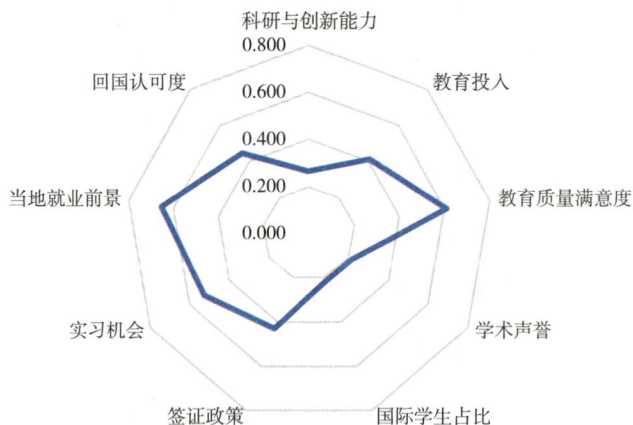

图 6-43　波兰留学环境评价指标体系 – 质量与就业指标指数化得分情况

在安全与成本指标方面，除了冲突水平和治安情况两项二级指标，波兰的其他二级指标表现良好，其中，自然灾害、法律保护与留学预警三项二级指标得分均为1.000，与其他国家并列第1。2024年，波兰没有发生任何综合灾害；虽然波兰没有专门用于反对歧视的法律，但反歧视条款被纳入了各种法律中，例如《劳动法》；2024年，中国驻波兰大使馆及教育部平安留学公众号没有出现波兰留学预警信息。[①] 然而，在治安环境方面，波兰的社区韧性不高、犯罪市场指数不低，在治安情况指标上得分为0.424，排名第21。

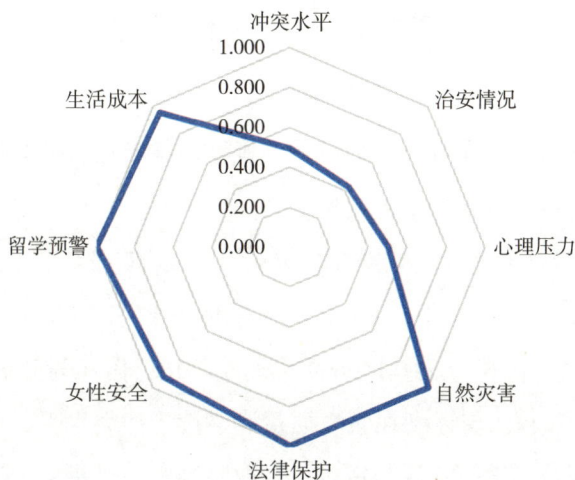

图6-44 波兰留学环境评价指标体系–安全与成本指标指数化得分情况

在信任与开放指标方面，波兰在专业限制指标上表现较好，但在中国学生占比情况、中国学生增速、文化适应及预估学费指标方面均处于弱势。2022年，中国学生占波兰国际学生总数的1.46%，同比减少9.23%，说明越来越少的中国学生前往波兰学习。在学历互认与审查方面，波兰共分为四个阶段与中国互认学历，在该指标上得分为0.776，排名第11。不过，

---

① 教育部平安留学公众号，https://mp.weixin.qq.com/s/pqIFPc4-jcUnRveQUhfJ9A；中华人民共和国驻波兰共和国大使馆，http://pl.china-embassy.gov.cn。

波兰较少发生不平等对待，也没有针对中国留学人员发布任何官方的专业限制。

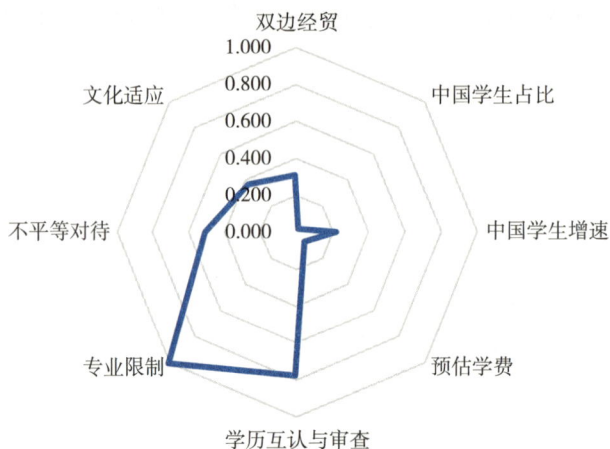

图6-45　波兰留学环境评价指标体系－信任与开放指标指数化得分情况

6.4.2.2　匈牙利留学环境评估概览

在留学环境评价指标体系综合评估中，匈牙利各指标加权总分为0.527407，排名第21。其中，质量与就业指标得分为0.288131，排名第20；安全与成本指标得分为0.140669，排名第16；信任与开放指标得分为0.098607，排名第14。匈牙利在教育质量满意度、冲突水平、自然灾害、法律保护、留学预警、学历互认与审查、专业限制等二级指标上表现优异，但回国认可度、治安情况、心理压力、双边经贸和中国学生增速等二级指标排名相对靠后。

表6-8　匈牙利留学环境评价指标得分及评估概览

指标层级		指数化得分	排名	加权得分	总排名
一级指标	二级指标				
质量与就业	科研与创新能力	0.355	20	0.288131	20
	教育投入	0.279	20		
	教育质量满意度	0.960	2		
	学术声誉	0.438	22		
	国际学生占比	0.526	7		
	签证政策	0.429	17		
	实习机会	0.807	15		
	当地就业前景	0.544	21		
	回国认可度	0.287	24		
安全与成本	冲突水平	0.900	4	0.140669	16
	治安情况	0.349	23		
	心理压力	0.000	27		
	自然灾害	1.000	1		
	法律保护	1.000	1		
	女性安全	0.781	17		
	留学预警	0.981	3		
	生活成本	0.843	8		
信任与开放	双边经贸	0.206	22	0.098607	14
	中国学生占比	0.111	20		
	中国学生增速	0.253	21		
	预估学费	0.244	13		
	学历互认与审查	0.948	2		
	专业限制	1.000	1		
	不平等对待	0.400	21		
	文化适应	0.741	8		
所有指标				0.527407	21

在质量与就业指标方面，匈牙利在教育质量满意度指标上表现较好。虽然就读于匈牙利的中国留学人员数量不多，但从调研结果来看，在匈牙

利留学的中国留学人员总体对匈牙利的教育质量比较满意，匈牙利在该指标上得分为 0.960，排名第 2。在国际学生占比指标方面，匈牙利的得分为 0.526，排名第 7，这与其积极参与欧盟、北约事务，以及对外贸易和旅游业的蓬勃发展有关。

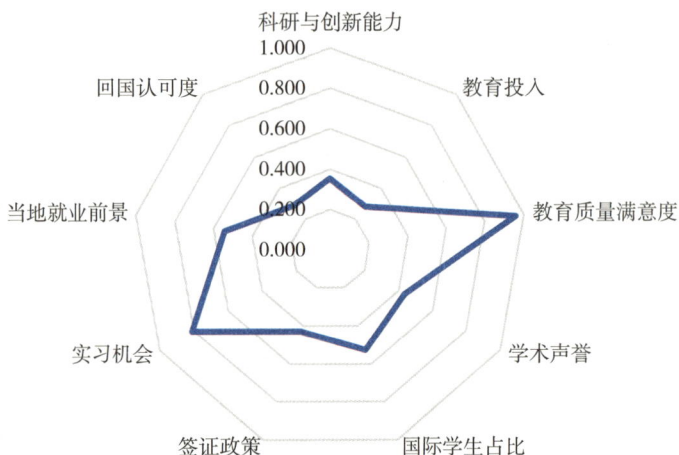

图 6-46 匈牙利留学环境评价指标体系 - 质量与就业指标指数化得分情况

  在安全与成本指标方面，匈牙利各项二级指标两极分化比较严重。其中，在心理压力、治安情况两项二级指标上得分分别为 0.000 和 0.349，排名分别是第 27 和第 23。在法律保护方面，匈牙利的《平等待遇与平等机会法》引入了直接歧视和间接歧视的概念，并禁止基于年龄、性取向、疾病、种族、民族、宗教或信仰的歧视；另外，据全球灾害数据平台统计，匈牙利 2024 年没有自然灾害发生。在生活成本方面，匈牙利留学月均生活费不超过 6000 元人民币，匈牙利在生活成本指标上得分为 0.843，排名第 8。

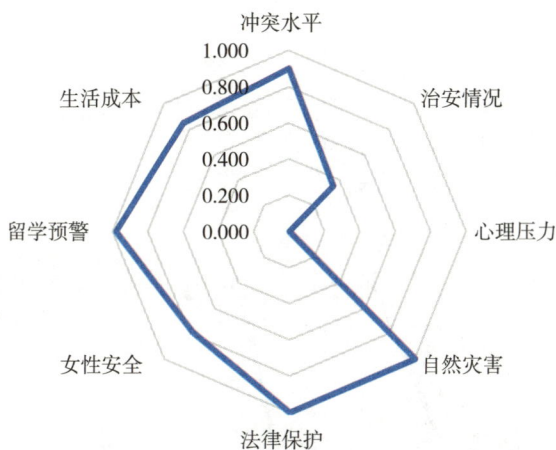

图 6-47　匈牙利留学环境评价指标体系 - 安全与成本指标指数化得分情况

在信任与开放指标方面，匈牙利在专业限制、学历互认与审查两项二级指标上表现较好，在双边经贸、中国学生占比、中国学生增速以及不平等对待等指标上处于相对劣势。匈牙利没有对中国留学人员进行专业限制，在专业限制指标上得分为 1.000，排名第 1。匈牙利与中国的双边教育有六个互认阶段，同时 2024 年没有对匈牙利毕业留学人员进行学历加强审查情况，匈牙利在学历互认与审查指标方面得分为 0.948，排名第 2。在中国学生占比与增速方面，2022 年，匈牙利中国留学人员的占比为 6.42%，中国留学人员同比减少 4.96%，这两项指标排名均在后 10 名。同时，调研反馈，在匈牙利留学的中国留学人员受到过不平等对待的占比达到 60%，匈牙利在不平等对待指标方面得分为 0.400，排名第 21。

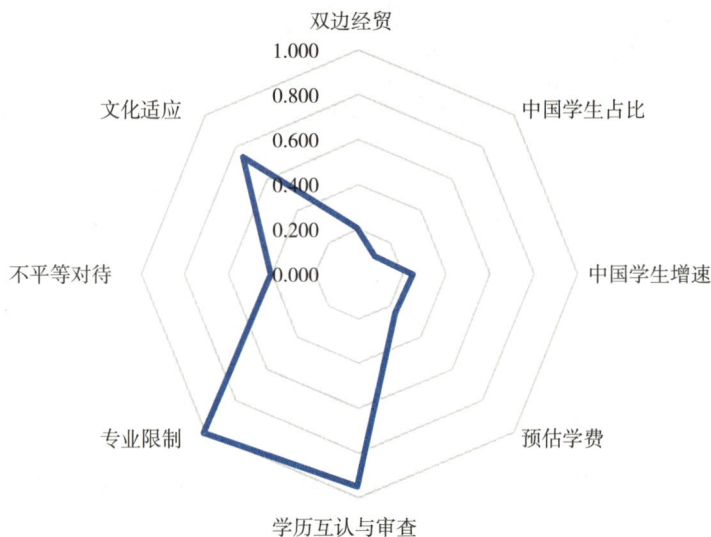

图 6-48　匈牙利留学环境评价指标体系－信任与开放指标指数化得分情况

6.4.2.3　白俄罗斯留学环境评估概览

在留学环境评价指标体系综合评估中，白俄罗斯各指标加权总分为 0.458050，排名第 24。白俄罗斯重视和发展同中国、独联体国家、亚非国家、中东国家和拉美国家等的友好合作关系，努力争取外交空间，不断扩大国际影响，在安全与成本、信任与开放两项一级指标方面表现良好。具体来看，安全与成本指标得分为 0.158419，排名第 5；信任与开放指标得分为 0.135005，排名第 1。但是，白俄罗斯在质量与就业指标方面得分为 0.164626，排名第 26。综合来看，由于发展和经济的整体情况导致教育水平落后于欧洲发达国家，白俄罗斯留学环境整体排名靠后。在各项二级指标方面，白俄罗斯留学环境的优势主要体现在心理压力、法律保护、留学预警、生活成本、双边经贸、中国学生增速、学历互认与审查、专业限制等方面。

表6-9 白俄罗斯留学环境评价指标得分及评估概览

指标层级		指数化得分	排名	加权得分	总排名
一级指标	二级指标				
质量与就业	科研与创新能力	0.000	28	0.164626	26
	教育投入	0.414	15		
	教育质量满意度	0.704	23		
	学术声誉	0.000	26		
	国际学生占比	0.257	18		
	签证政策	0.143	20		
	实习机会	0.274	25		
	当地就业前景	0.747	12		
	回国认可度	0.582	17		
安全与成本	冲突水平	0.647	18	0.158419	5
	治安情况	0.543	18		
	心理压力	0.620	4		
	自然灾害	1.000	11		
	法律保护	1.000	1		
	女性安全	0.749	20		
	留学预警	0.981	3		
	生活成本	0.973	3		
信任与开放	双边经贸	0.901	3	0.135005	1
	中国学生占比	0.579	7		
	中国学生增速	1.000	1		
	预估学费	0.068	24		
	学历互认与审查	0.862	5		
	专业限制	1.000	1		
	不平等对待	0.341	24		
	文化适应	0.275	24		
所有指标				0.458050	24

在质量与就业指标方面，白俄罗斯排名靠后，尤其是科研与创新能力、学术声誉、教育质量满意度和实习机会方面。其中，白俄罗斯科技与创新

能力在 28 个国家中排名最后；而从 2024 软科世界大学学术排名来看，白俄罗斯没有高校进入世界大学学术排名，因此，该国在学术声誉指标上得分也为 0.000。从调研结果来看，60% 以上的中国留学人员在白俄罗斯留学期间从未在当地参加过实习，该国国际学生较难获得社会实习的机会。

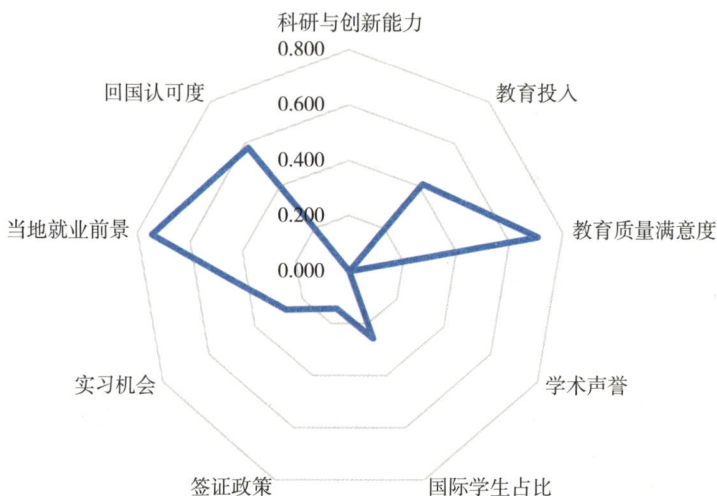

图 6-49　白俄罗斯留学环境评价指标体系 – 质量与就业指标指数化得分情况

　　在安全与成本指标方面，白俄罗斯在心理压力、法律保护、留学预警、生活成本等二级指标上表现良好。根据调研，在白俄罗斯留学的中国学生普遍面临较小的心理压力，但也有相当一部分人因为语言不通感受到留学的压力，白俄罗斯在心理压力指标上得分为 0.620，排名第 4。据全球灾害数据平台统计，白俄罗斯 2024 年没有综合性灾害发生。在法律保护方面，在白俄罗斯，国际条约已被纳入国内立法，保障所有人在法律面前一律平等，并且法律禁止各类职场、种族及其他形式的歧视，还通过一系列针对特定社会弱势群体的法规进行调节。白俄罗斯在女性安全指标上得分为 0.749，排名第 20；2018 年遭受性侵或性暴力的女性占比为 6.3%。

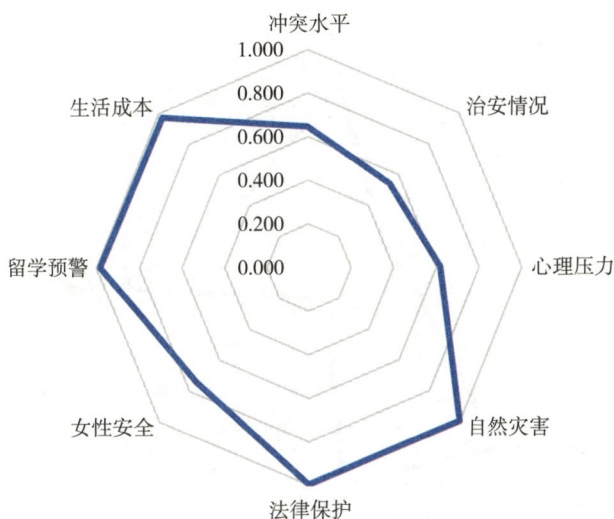

图 6-50　白俄罗斯留学环境评价指标体系 – 安全与成本指标指数化得分情况

在信任与开放指标方面，白俄罗斯在双边经贸、中国学生增速、专业限制等二级指标上表现良好。2023 年，白俄罗斯与中国在双边经贸体量和增速方面都表现良好，白俄罗斯在双边经贸指标上得分为 0.901，位列第 3。近年来，在白俄罗斯留学的中国留学人员数量增长迅速。同时，白俄罗斯对中国学生没有专业限制，而且双边学历互认情况良好，因此专业限制和双边学历互认与审查两项二级指标分别位列第 1 和第 5。但是，在预估学费和文化适应指标方面，白俄罗斯的得分较低，均排名第 24。

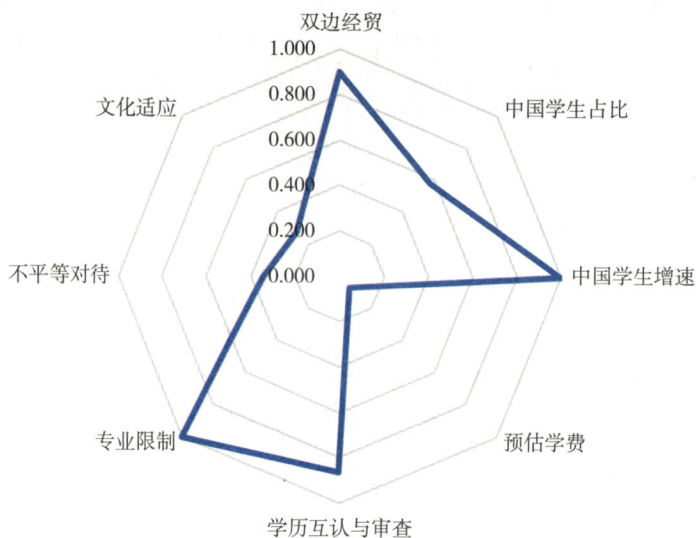

图6-51　白俄罗斯留学环境评价指标体系－信任与开放指标指数化得分情况

6.4.2.4　俄罗斯留学环境评估概览

　　俄罗斯在留学环境评价指标体系综合评估中，各指标加权总分为0.485055，排名第23。其主要优势体现在信任与开放指标，得分为0.123364，排名第4。俄罗斯在质量与就业、安全与成本等指标方面表现不容乐观。在质量与就业指标方面，俄罗斯得分为0.285670，排名第22；安全与成本指标得分为0.076021，排名第27。俄罗斯在实习机会、回国认可度、双边经贸、学历互认与审查、专业限制等二级指标上表现较好。

表6-10　俄罗斯留学环境评价指标得分及评估概览

指标层级		指数化得分	排名	加权得分	总排名
一级指标	二级指标				
质量与就业	科研与创新能力	0.159	26	0.285670	22
	教育投入	0.193	23		
	教育质量满意度	0.797	19		
	学术声誉	0.452	20		
	国际学生占比	0.321	14		
	签证政策	0.000	25		
	实习机会	1.000	1		
	当地就业前景	0.689	15		
	回国认可度	0.916	4		
安全与成本	冲突水平	0.027	27	0.076021	27
	治安情况	0.312	25		
	心理压力	0.284	19		
	自然灾害	0.992	20		
	法律保护	0.000	21		
	女性安全	0.000	28		
	留学预警	0.833	18		
	生活成本	0.825	11		
信任与开放	双边经贸	0.933	2	0.123364	4
	中国学生占比	0.209	14		
	中国学生增速	0.376	8		
	预估学费	0.064	25		
	学历互认与审查	0.948	2		
	专业限制	1.000	1		
	不平等对待	0.295	26		
	文化适应	0.690	10		
所有指标				0.485055	23

在质量与就业指标方面，俄罗斯在实习机会、回国认可度两项二级指标中表现突出。据调研，俄罗斯为当地中国留学人员提供了丰富的实习和兼职机会，该项指标得分排名第1；同时，受访用人单位对俄罗斯留学回国的留学人员有较高认可度，俄罗斯在回国认可度指标上排名第4。

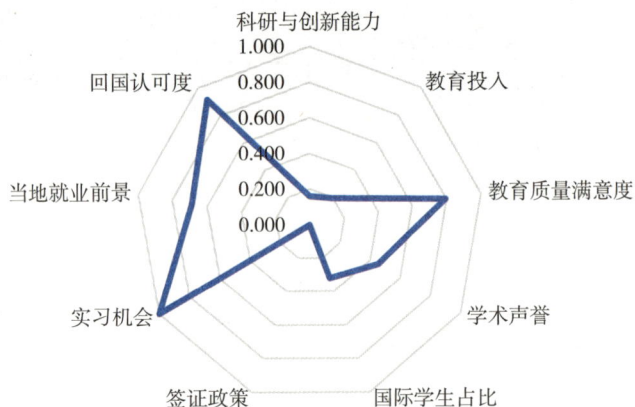

图 6-52 俄罗斯留学环境评价指标体系 – 质量与就业指标指数化得分情况

在安全与成本指标方面，除了生活成本指标，俄罗斯的各项二级指标基本排名靠后。俄罗斯生活成本指标得分为 0.825，排名第 11，处于平均水平。在法律保护方面，俄罗斯没有全面的反歧视法，但其宪法和一些国家法律对弱势群体提供了一定的保护，例如《联邦宪法》第十九条规定了平等权利。在女性安全方面，2018 年遭受性侵或性暴力的女性占比高达 20%，是占比最低的丹麦的十倍，俄罗斯在该指标得分为 0.000。

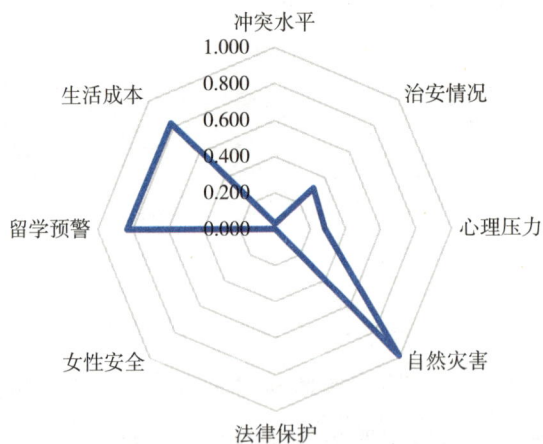

图 6-53 俄罗斯留学环境评价指标体系 – 安全与成本指标指数化得分情况

在信任与开放指标方面，俄罗斯的各项二级指标表现较好。在双边经贸指标方面，俄罗斯的得分为 0.933，排名第 2。俄罗斯没有对中国留学人员进行专业限制，该项指标得分为 1.000，排名第 1；在学历互认与审查方面，中俄在六个学段实现了学历互认，2024 年没有对俄罗斯留学回国人员加强学历审查的情况，俄罗斯在学历互认与审查指标上得分为 0.948，排名第 2。调研发现，大部分中国学生在俄罗斯可以适应当地文化，文化适应指标得分为 0.690，排名第 10。然而，在俄罗斯，63.64% 的中国留学人员表示曾遭受过不平等对待，俄罗斯在该指标上排名第 26。

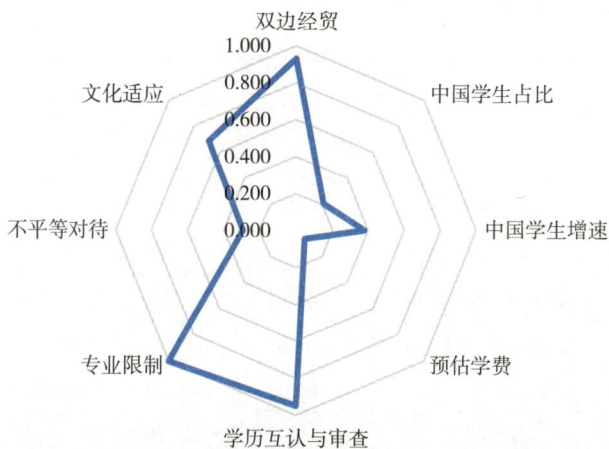

图 6-54　俄罗斯留学环境评价指标体系 - 信任与开放指标指数化得分情况

6.4.3　南欧国家留学环境评估概览

南欧国家（如意大利、西班牙等），以其丰富的文化和历史底蕴以及世界一流的艺术、设计和建筑学科教育而闻名。意大利和西班牙的高等教育在艺术和设计等领域具有较高的国际声誉。尽管南欧国家的学费相对较低，但与其他地区相比，生活成本可能略高，特别是在意大利和西班牙的主要城市。南欧国家的部分大学提供英语授课课程，尤其是在艺术、设计和建筑类专业中，国际学生有机会以英语进行学习。尽管语言要求是留学生面临的一大挑战，尤其是对于非西班牙语和非意大利语国家的学生，但是随着这些国家对英语授课课程的增加，留学机会有所扩展。

6.4.3.1　意大利留学环境评估概览

意大利在留学环境评价指标体系综合评估中排名第 19，各指标加权总分 0.555312。在三个一级指标中，质量与就业指标得分为 0.338379，排名第 17；安全与成本指标得分为 0.119913，排名第 23；信任与开放指标得分为 0.095164，排名第 17。虽然意大利在教育质量上没有绝对优势，但其生活环境、整体学业氛围和对中国留学人员的开放包容度上获得了中国留学人员的一定认可。意大利在教育质量满意度、实习机会、法律保护、专业限制等二级指标方面表现较好。

表 6-11　意大利留学环境指标得分及评估概览

指标层级		指数化得分	排名	加权得分	总排名
一级指标	二级指标				
质量与就业	科研与创新能力	0.485	17	0.338379	17
	教育投入	0.334	19		
	教育质量满意度	0.949	4		
	学术声誉	0.786	13		
	国际学生占比	0.133	24		
	签证政策	0.143	20		
	实习机会	0.997	2		
	当地就业前景	0.207	27		
	回国认可度	0.765	7		
安全与成本	冲突水平	0.540	20	0.119913	23
	治安情况	0.302	26		
	心理压力	0.314	18		
	自然灾害	0.992	19		
	法律保护	1.000	1		
	女性安全	0.902	9		
	留学预警	0.870	14		
	生活成本	0.539	21		

指标层级		指数化得分	排名	加权得分	总排名
一级指标	二级指标				
信任与开放	双边经贸	0.267	19	0.095164	17
	中国学生占比	0.115	19		
	中国学生增速	0.318	14		
	预估学费	0.184	16		
	学历互认与审查	0.862	5		
	专业限制	1.000	1		
	不平等对待	0.417	19		
	文化适应	0.644	15		
所有指标				0.555312	19

在质量与就业指标方面，意大利得分靠前的二级指标分别有教育质量满意度（得分为 0.949，排名第 4）和实习机会（得分为 0.997，排名第 2）。据调研反馈，留学意大利的中国留学人员大部分表示对意大利的教育质量满意，有 60% 的受访者打分在 8 分以上。在实习与兼职方面，有 25% 的中国留学人员在校期间参加过 3 次实习，超过 20% 的学生有 6 次及以上的实习经历，反映了该国对留学人员在实习和社会实践方面的支持。大多数留学意大利的中国留学人员回国后也能够得到国内用人单位的认可，意大利在回国认可度二级指标上得分为 0.765，排名第 7。然而，意大利在教育投入、国际学生占比、签证政策以及当地就业前景等指标方面表现并不乐观。2020 年，意大利公共教育支出占国内生产总值的比例为 4.44%，排名靠后；科研与创新能力指标排名也靠后，排名第 17。在签证政策上，虽然意大利有各种类型的签证，但总体政策缺乏针对性，尤其在工作和求职签上的开放程度不够。同时，意大利当地就业前景相对较差，在 28 个国家中排名第 27。

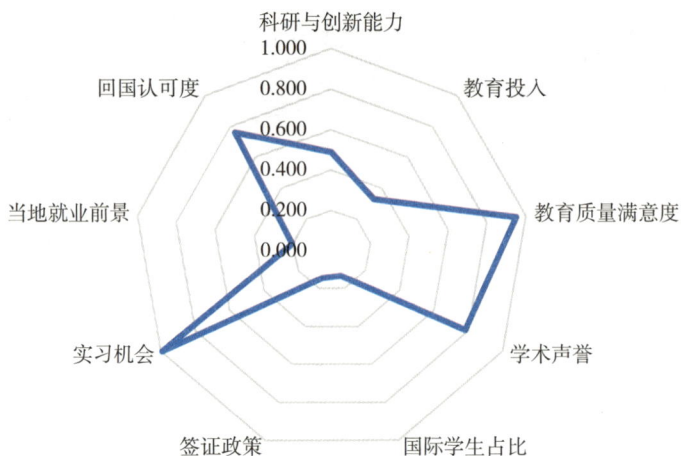

图 6-55　意大利留学环境评价指标体系 – 质量与就业指标指数化得分情况

在安全与成本指标方面，意大利排名第 23。其中法律保护和女性安全两项二级指标表现相对较优。意大利宪法规定了反歧视和反极端主义，用于保障所有公民受到平等对待，不受性别、种族、语言、宗教、政治观点或社会地位的歧视，并在 2003 年根据欧盟指令进一步完善反歧视法。这些法律涵盖了种族、民族、宗教信仰、性取向、残疾和年龄等领域的歧视防范，并进一步加大了对歧视行为的惩治力度。此外，意大利的语言少数群体，如阿尔巴尼亚语、德语和斯洛文尼亚语等，也享有法律保护，从这些法条可以看出意大利对人权和平等的看重和保护，这也是意大利在法律保护方面表现突出的原因。另外，意大利着重加强女性保护，根据 2018 年的女性安全数据，意大利当年有 3.5% 的女性曾遭受过性侵或性骚扰，在该项指标上排名第 9。但是，意大利在治安情况方面表现欠佳，意大利犯罪市场指数偏高，治安满意度居中，因此意大利在治安情况指标上得分为 0.302，排名第 26。

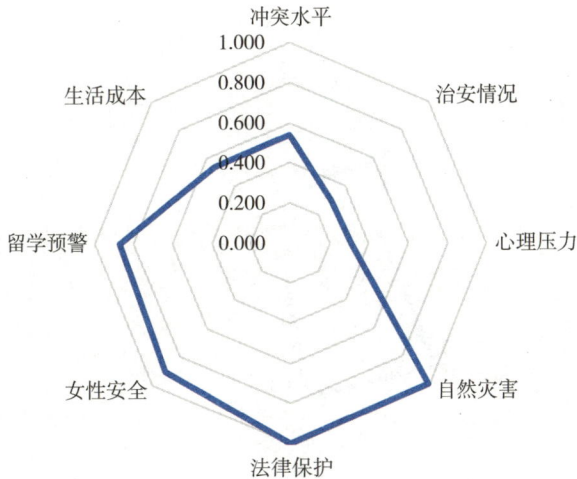

图 6-56　意大利留学环境评价指标体系 - 安全与成本指标指数化得分情况

在信任与开放指标方面，意大利排名第 17。意大利在双边经贸、中国学生占比两个二级指标上排名均为第 19。2022 年，在意大利高等教育机构留学的中国留学人员数量占意大利国际学生数量的 6.64%。2023 年，中国同意大利的进出口总额为 7174513 万美元，同比下降 7.9%。在不平等对待指标方面，意大利得分为 0.417，排名第 19。据对在意大利留学的中国留学人员的调研，58.3% 的受访者曾遭遇过不平等对待，虽然意大利有针对歧视或不平等对待的明确法条，但这些法律在落实上没有达到预期效果，留学人员在意大利遭受不平等对待的情况较多。

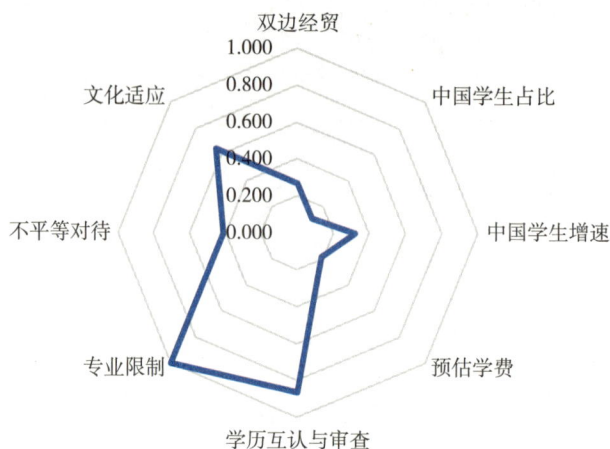

图 6-57 意大利留学环境评价指标体系 – 信任与开放指标指数化得分情况

6.4.3.2 西班牙留学环境评估概览

西班牙在留学环境评价指标体系综合评估中得分为 0.568613，排名第17。西班牙在信任与开放指标方面具有一定的优势，排名第 11（得分为0.101996），反映了西班牙进一步发展同中国政治、经贸、文化关系的努力。在安全与成本指标方面，西班牙得分为 0.141288，排名第 15，属于中游水平；在质量与就业指标方面，西班牙排名第 18，加权得分为 0.325330。西班牙在教育质量满意度、签证政策、法律保护、女性安全、学历互认与审查、专业限制、文化适应等二级指标方面表现较好。

表6-12 西班牙留学环境评价指标得分及评估概览

指标层级		指数化得分	排名	加权得分	总排名
一级指标	二级指标				
质量与就业	科研与创新能力	0.468	19	0.325330	18
	教育投入	0.422	13		
	教育质量满意度	0.942	5		
	学术声誉	0.699	15		
	国际学生占比	0.141	23		
	签证政策	0.714	4		
	实习机会	0.895	8		
	当地就业前景	0.000	28		
	回国认可度	0.562	18		
安全与成本	冲突水平	0.780	10	0.141288	15
	治安情况	0.564	15		
	心理压力	0.103	25		
	自然灾害	0.993	18		
	法律保护	1.000	1		
	女性安全	0.934	5		
	留学预警	0.907	12		
	生活成本	0.605	18		
信任与开放	双边经贸	0.265	20	0.101996	11
	中国学生占比	0.067	24		
	中国学生增速	0.357	11		
	预估学费	0.034	26		
	学历互认与审查	1.000	1		
	专业限制	1.000	1		
	不平等对待	0.438	17		
	文化适应	0.880	3		
所有指标				0.568613	17

在质量与就业指标方面，西班牙在教育质量满意度、签证政策、实习机会等二级指标上具有优势。在教育质量满意度指标方面，西班牙的得分

为 0.942，排名第 5，根据对在西班牙留学的中国留学人员的调研，半数以上的受访者对其在西班牙的教育质量表示很满意。在实习机会指标方面，西班牙的得分为 0.895，排名第 8，根据对在西班牙留学的中国留学人员的调研，超过 90% 表示在西班牙留学期间参与过实习与兼职。虽然西班牙的教育投入不算很多（占 GDP 4.9%），但 2023 年该国教育预算为 53.54 亿欧元，同比增长 6.6%，意味着西班牙越来越重视教育的质量和发展。在质量与就业一级指标方面，西班牙的劣势在于国际学生占比（得分为 0.141，排名第 23）和当地就业前景（得分为 0.000，排名第 28），2024 年数据显示，就读西班牙的国际学生占比只有 3.6%，15—24 岁青年失业率高达 28.10%。

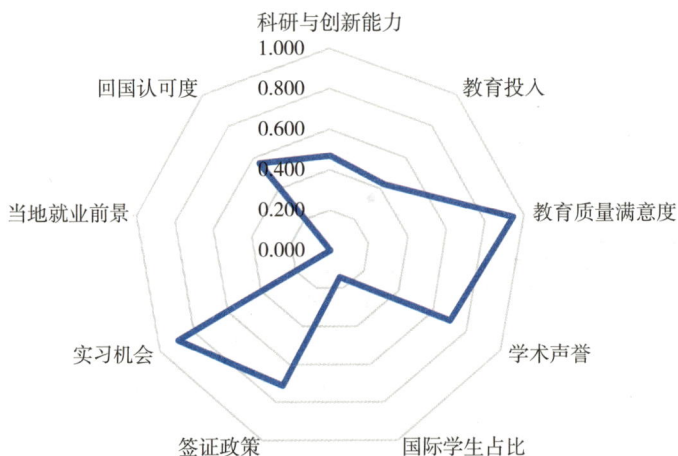

图 6-58　西班牙留学环境评价指标体系 – 质量与就业指标指数化得分情况

在安全与成本指标方面，西班牙在法律保护、女性安全等二级指标表现较好。在西班牙，《全面平等待遇与非歧视法》于 2022 年 7 月获得批准，该法律目的是保证和促进平等待遇与非歧视的权利，并尊重每个人的平等尊严，该法案还设立了一个独立的平等待遇与非歧视监督机构，负责在公共和私营部门中保护和促进平等待遇与非歧视。在女性安全方面，2018 年，西班牙 2.9% 的女性遭受身体或性暴力，西班牙在该指标的得分为 0.934，排名第 5。值得注意的是，据调研，很多在西班牙留学的中国学生面临不小的心理压力，这些压力主要来自文化冲突、社交压力及语言压力，西班牙在心理压力指标上得分为 0.103，排名第 25。

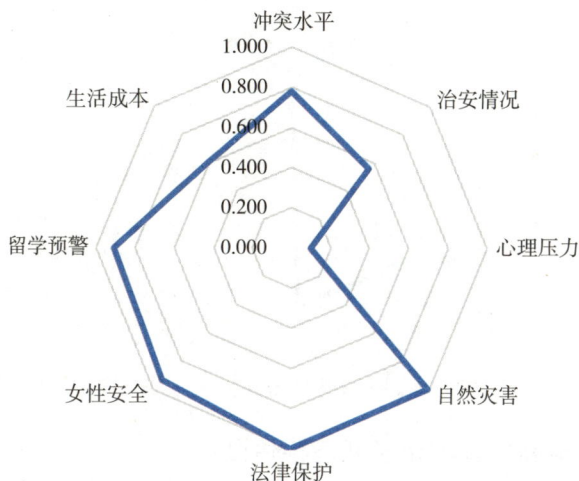

图 6-59　西班牙留学环境评价指标体系－安全与成本指标指数化得分情况

在信任与开放指标方面，西班牙得分排名第 11，但各项二级指标的表现差距较大。比如，近年来西班牙与中国的双边贸易在缩减，致使西班牙在双边经贸指标上得分为 0.265，排名第 20。2022 年，中国留学人员在西班牙国际学生中占比为 3.91%，西班牙在中国学生占比指标上排名第 24；但是，2022 年中国留学人员较 2021 年增加了 11.39%，西班牙在中国学生增速上排名第 11。在学历互认与审查方面，西班牙与中国在 7 个学段上有教育互认，同时 2024 年没有对西班牙留学人员进行加强学历审查的情况，因此，西班牙在学历互认与审查指标上得分为 1.000，排名第 1。在文化适应指标方面，西班牙得分为 0.880，排名第 3。

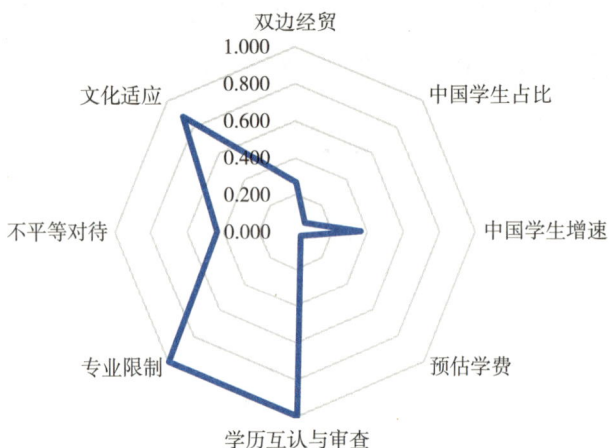

图 6-60　西班牙留学环境评价指标体系 - 信任与开放指标指数化得分情况

6.4.4　其他西欧国家留学环境评估概览

其他西欧国家（如爱尔兰、比利时、瑞士、荷兰），在教育质量、学术氛围和国际学生支持方面各具特色。爱尔兰和荷兰的高等教育体系因其高度的国际化和开放性吸引了大量国际学生，尤其是在科技、商业和法律学科领域。荷兰提供广泛的英语授课项目，使其成为非英语国家学生的热门选择。比利时和瑞士则在学术研究和国际合作方面具有较强的优势，特别是瑞士在国际机构和金融领域的影响力，使得其高校在全球享有较高的声誉。瑞士和荷兰的生活成本相对较高，但其优质的教育资源和生活质量使得这两国成为很多国际学生的选择。

6.4.4.1　爱尔兰留学环境评估概览

爱尔兰在留学环境评价指标体系综合评估中得分为 0.562079，排名第18。爱尔兰在安全与成本指标方面具有优势，得分为 0.156390，排名第 7。在信任与开放指标方面，得分为 0.101091，排名第 13。爱尔兰在质量与就业指标方面排名第 19，得分为 0.304598。爱尔兰在签证政策、冲突水平、自然灾害、法律保护、专业限制等二级指标方面表现较好。

表 6-13 爱尔兰留学环境评价指标得分及评估概览

指标层级		指数化得分	排名	加权得分	总排名
一级指标	二级指标				
质量与就业	科研与创新能力	0.578	14	0.304598	19
	教育投入	0.107	25		
	教育质量满意度	0.814	17		
	学术声誉	0.442	21		
	国际学生占比	0.369	12		
	签证政策	1.000	1		
	实习机会	0.274	24		
	当地就业前景	0.743	13		
	回国认可度	0.598	15		
安全与成本	冲突水平	0.900	4	0.156390	7
	治安情况	0.576	14		
	心理压力	0.482	9		
	自然灾害	1.000	1		
	法律保护	1.000	1		
	女性安全	0.913	8		
	留学预警	0.926	10		
	生活成本	0.605	18		
信任与开放	双边经贸	0.215	21	0.101091	13
	中国学生占比	0.232	13		
	中国学生增速	0.331	12		
	预估学费	0.678	6		
	学历互认与审查	0.776	11		
	专业限制	1.000	1		
	不平等对待	0.455	15		
	文化适应	0.270	26		
所有指标				0.562079	18

在质量与就业指标方面，爱尔兰排名第 19。其中，爱尔兰签证政策覆盖从学生签证到工作签证的所有签证，且对中国学生而言较为便利，其在

签证政策指标方面的得分为 1.000，排名第 1。爱尔兰国际学生占比为 9.3%，指标排名相对靠前，排名第 12。但是，爱尔兰在教育投入、实习机会等指标上排名靠后，分别为第 25 和第 24。

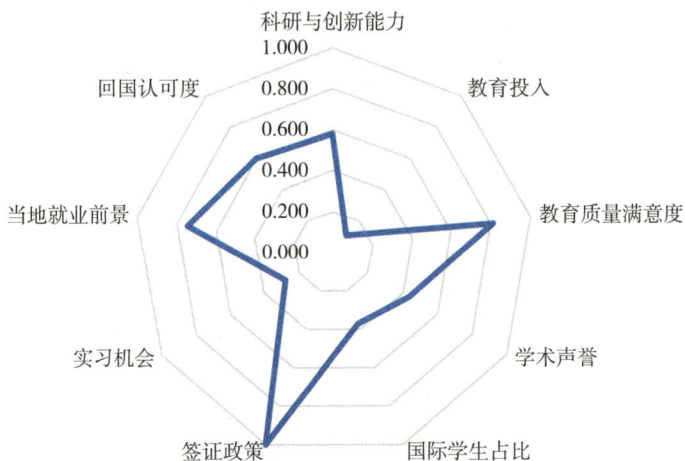

图 6-61　爱尔兰留学环境评价指标体系 – 质量与就业指标指数化得分情况

在安全与成本指标方面，爱尔兰排名第 7。爱尔兰冲突水平较低，自然灾害和法律保护指标得分均为 1.000，整体学习生活环境有较好的安全保障。但爱尔兰生活成本较高，排名第 18。

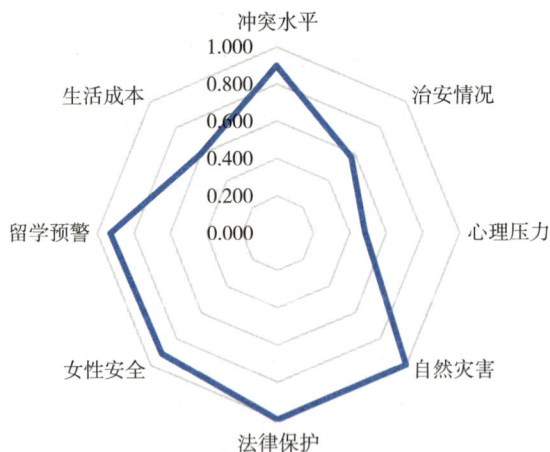

图 6-62　爱尔兰留学环境评价指标体系 – 安全与成本指标指数化得分情况

在信任与开放指标方面，爱尔兰排名第 13。其中表现较好的指标是专业限制二级指标，得分为 1.000，爱尔兰对中国学生没有专业限制，相对比较开放和友好。爱尔兰在双边经贸指标上排名第 21，2023 年同中国的进出口总额为 2176041 万美元，同比下降 6.8%。在文化适应指标方面，爱尔兰得分较低，排名第 26。

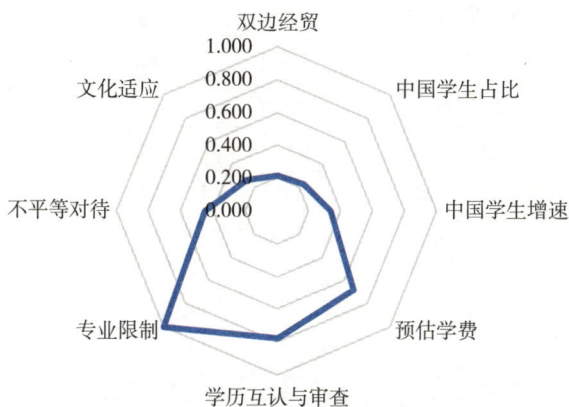

图 6-63 爱尔兰留学环境评价指标体系－信任与开放指标指数化得分情况

6.4.4.2 比利时留学环境评估概览

比利时在留学环境评价指标体系综合评估中得分为 0.632225，排名第 13。其在安全与成本方面表现良好，得分为 0.162619，排名第 4。在质量与就业指标方面得分为 0.374443，位于中游，排名第 14。在信任与开放指标方面得分为 0.095164，排名第 17。比利时在教育投入、签证政策、心理压力、法律保护、专业限制、不平等对待、文化适应等二级指标方面表现较好。

表 6-14　比利时留学环境评价指标得分及评估概览

指标层级		指数化得分	排名	加权得分	总排名
一级指标	二级指标				
质量与就业	科研与创新能力	0.566	15	0.374443	14
	教育投入	0.784	3		
	教育质量满意度	0.919	10		
	学术声誉	0.804	10		
	国际学生占比	0.390	11		
	签证政策	0.714	4		
	实习机会	0.468	22		
	当地就业前景	0.461	23		
	回国认可度	0.538	19		
安全与成本	冲突水平	0.867	7	0.162619	4
	治安情况	0.731	8		
	心理压力	0.640	3		
	自然灾害	0.998	14		
	法律保护	1.000	1		
	女性安全	0.831	14		
	留学预警	0.852	15		
	生活成本	0.585	20		
信任与开放	双边经贸	0.193	23	0.095164	17
	中国学生占比	0.037	26		
	中国学生增速	0.400	5		
	预估学费	0.080	22		
	学历互认与审查	0.431	21		
	专业限制	1.000	1		
	不平等对待	0.750	4		
	文化适应	0.926	2		
所有指标				0.632225	13

在质量与就业指标方面，比利时在教育投入、签证政策等方面表现较好。比利时教育投入相对较高（得分为 0.784，排名第 3），显示该国对教

育的重视，有助于增加教育资源、提升学术水平。签证政策指标（得分为 0.714，排名第 4）较为宽松，有利于国际学生的入境。相比之下，实习机会指标（得分为 0.468，排名第 22）和当地就业前景指标（得分为 0.461，排名第 23）则排名靠后。此外，回国认可度指标（得分为 0.538，排名第 19）也处于中等偏下水平。

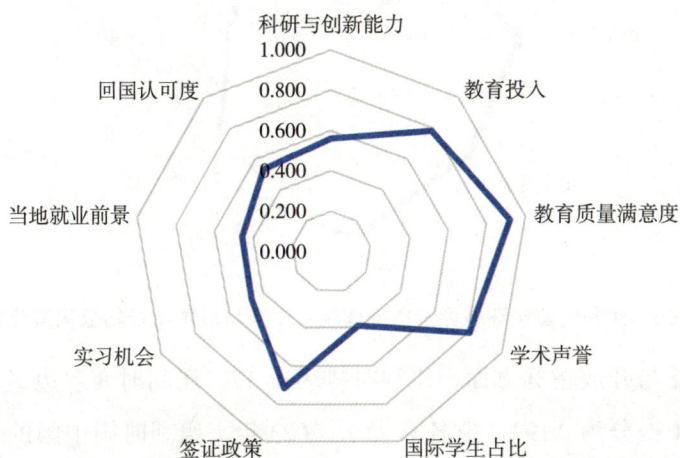

图 6-64　比利时留学环境评价指标体系-质量与就业指标指数化得分情况

在安全与成本指标方面，比利时排名第 4。其中，冲突水平指标得分为 0.867，排名第 7，显示比利时较为安全，政治和社会冲突的风险较低。治安情况指标得分为 0.731，排名第 8，治安情况处于较好水平，总体上能够保障国际学生的日常生活。心理压力指标得分为 0.640，排名第 3，留学人员面临的心理压力较小，主要压力来自学习压力、经济压力、文化适应方面的挑战。2024 年，中国驻比利时大使馆及教育部平安留学公众号中提示的比利时留学预警信息共 8 次，其中 4 次涉及人身安全，2 次涉及电信诈骗，防范盗抢和出入境事项各涉及 1 次，留学预警指标得分为 0.852，排名第 15，留学决策时需考虑到潜在的风险。[①]比利时的生活成本较高，在生活

---

① 教育部平安留学公众号，https://mp.weixin.qq.com/s/pqIFPc4-jcUnRveQUhfJ9A；中华人民共和国驻比利时王国大使馆，http://be.china-embassy.gov.cn.

成本指标上得分为 0.585，排名第 20。

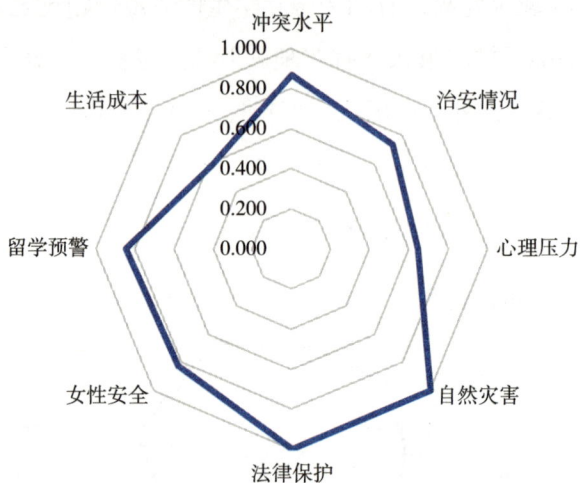

图 6-65　比利时留学环境评价指标体系 – 安全与成本指标指数化得分情况

在信任与开放指标方面，比利时排名第 17。比利时在双边经贸指标上得分较低（得分为 0.193，排名第 23），2023 年，比利时同中国的进出口总额为 4015688 万美元，同比下降 9.9%。比利时在中国学生占比指标方面得分为 0.037，排名第 26，但在中国学生增速指标上得分为 0.400，排名第 5，2022 年，在比利时的中国留学人员占比利时国际学生总数的 2.21%，同比增长 18.1%。比利时在学历互认与审查指标上得分较低（得分为 0.431，排名第 21），主要原因是其未曾与中国签订双边学历学位互认协议。专业限制指标得分为 1.000，该国对中国留学人员在专业选择上没有限制，为学生提供了较大的自由度。据调查，比利时较少发生不平等对待（得分 0.750，排名第 4），文化适应指标（得分 0.926，排名第 2）表现良好，意味着中国留学人员在融入比利时文化方面相对容易。

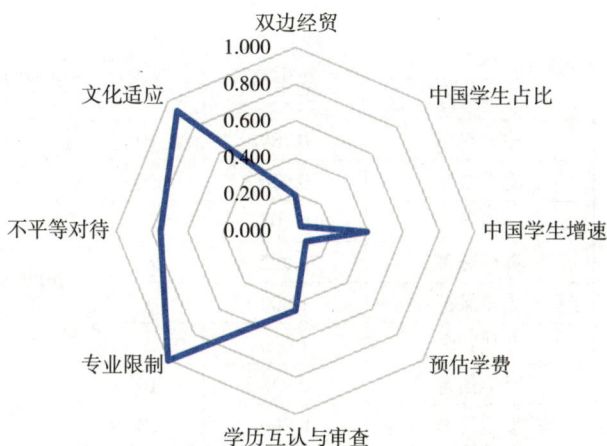

图 6-66　比利时留学环境评价指标体系-信任与开放指标指数化得分情况

6.4.4.3　瑞士留学环境评估概览

瑞士在留学环境评价指标体系综合评估中得分为 0.677966，排名第 6。瑞士在质量与就业指标方面表现较好，得分为 0.460665，排名第 4。安全与成本指标方面则表现一般，得分为 0.138991，排名第 17。其在信任与开放指标方面的得分为 0.078309，排名第 25。瑞士在科研与创新能力、教育质量满意度、国际学生占比、治安情况、法律保护、女性安全、中国学生增速、文化适应等二级指标方面表现较好。

表 6-15　瑞士留学环境评价指标得分及评估概览

指标层级		指数化得分	排名	加权得分	总排名
一级指标	二级指标				
质量与就业	科研与创新能力	1.000	1	0.460665	4
	教育投入	0.494	11		
	教育质量满意度	1.000	1		
	学术声誉	0.911	7		
	国际学生占比	0.735	4		
	签证政策	0.286	19		
	实习机会	0.851	11		
	当地就业前景	0.826	8		
	回国认可度	0.753	9		

续表

指标层级		指数化得分	排名	加权得分	总排名
一级指标	二级指标				
安全与成本	冲突水平	0.780	10	0.138991	17
	治安情况	0.926	3		
	心理压力	0.204	23		
	自然灾害	0.992	21		
	法律保护	1.000	1		
	女性安全	1.000	1		
	留学预警	0.926	10		
	生活成本	0.000	28		
信任与开放	双边经贸	0.432	10	0.078309	25
	中国学生占比	0.091	22		
	中国学生增速	0.417	4		
	预估学费	0.419	9		
	学历互认与审查	0.431	21		
	专业限制	0.000	21		
	不平等对待	0.500	11		
	文化适应	0.778	5		
所有指标				0.677966	6

在质量与就业指标方面，瑞士排名第4，其中科研与创新能力、教育质量满意度、国际学生占比等指标表现良好。瑞士在科研与创新能力指标方面得分为1.000，排名第1，凸显了其在全球科研与创新领域的领导地位。在教育质量满意度指标方面的得分也为1.000，排名第1，留学瑞士的中国留学人员对其瑞士留学的教育质量评分最高。瑞士在学术声誉指标上得分为0.911，排名第7，其高等教育享有较高国际声誉。2022年，瑞士国际学生占高等教育学生总数的18.4%，其在国际学生占比指标上得分为0.735，排名第4。然而，瑞士在签证政策指标上得分为0.286，排名第19，实习签证的时长较短，申请签证也相对困难。瑞士在实习机会指标上得分为0.851，排名第11，实习机会相对有限。

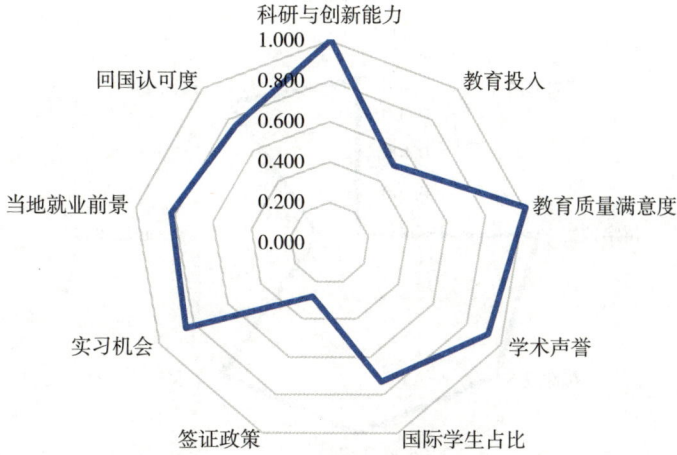

图 6-67 瑞士留学环境评价指标体系 – 质量与就业指标指数化得分情况

　　在安全与成本指标方面，瑞士在治安情况、法律保护、女性安全等二级指标方面表现良好。瑞士在治安情况指标上得分为 0.926，排名第 3，社区韧性较好，犯罪市场较小，社会治安良好。瑞士在法律保护指标、女性安全指标方面得分均为 1.000，排名均为第 1，有完善的法律保护国际学生、女性等弱势群体。但瑞士的生活成本得分为 0.000，排名第 28，其生活成本非常高，在 28 个国家中是最高的，对留学人员而言是个重大负担。瑞士在心理压力指标方面得分为 0.204，排名第 23，在瑞士留学的中国留学人员表示，留学瑞士面临较大心理压力，经济压力尤为明显。

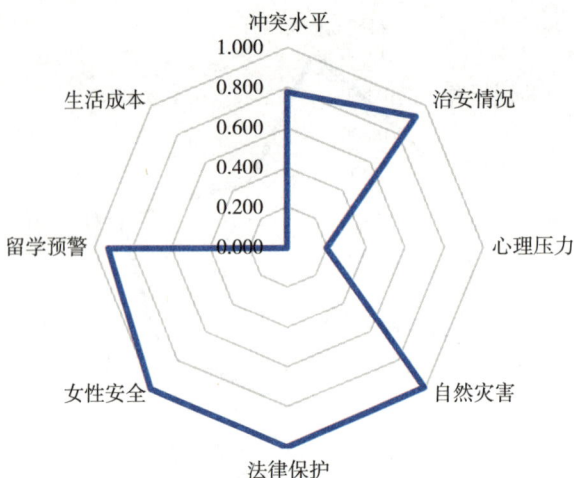

图 6-68　瑞士留学环境评价指标体系－安全与成本指标指数化得分情况

　　在信任与开放指标方面，瑞士在中国学生增速、文化适应等二级指标上表现较好。2023 年，瑞士同中国的进出口总额为 5949628 万美元，同比增长 4.2%，瑞士在双边经贸指标上得分为 0.432，排名第 10。2022 年，在瑞士留学的中国学生占瑞士国际学生总数的 5.26%，瑞士在中国学生占比指标上得分为 0.091，排名第 22。但 2022 年在瑞士留学的中国留学人员同比增长 20.85%，瑞士在中国学生增速指标上得分为 0.417，排名第 4。瑞士在学历互认与审查指标上得分为 0.431，排名第 21，原因是瑞士未与中国签订双边学位学历互认协议。瑞士在专业限制指标方面得分为 0.000，主要因为瑞士苏黎世艺术大学以"运作方面风险"为由终止了其在中国的联合办学项目，苏黎世联邦理工学院也宣布加强对中国、俄罗斯、朝鲜、伊朗等 23 个国家留学生、访问学者和教职工应聘者的所谓"安全审查"。

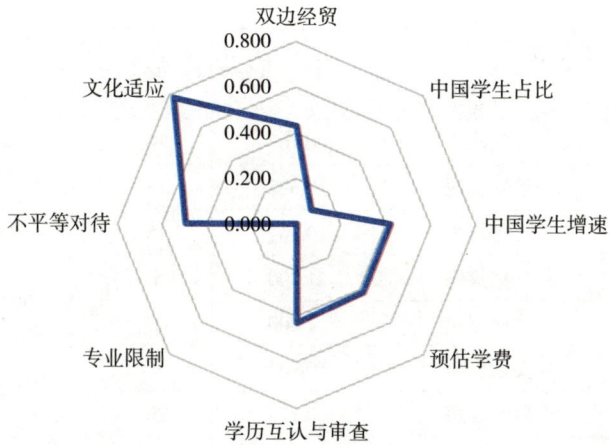

图 6-69 瑞士留学环境评价指标体系 – 信任与开放指标指数化得分情况

6.4.4.4 荷兰留学环境评估概览

荷兰在留学环境评价指标体系综合评估中得分为 0.668568，排名第 9。荷兰在质量与就业指标（得分为 0.435977，排名第 6）和安全与成本指标（得分为 0.156603，排名第 6）方面均位列前十，而在信任与开放指标方面得分仅为 0.075988，排名第 26。荷兰在签证政策、自然灾害、法律保护、学历互认与审查等二级指标方面表现较好。

表 6-16 荷兰留学环境评价指标得分及评估概览

指标层级		指数化得分	排名	加权得分	总排名
一级指标	二级指标				
质量与就业	科研与创新能力	0.824	7	0.435977	6
	教育投入	0.460	12		
	教育质量满意度	0.804	18		
	学术声誉	0.873	8		
	国际学生占比	0.546	6		
	签证政策	0.714	4		
	实习机会	0.891	10		
	当地就业前景	0.801	10		
	回国认可度	0.625	13		

续表

指标层级		指数化得分	排名	加权得分	总排名
一级指标	二级指标				
安全与成本	冲突水平	0.767	13	0.156603	6
	治安情况	0.623	13		
	心理压力	0.344	15		
	自然灾害	1.000	1		
	法律保护	1.000	1		
	女性安全	0.902	9		
	留学预警	0.778	20		
	生活成本	0.843	8		
信任与开放	双边经贸	0.283	18	0.075988	26
	中国学生占比	0.079	23		
	中国学生增速	0.317	15		
	预估学费	0.396	11		
	学历互认与审查	0.862	5		
	专业限制	0.000	21		
	不平等对待	0.409	20		
	文化适应	0.690	11		
所有指标				0.668568	9

在质量与就业指标方面，荷兰除了在教育质量满意度指标方面表现一般，其他指标均在平均水平之上。荷兰在科研与创新能力指标方面得分为0.824，排名第7；在学术声誉指标上得分为0.873，排名第8，表明荷兰在科研、创新、学术水平等方面具有较好的声誉。但是，根据调研，留学荷兰的中国留学人员对荷兰的教育质量满意度打分并不高，荷兰在教育质量满意度指标上的得分为0.804，排名第18。

科研与创新能力

回国认可度

教育投入

当地就业前景

教育质量满意度

实习机会

学术声誉

签证政策

国际学生占比

1.000
0.800
0.600
0.400
0.200
0.000

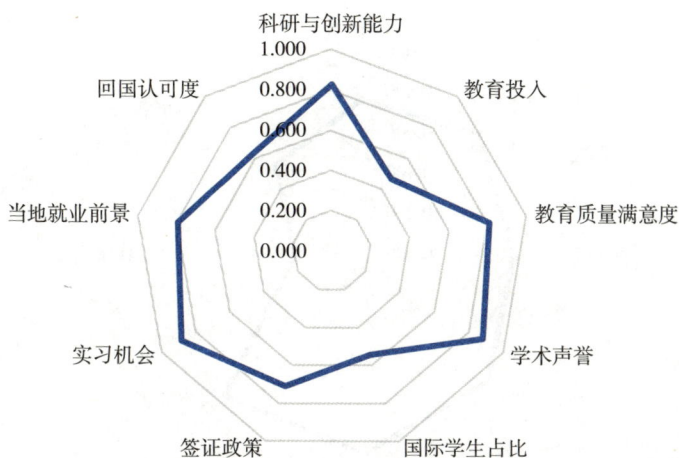

图 6-70　荷兰留学环境评价指标体系 – 质量与就业指标指数化得分情况

　　在安全与成本指标方面，荷兰在自然灾害、法律保护等二级指标方面表现较好，在留学预警指标方面表现欠佳。荷兰几乎没有自然灾害的风险，对国际学生提供完善的法律体系，在自然灾害指标、法律保护指标方面的得分均为 1.000，排名均为第 1。荷兰在心理压力指标方面得分为 0.344，排名第 15，据调研，在荷兰留学主要的压力来自语言压力和文化冲突压力。2024 年，中国驻荷兰大使馆及教育部平安留学公众号中提示的荷兰留学预警信息共 12 次，其中 7 次涉及人身安全，2 次涉及换汇诈骗，电信诈骗、公共卫生、出入境事项各涉及 1 次。[1]荷兰在留学预警指标上得分为 0.778，排名第 20。

----

① 教育部平安留学公众号，https://mp.weixin.qq.com/s/pqIFPc4-jcUnRveQUhfJ9A；中华人民共和国驻荷兰王国大使馆，http://nl.china-embassy.gov.cn。

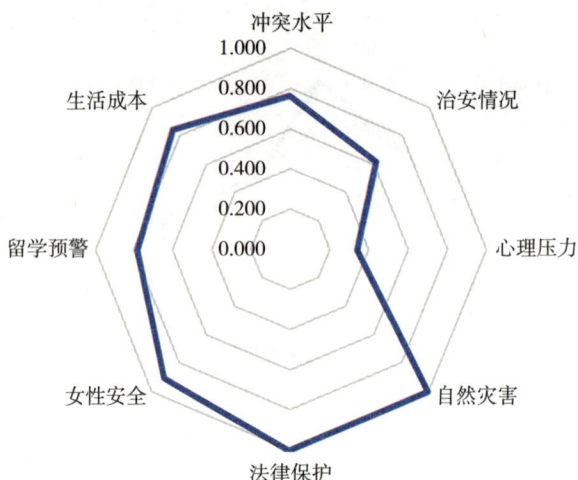

图 6-71　荷兰留学环境评价指标体系 – 安全与成本指标指数化得分情况

在信任与开放指标方面，荷兰在学历互认与审查二级指标方面表现较好，在专业限制指标方面表现较差。荷兰与中国在 5 个学段上实现了学历互认，且 2024 年没有对留学荷兰的回国人员加强学历审查的情况，荷兰在学历互认与审查指标上得分为 0.862，排名第 5。2023 年，中国同荷兰的进出口总额为 11709502 万美元，同比下降 11%，荷兰在双边经贸指标上得分为 0.283，排名第 18。2022 年，中国学生占荷兰国际学生总数的 4.59%，中国学生增速为 5.1%，荷兰在中国学生占比指标上得分为 0.079，排名第 23，在中国学生增速指标上得分为 0.317，排名第 15。荷兰在专业限制指标方面得分为 0.000，一方面，荷兰高等教育机构最新发布新政，旨在减少国际学生的招生数量，限制英语授课学位项目；另一方面，荷兰政府计划对科技领域学科国际学生进行风险筛查，将统计中国国家公派留学生在荷兰的数量和学习领域。已有多所荷兰高校以所谓"国家安全"为由，在科技领域学科减少录取中国国家公派留学生，主要涉及半导体和国防等敏感技术领域的课程。

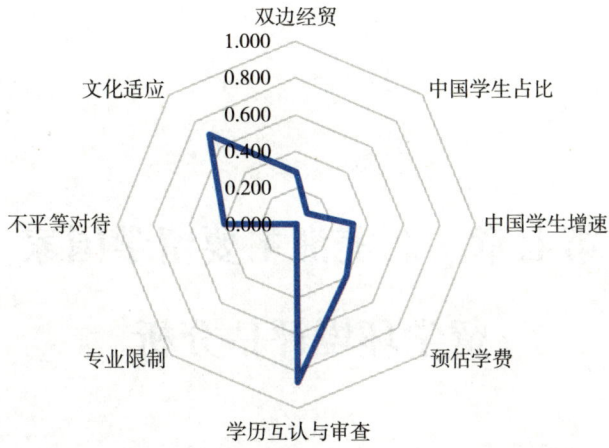

图 6-72　荷兰留学环境评价指标体系－信任与开放指标指数化得分情况

第七章　北美洲主要留学国家
留学环境评估分析

7.1　美国留学环境评估分析

7.1.1　美国留学环境评估概览

美国在留学环境评价指标体系综合评估中，各指标加权总分为0.679789，排名第4。在三个一级指标中，质量与就业指标得分为0.476702，排名第1；安全与成本指标得分为0.095030，排名第26；信任与开放指标得分为0.108057，排名第9。虽然美国在三个一级指标上表现参差不齐，但其学术声誉保持全球领先，与中国的双边经贸排名第1。尽管美国在学术科研和教育质量上具备优势，但高昂的留学成本、安全问题以及专业限制等问题对其对留学人员的吸引力形成了不小的制约。近年来，签证审批收紧、STEM学科限制以及冲突问题，尤其是针对留学人员的不平等待遇事件，进一步削弱了美国在吸引国际留学人员方面的竞争力。

表 7-1　美国留学环境评价指标得分及评估概览

指标层级		指数化得分	排名	加权得分	总排名
一级指标	二级指标				
质量与就业	科研与创新能力	0.900	3	0.476702	1
	教育投入	0.525	10		
	教育质量满意度	0.940	7		
	学术声誉	1.000	1		
	国际学生占比	0.181	21		
	签证政策	0.714	4		
	实习机会	0.974	3		
	当地就业前景	0.838	7		
	回国认可度	0.825	5		
安全与成本	冲突水平	0.260	25	0.095030	26
	治安情况	0.468	20		
	心理压力	0.257	21		
	自然灾害	0.999	13		
	法律保护	1.000	1		
	女性安全	0.765	19		
	留学预警	0.000	28		
	生活成本	0.400	26		
信任与开放	双边经贸	1.000	1	0.108057	9
	中国学生占比	0.480	8		
	中国学生增速	0.195	27		
	预估学费	0.732	5		
	学历互认与审查	0.431	21		
	专业限制	0.000	21		
	不平等对待	0.375	23		
	文化适应	0.670	13		
所有指标				0.679789	4

7.1.2　美国留学质量与就业情况述评

在质量与就业指标方面，美国表现突出，位居第 1。特别是学术声誉和科研与创新能力两项指标占据优势，分别位列第 1 和第 3，凸显了美国在全球科研领域的领先地位，体现了国际社会对美国高等教育的认可。此外，美国在签证政策、实习机会、当地就业前景、教育质量满意度以及回国认可度等方面也表现不俗。然而，在教育投入方面，美国仅排第 10 位，相较其他发达国家稍显逊色，这在一定程度上反映出近年来美国政府对公立大学的投入减少，研究教育经费被大幅削减。但需要注意的是，美国的顶尖大学多为私立院校，因此该指标并不能完全反映美国整体学术教育水平。此外，美国在国际学生占比指标排名第 21，明显低于发达国家平均水平。

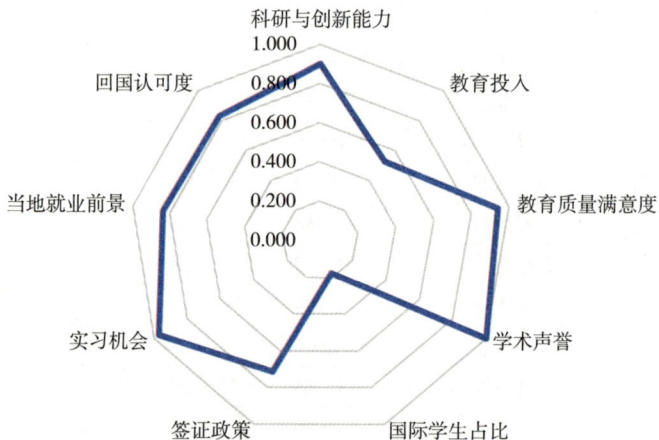

图 7-1 美国留学环境评价指标体系 – 质量与就业指标指数化得分情况

在科研与创新能力方面，根据全球创新指数（GII）的数据，美国的创新能力一直稳居世界前列，其在全球创新领域保持着强劲的竞争力和领先地位，创新指数一直稳居前三，2023 年美国的创新指数得分为 63.5，仅次于瑞士（67.6）和瑞典（64.2）。[①]

在教育投入方面，根据世界银行 2020 年的数据，全球公共教育支出占国内生产总值的比例平均在 4%—6% 之间。美国 2020 年国内生产总值（GDP）达到 21.32 万亿美元，公共教育总投入为 1.16 万亿美元，人均公共教育支出约为 3519.9 美元。2020 年美国的公共教育支出占 GDP 的比重为 5.44%，这一比例在发达国家中处于中等水平，低于英国、澳大利亚和新西

---

① WIPO. Global Innovation Index 2023 [EB/OL]. (2023–09–27) [2025–02–18]. https://www.wipo. int/en/web/global–innovation–index/2023/index.

兰等其他热门留学发达国家。①

　　在教育质量满意度方面，根据对留学美国的中国留学人员的调研数据，留学人员对美国教育质量的满意度较高，对美国教育质量的平均评分为 8.5 分（满分 10 分），这一评分高于许多其他国家的平均水平。具体而言，29.5% 的留学人员给出了 9 分的高分，超一半的留学人员给出满分的评价。也即超过一半的留学人员对美国的教育质量持高度满意的态度。评分为 8 分及以上的比例超过 90%。

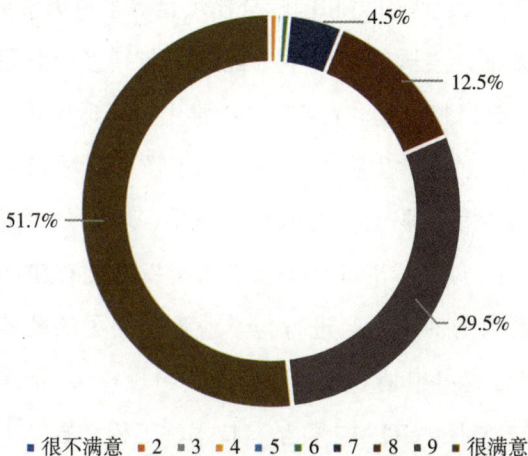

图 7-2　美国留学人员对美国教育质量的满意度

　　资料来源：教育部留学服务中心、全球化智库（CCG），2024 年海外留学人员专题调研。

　　在学术声誉方面，根据 2024 软科世界大学学术排名（ARWU），美国共有 183 所大学进入全球前 1000 名，在全球高等教育体系中占据显著位置。在前十名中，美国大学占据 8 席，分别是哈佛大学、斯坦福大学、麻省理工学院、加州大学伯克利分校、普林斯顿大学、哥伦比亚大学、加州理工学院和芝加哥大学。这些高校以其强大的科研能力、优质的学术资源和全球影响力

---

① World Bank. Public spending on education as a share of GDP[EB/OL]. (2023-07-10) [2024-11-04]. https://ourworldindata.org/financing-education#why-do-governments-finance-education.

跻身顶尖行列。在全球前 20 名，美国有 15 所大学上榜，前 50 名中有 26 所，前 100 名中则有 38 所。这一分布反映了美国在全球高等教育和科研领域的实力地位，尤其是在顶尖高校的数量和综合学术实力方面保持领先地位。

在国际学生占比方面，根据 UNESCO 的数据，2021 年美国高等教育阶段的国际学生比例为 4.6%。与全球平均水平相比，美国的国际学生比例相对较低，例如，澳大利亚的国际学生比例约为 22%，英国约为 20%。[①] 国际学生比例的高低并不直接与教育质量成正比，还受到如留学政策、学费水平、签证便利程度、文化吸引力和国际合作项目等多重因素的影响。

在签证政策方面，美国的留学生签证政策包括多个阶段，以支持国际学生从学习到工作的完整流程。首先，F-1 学生签证适用于全日制学术课程的国际学生，该签证允许学生在校园内兼职工作。针对职业教育的 M-1 职业培训签证则适用于参加职业学习课程的学生，但限制更为严格，通常不允许校外工作。在学习期间，F-1 签证持有者可以通过 CPT（课程实习授权）在完成特定课程要求的前提下，进行与学业直接相关的校外实习。完成学业后，F-1 签证持有者可申请 OPT（选择性实习授权），允许他们在美国从事专业工作长达 12 个月，STEM（科学、技术、工程和数学）专业的学生可额外延长 24 个月，总计最长 36 个月。如国际学生希望在 OPT 期满后继续留美工作，可申请 H-1B 正式工作签证。该签证通常由雇主担保，适用于雇佣外籍专业人士，通常要求至少具备本科学位，且与所从事的工作领域相关。美国的这套签证体系旨在支持国际学生从学业到就业的过渡，但各阶段均有明确的时间限制和条件要求。

在实习机会方面，根据调研数据，在参与调研的留学人员中，18.5% 的人未曾参与任何实习或兼职工作，表明近五分之一的留学人员在留学期间未获得相关实习实践机会。与此同时，11.5% 的留学人员拥有 1 次实习或兼职经历；18.1% 拥有 2 次；18.8% 拥有 3 次。实习经历主要集中在 1—3 次。

---

① UNESCO Institute for Statistics. Share of students from abroad[EB/OL]. （2024-06-16）[2024-11-04]. https://ourworldindata.org/grapher/share-of-students-from-abroad?tab=table.

这表明大多数留学人员能够在美国学习期间获得一定的实习机会，但丰富的实习经历（如 4 次及以上）的比例相对较低，其中 4 次的比例为 10.1%，5 次为 4.2%，6 次及以上为 18.8%。与其他留学目的地相比，美国在实习机会的丰富性和普及性上具有一定优势。

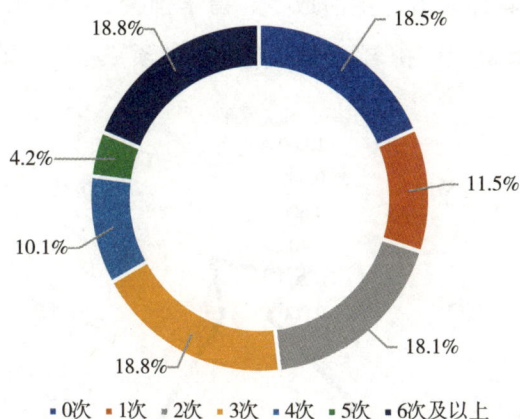

图 7-3　美国留学人员留学过程中在当地兼职或实习的经历

资料来源：教育部留学服务中心、全球化智库（CCG），2024 年海外留学人员专题调研。

在当地就业前景方面，2024 年美国 15—24 岁青年失业率为 7.90%。[①]美国大学生失业率的低水平反映了其较为稳定的劳动力市场和较高的就业吸纳能力。

在回国认可度方面，根据调研数据，赴美留学人员在回国后的就业和认可度表现出较强的竞争力。在就业方面，16.0% 的留学人员能够在 1 个月内找到第一份工作，15.7% 的留学人员在 2 个月内就业，18.1% 的留学人员在 3 个月内完成就业，显示出美国学历背景在国内就业市场中的吸引力。整体来看，约一半的留学人员在 3 个月内找到工作，平均求职时间为 2.67 个月。用人单位对美国留学背景的认可度较高，综合评分为 6.51（满分 10 分），排名第 5，比平均分 5.88 高 10.7%，这表明国内用人单位普遍认为美

---

① World Bank Group. Human Capital Data Portal.https://humancapital.worldbank.org/en/economy.

国学历具有较高的价值。

7.1.3 美国留学安全与成本情况述评

在安全与成本指标方面，美国的得分位列第 26。这一分值基于综合社会治安状况，而非校园安全。相较而言，美国大学校园内安全环境或许会优于整体水平。具体来看，生活成本、留学预警、冲突水平是主要拖累因素，美国生活成本高昂，排名第 26；而且留学预警频发，排名第 28。

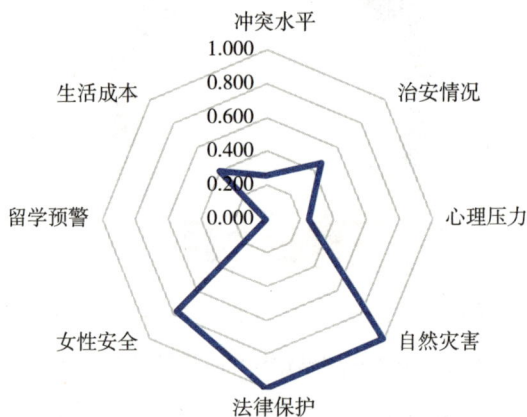

图 7-4　美国留学环境评价指标体系 – 安全与成本指标指数化得分情况

在冲突水平方面，从 ACLED 各项冲突指数中可以看到，美国在冲突的扩散性方面得分为 0，但致命性、危险性及分裂性等方面得分较高，在所调查的 28 个国家中排名第 25，但冲突水平仍属于 Low/Inactive 级别。[1]

在治安情况指标方面，美国的得分为 0.468，排名第 20。其中，根据 2024 年数据，美国的社区韧性指数为 62，在 28 个调研国家中排名第 19；在犯罪市场指数方面，美国得分为 5.83，在 28 个调研国家中排名第 21。[2]根据调研数据，赴美留学人员对美国治安情况的整体满意度较高，平均评分为 7.66（满分 10 分）。在具体评分中，20.2% 的留学人员对美国治安表示

---

[1] ACLED. Conflict Index: December 2024.https://acleddata.com/conflict-index/.

[2] Lloyd's Register Foundation. World Risk Poll 2024 Report. https://wrp.lrfoundation.org.uk/sites/default/files/2024-06/World%20Risk%20Poll%20Report%202024%20Resilience%20in%20a%20Changing%20World_1.pdf; GLOBAL Organized Crime Index. https://ocindex.net/explorer.

"非常满意"，评分在 8 分及以上的比例达到 58.8%，表明超过五成留学人员对美国的治安状况持肯定态度。同时，评分在 6—7 分之间的占比为 29.6%，显示近三成留学人员对治安状况中等程度满意，而评分为 5 分及以下的占 11.5%，有一成左右，其中"非常不满意"的比例为 1.4%。虽然整体满意度较高，但仍有部分留学人员对美国的治安表示担忧。这可能与某些城市的犯罪率较高或个人安全感受有关，尤其是在治安问题较突出的区域。美国有组织犯罪指数为 5.83，在发达国家中处于较高水平。另外，文化差异、语言障碍以及留学人员对当地治安情况的认知不足，也可能进一步影响其评价。

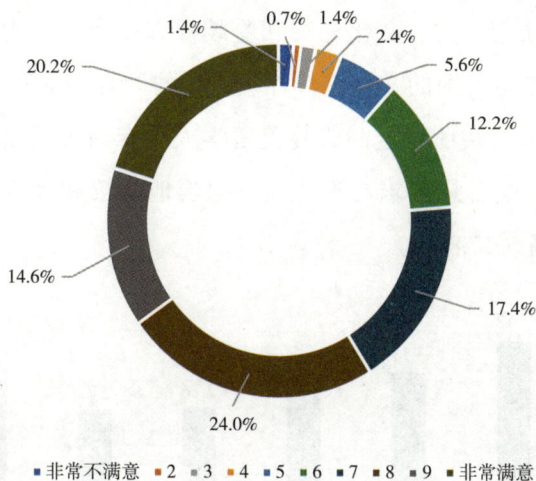

图 7-5　美国留学人员对所留学的地区治安情况满意度

资料来源：教育部留学服务中心、全球化智库（CCG），2024 年海外留学人员专题调研。

在心理压力指标方面，根据调研数据，赴美留学人员在心理压力方面相较其他国家较大，指标得分排名第 21。在文化冲突、社交压力、语言压力、受歧视和经济压力等五个维度中，文化冲突的平均得分最高，达到 3.42（最高分为 5），表明文化差异对留学人员适应生活的影响较为显著。语言压力的平均得分为 3.04，表现中游，反映了部分留学人员在学术交流和日常生活中面临较大的语言障碍。此外，社交压力得分为 3.11，显示出留学人员在跨文化交流与建立本地社交网络中存在一定困难。经济压力的平均得分为2.76，说明高生活成本和学费对留学人员的经济状况造成了一定负担。受歧视得分为2.72，说明有相当一部分留学人员仍可能感受到一定程度的偏见或歧视。与其他国家的留学人员相比，美国的文化冲突评分较高（3.42），高于澳大利亚（3.33）和英国（3.17），表明文化适应在美国的多元化环境中更具挑战性。同时，语言压力评分（3.04）略高于英国（2.95），显示出留学人员在美国的学术和语言要求下面临更多困难。此外，美国的社交压力评分（3.11）大于邻国加拿大（3.05），表明留学人员在美国建立社交圈的难度较大。总体来看，赴美留学人员的心理压力水平处于中等偏高的状态，尤其是在社交压力、文化冲突和受歧视方面承受压力对比其他国家相对较大。这可能与美国的文化多样性、较高的语言要求和生活成本有关。根据调查研究数据，共计超过四成赴美留学人员有消极情绪但未曾寻求心理支持（25.8%），或者想寻求心理支持，但当地学校和社区没有免费的心理支持的相关服务（17.8%）。

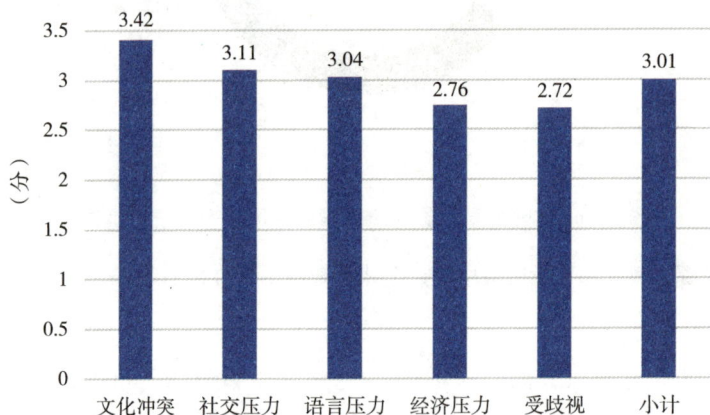

图7-6 留学美国人员在留学的过程中心理压力来源

资料来源：教育部留学服务中心、全球化智库（CCG），2024年海外留学人员专题调研。

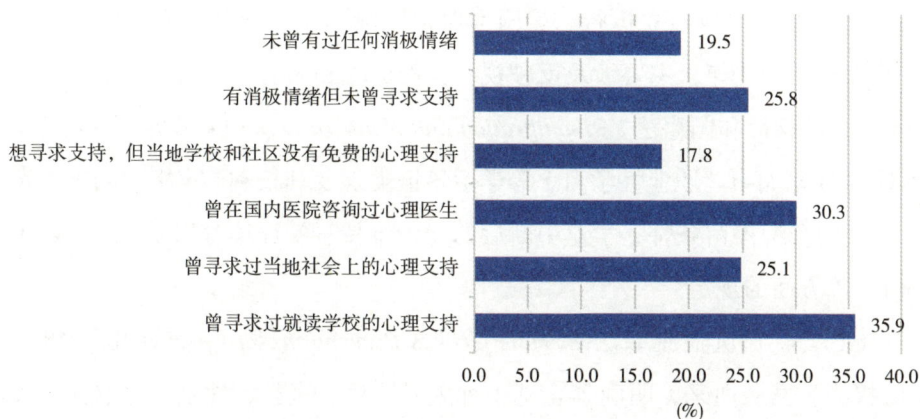

图 7-7　留学美国人员有消极的心理情绪时寻求学校或社会的心理支持的服务情况

资料来源：教育部留学服务中心、全球化智库（CCG），2024 年海外留学人员专题调研。

在自然灾害指标方面，美国得分为 0.999，排名第 13。根据全球灾害数据平台统计，美国在 2023 年遭遇 25 起重大灾害，受灾人数达到 28021 人。相比其他发达国家较为严重，这一定程度上由于美国国土面积大且气候特征复杂。另据美国国家海洋和大气管理局（NOAA）的报告，2023 年美国共经历了 28 起经济损失超过 10 亿美元的重大气象灾害，创下新纪录。美国各地自然灾害类型存在显著区域差异，部分留学热门地区受到气候变化加剧的影响更为明显。在美国西部，以加州为代表的地区近年来频繁遭遇大规模森林火灾。南部地区，特别是佛罗里达州、得克萨斯州和路易斯安那州，近年来频繁遭遇飓风与洪水。飓风造成了大范围停电、校区关闭及基础设施受损。[1]

在法律保护方面，美国的得分为 1.000，美国的法律制度是以联邦制为基础，由成文法与判例法共同构成的混合型法律体系。其核心建立在《美国宪法》之上，宪法不仅是国家的最高法律，同时也是所有联邦和州法律的依据与限制。美国法律体系分为联邦法律和州法律两个层级，每个层级

---

[1] 全球灾害数据平台. 全球灾害数据检索 [EB/OL]. [2025-02-18]. https://www.gddat.cn/newGlobalWeb/#/countryScale.

都在其管辖范围内独立运行。美国为保护国际学生的合法权益，制定了多项联邦层面的法律，主要涉及反歧视、身份保障和人身安全等方面。

（1）《移民和国籍法》（*Immigration and Nationality Act*）：规定了 F-1（学术性学习）、M-1（职业性学习）等学生签证类别及其权利与义务，明确了留学人员的合法停留条件、学业中断后的身份维持、签证续签以及实习（CPT/OPT）等方面的规定。

（2）《联邦仇恨犯罪法》（*Hate Crimes Prevention Act*）：该法由 1968 年《民权法》发展而来，明确禁止基于种族、肤色、宗教、性别、性取向、民族出身或残疾的暴力犯罪。2009 年《马修·谢泼德与詹姆斯·伯德仇恨犯罪预防法》进一步扩大了保护范围，涵盖性别认同等因素。

（3）《1964 年民权法案第六章》（*Title VI of the Civil Rights Act of 1964*）：明确禁止联邦资助机构（如大部分美国大学）基于种族、肤色或民族出身对留学人员实施歧视性待遇。

（4）《家庭教育权与隐私法》（*Family Educational Rights and Privacy Act*）：保护学生教育记录的隐私权，防止未经授权的信息披露，有助于留学人员维护个人信息安全。

（5）《公平住房法》（*Fair Housing Act*）：保护包括留学人员在内的所有居民免受租房歧视，确保租赁房屋时不因种族、性别、国籍或残疾等受到差别待遇。留学人员在美国遇到权益受损时，可通过向校方举报、向政府部门举报、寻求法律援助等途径维护自身利益。①

在女性安全方面，根据 2018 年 UN Women 的数据，美国女性在过去 12 个月内遭受身体和性暴力的比例为 6%，略低于全球平均水平（6.05%），但

---

① U.S. Department of Justice. Laws and Policies. https://www.justice.gov/hatecrimes/laws-and-policies.

高于中位数（5%）。^①与其他主要留学目的地的发达国家相比，美国的这一比例处于相对较高水平。相比之下，加拿大、新加坡、澳大利亚、日本和英国的比例分别为 2.6%、2.4%、2.9%、3.9% 和 4.2%，均显著低于美国。^②美国在该指标上的得分为 0.765，在 28 个国家中排名第 19。

在留学预警指标方面，美国表现较差，并排名倒数第 1。2024 年，中国驻美国大使馆及教育部平安留学公众号中提示的美国留学预警共 54 次，在所调查的国家中事件次数最多，其中，电信诈骗 18 次，换汇诈骗 2 次，防抢盗 1 次，学术诚信 1 次，人身安全 16 次，自然灾害 7 次，出入境事项 9 次。其中电信诈骗和人身安全相关事件数量较多，自然灾害和出入境事项也较为突出。^③

在生活成本指标方面，美国得分为 0.400，排名第 26。2024 年，美国移民局对于国际学生的最低生活经济保障建议是，在美留学人员的月均生活费（包括住宿、饮食等主要支出项目）约为 1945 美元。住宿费用因地区差异较大，在大城市如纽约和洛杉矶，每月房租可能高达 2500 美元，而中小城市如匹兹堡或亚特兰大，每月租金则在 800—1500 美元之间。饮食方面，如果自行烹饪，每月花费约 200—300 美元，而经常外出就餐的费用则可达 400—600 美元。这些费用受美国各地区生活成本差异及个人生活方式的影

---

① UN Women. Violence Against Women [EB/OL]. [2025-02-18]. https://data.unwomen.org/data-portal/vaw-wps?annex=Violence%20Against%20Women&fiac%5BSH_STA_FGMS%5D%5B%5D=15-49&fiwq%5BVAW-3%5D%5B%5D=All&filc%5BVAW-3%5D%5B%5D=Urban&finic%5B%5D=VC_VAW_MARR&fiac%5BVC_VAW_MARR%5D%5B%5D=15%2B&fiac%5BVC_VAW_SXVLN%5D%5B%5D=17-29&fiac%5BVAW-1%5D%5B%5D=50-64&fiac%5BVC_HTF_DETVOP%5D%5B%5D=_U&fiac%5BVC_HTF_DETVFL%5D%5B%5D=_U&fyr%5B%5D=Latest%20available&fsr=countries&tab=map.

② UN Women. Violence Against Women [EB/OL]. [2025-02-18]. https://data.unwomen.org/data-portal/vaw-wps?annex=Violence%20Against%20Women&fiac%5BSH_STA_FGMS%5D%5B%5D=15-49&fiwq%5BVAW-3%5D%5B%5D=All&filc%5BVAW-3%5D%5B%5D=Urban&finic%5B%5D=VC_VAW_MARR&fiac%5BVC_VAW_MARR%5D%5B%5D=15%2B&fiac%5BVC_VAW_SXVLN%5D%5B%5D=18-29&fiac%5BVAW-1%5D%5B%5D=50-64&fiac%5BVC_HTF_DETVOP%5D%5B%5D=_U&fiac%5BVC_HTF_DETVFL%5D%5B%5D=_U&fyr%5B%5D=Latest%20available&fsr=countries&tab=map.

③ 教育部平安留学公众号，https://mp.weixin.qq.com/s/pqIFPc4-jcUnRveQUhfJ9A; 中华人民共和国驻美利坚合众国大使馆官网，https://us.china-embassy.gov.cn/chn/.

响，且需结合美国人均 GDP 为 81695 美元（6807 美元 / 每月）和当前通货膨胀水平 2.7% 的背景加以理解。① 调研显示，除去学习及住宿方面的固定费用，在美国的中国留学人员中，超半数每月平均花销超过 15000 元。

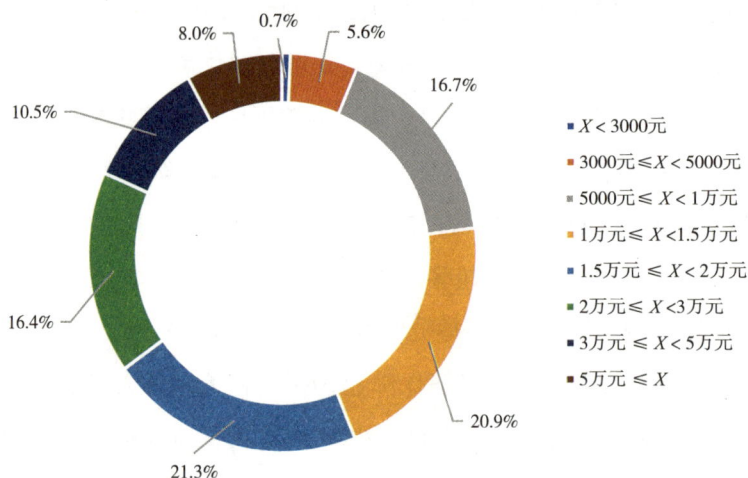

图 7-8　美国留学人员每月的平均花销的范围

资料来源：教育部留学服务中心、全球化智库（CCG），2024 年海外留学人员专题调研。

在医疗保障方面，在美国，留学人员通常需要根据学校要求参加强制性的健康保险计划，每年的费用大致在 1500 美元至 2500 美元不等。这一要求与美国的医疗体系密切相关，美国采用市场化的医疗保险制度，医疗费用较高，且未持有有效保险可能导致高额的自费医疗账单。多数美国大学会为国际学生提供校内健康保险计划，涵盖基础医疗服务、急诊及部分专科治疗等。此外，一些高校允许学生选择符合联邦《平价医疗法案》（ACA）的校外保险，但需满足最低保障标准。由于美国各州医疗政策和成本差异较大，以及医保制度本身的复杂性，校方提供的保险通常被认为是确保国际学生获得基本医疗保障的直接方式，但保险费用和覆盖范围之间存在显

---

① Alexandru Pop. Student Living Costs in the USA: Budgeting for an International Degree in 2025. https://www.mastersportal.com/articles/1629/student-living-costs-in-the-usa-international-degree.html.

著差异。①

7.1.4　美国留学信任与开放情况述评

在信任与开放指标方面，美国位列第 9。近年来，美国对留学人员施加了较多限制措施，特别是在 STEM 学科签证审批和涉军院校留学人员方面，因此，美国的专业限制指标得分为 0.000。美国在文化适应指标方面的得分高于平均值，这表明其在文化吸引力和包容性方面仍具优势。然而，不平等待遇事件频发，进一步制约了其吸引力。

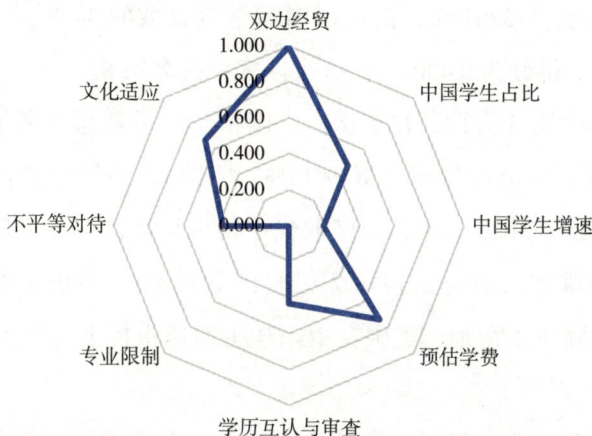

图 7-9　美国留学环境评价指标体系 – 信任与开放指标指数化得分情况

从双边经贸来看，美国在双边经贸指标上得分为 1.000，排名第 1。2023 年，中国同美国进出口总额为 6639.87 亿美元，相较 2022 年的 7544.52 亿美元下降了 12%。②这一降幅反映了双边贸易总额的显著下滑，中国也不再是美国的第一大贸易伙伴。自 2018 年起，美国政府依据《1974 年贸易法》第三百零一条对中国出口的商品征收额外关税，涵盖电子产品、工业机械、化工原料及消费品等多个领域。除关税外，美国还通过《出口管制改革法》（ECRA）与《外国直接产品规则》（FDPR）限制关键高科技产品（如半导体及其制造设备）对华出口。此外，美国在 2022—2023 年进一步扩大

① ACLED. Conflict Index: December 2024.https://acleddata.com/conflict-index/.
② 国家统计局 . 国家数据 [EB/OL]. [2025-02-18]. https://data.stats.gov.cn/easyquery.htm?cn=C01.

了对华出口管制，重点涉及芯片、人工智能及量子计算等领域，并把部分中国科技企业列入"实体清单"，限制其获取美国技术与零部件。在投资与市场准入方面，美国财政部与商务部也对中国企业采取了更严格的审查措施，包括限制中国在美直接投资（如对敏感技术和基础设施项目的收购），并要求部分企业披露与中国市场的业务往来。这些措施共同作用下，中美贸易额在 2023 年出现了显著下滑。

在中国学生占比方面，根据 UNESCO 最新数据，在美国留学的中国留学人员 2022 年为 343761 人，占美国国际学生总数的 34.7%。[①] 美国在中国学生占比指标上得分为 0.480，在 28 个国家中排名第 8。

在中国学生增速方面，在美国，中国留学人员数量有所下降，2022 年中国在美国留学人员数量同比减少 14%。[②] 此后，中国赴美留学人员数量持续下降，2023—2024 学年，印度取代中国成为美国第一大国际学生来源地，中国在美留学人员为 277398 人，同比下降 4%，但仍是本科和非学位项目第一大国际生来源地。美国在中国学生增速指标上得分为 0.195，排名第 27。

在预估学费方面，美国大学学费通常包括多个方面的费用，用于覆盖学生在校学习期间的基本教育成本。主要组成部分包括学分课程费用、实验室与技术使用费、图书馆资源费以及校园设施维护费等。此外，部分大学的学费还涵盖了学术支持服务、健康服务以及课外活动的费用，但住宿费和餐费通常需要另外支付。美国大学的学费因地区和学校性质存在显著差异。以马萨诸塞州、加利福尼亚州和北卡罗来纳州为例，公立与私立大学的学费差距较为明显。2023 年数据显示，马萨诸塞州公立大学年均学费为 15100 美元，私立大学年均学费为 30950 美元。加州公立大学年均学费为 11750 美元，私立大学年均 22000 美元。北卡罗来纳州的公立大学学费相

---

① UNESCO. Number and rates of international mobile students[EB/OL]. （2025-02-11）[2025-02-12]. https://data.uis.unesco.org.

② 同上。

对较低，年均 10850 美元，而私立大学学费年均 21700 美元。[①] 从数据来看，美国东北部如马萨诸塞州的大学学费普遍较高，特别是私立大学，而加州和北卡罗来纳州的公立大学学费相对较低。

在学历互认与审查方面，中美双边教育学历互认程度较低，目前未实现任何学段的互认。这表明中美在学历互认上的合作几乎处于空白状态，学历互认的不足限制了中美之间更深层次的教育交流与合作，不利于双边教育资源的整合与共享。2024 年未出现对美国留学的学位加强认证审查的情况。美国在该项指标的得分为 0.431，排名第 21。

在专业限制方面，美国政府通过多项法规和政策，限制留学人员在特定敏感技术领域的学习和研究，特别是在科学、技术、工程和数学（STEM）学科。以下是主要的相关法规和措施：（1）签证有效期限制：自 2018 年 6 月 11 日起，美国政府对部分留学人员的签证有效期进行了限制。对于在机器人、航空和高科技制造业等领域学习的留学人员，其签证有效期被限制在一年。[②]（2）第 10043 号总统公告：2020 年 5 月 29 日，时任美国总统签署了第 10043 号总统公告，暂停和限制与中国军民融合战略机构有关联的中国公民通过 F 签证或 J 签证进入美国攻读硕士以上学位或从事科研活动。该禁令主要影响了中国部分高校的留学人员。

在不平等对待方面，调研数据显示，赴美留学人员中有 62.4% 的受访者表示曾在留学期间遭遇过不同程度的不平等待遇，这一比例高于英国的 54.5% 和澳大利亚的 54.9%，这表明尽管美国提供了多元化的教育和生活环境，但留学人员仍面临较高的歧视性事件发生率。美国在不平等对待指标上得分为 0.375，排名第 23。

在文化适应指标方面，美国的得分为 0.670，排名第 13。对在美国留学

---

① Ana-Maria Pasolea. Undergraduate Tuition Fees in the U.S. per State in 2025. https://www.bachelorsportal.com/articles/2056/undergraduate-tuition-fees-in-the-us-per-state-in-2023.html.

② U.S. Immigration and Customs Enforcement. SEVP's governing regulations for students and schools. https://www.ice.gov/sevis/schools/reg.

的中国留学人员的调研显示，39.7% 表示其朋友圈大多数为中国人；27.9%
表示其朋友圈大多数是其他国家的留学生（非当地人或中国留学人员）；
17.1% 表示其朋友圈各地人员占比差不多；11.5% 表示其朋友圈大多数是当
地人。

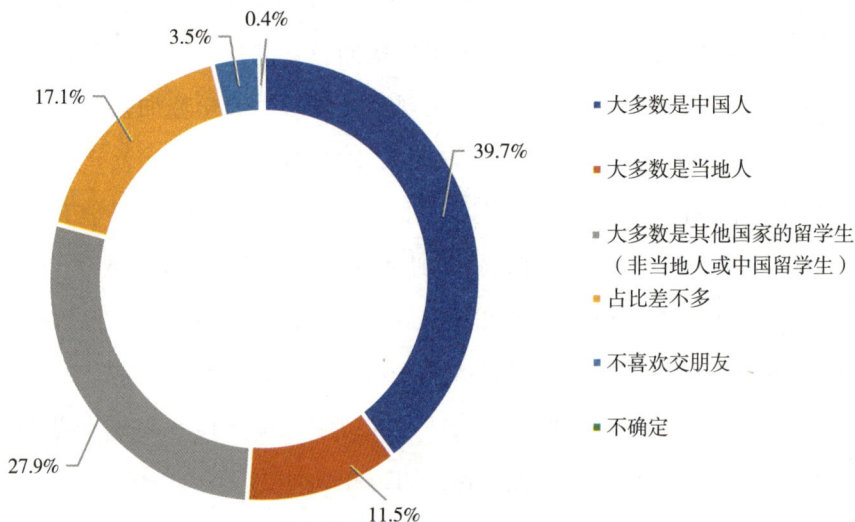

图 7-10　美国留学人员留学时的朋友圈占比情况

资料来源：教育部留学服务中心、全球化智库（CCG），2024 年海外留学人员专题
调研。

　　在拒签率方面，根据美国国务院的数据，2023 年美国拒绝了约 36% 的
学生签证申请，约 25 万份申请被拒绝。这一拒签率较 2014 年的 15% 有显
著增长。从 2021 年至 2023 年，学生签证的拒签率几乎是其他非移民签证
（如旅游签证或商务签证）拒签率的两倍。尽管过去三年学生签证的发放数
量有所增加，但仍低于 2015 年的峰值水平。美国国务院并未详细说明学生
签证被拒的具体原因，但大多数非移民签证的拒签通常是由于申请人未能
证明其非移民意图，即未能提供足够的证据表明其在签证到期后会返回本
国。根据美国国务院公布的留学人员签证数据，从 2019 年至 2023 年，美
国签发给中国学生的签证数量发生了显著波动。2019 年签发数量为 106005

份，2020 年由于全球新冠疫情影响，签证数量骤降至 4853 份，同比下降约
95.4%。2021 年签证数量回升至 99511 份，同比增长 1949%。2022 年再次
下降至 57511 份，同比下降 42.2%。2023 年，签证数量进一步上升至 89557
份，同比增长 55.7%。

7.2　加拿大留学环境评估分析

7.2.1　加拿大留学环境评估概览

加拿大在留学环境评价指标体系综合评估中，各指标加权总分 0.684784，
排名第 3。在三个一级指标中，质量与就业指标得分为 0.444421，排名第
5；安全与成本指标得分为 0.150613，排名第 10；信任与开放方面表现较差，
指标得分为 0.089750，排名第 19。加拿大在学术声誉、国际学生占比、签
证政策、法律保护、女性安全、学历互认与审查等二级指标方面表现较好。

表 7-2　加拿大留学环境指标得分及评估概览

指标层级		指数化得分	排名	加权得分	总排名
一级指标	二级指标				
质量与就业	科研与创新能力	0.662	13	0.444421	5
	教育投入	0.420	14		
	教育质量满意度	0.925	9		
	学术声誉	0.955	4		
	国际学生占比	0.695	5		
	签证政策	0.714	4		
	实习机会	0.945	6		
	当地就业前景	0.714	14		
	回国认可度	0.681	12		

续表

指标层级		指数化得分	排名	加权得分	总排名
一级指标	二级指标				
安全与成本	冲突水平	0.867	7	0.150613	10
	治安情况	0.749	6		
	心理压力	0.200	24		
	自然灾害	0.991	22		
	法律保护	1.000	1		
	女性安全	0.951	4		
	留学预警	0.778	20		
	生活成本	0.492	24		
信任与开放	双边经贸	0.299	17	0.089750	19
	中国学生占比	0.379	11		
	中国学生增速	0.231	23		
	预估学费	0.669	7		
	学历互认与审查	0.862	5		
	专业限制	0.000	21		
	不平等对待	0.381	22		
	文化适应	0.723	9		
所有指标				0.684784	3

7.2.2　加拿大留学质量与就业情况述评

在质量与就业指标方面，加拿大的得分为0.444421，排名第5。从数据来看，该指标的较高得分主要得益于除教育投入以外的几项关键因素。特别是学术声誉得分为0.955，排名第4，说明该地区的教育体系在国际上具有较高的声誉。加拿大当地实习机会（得分为0.945，排名第6）得分较高，而加拿大签证政策（得分为0.714，排名第4）较为宽松，说明加拿大就业市场情况较为乐观，国际学生在该地工作相对便捷。

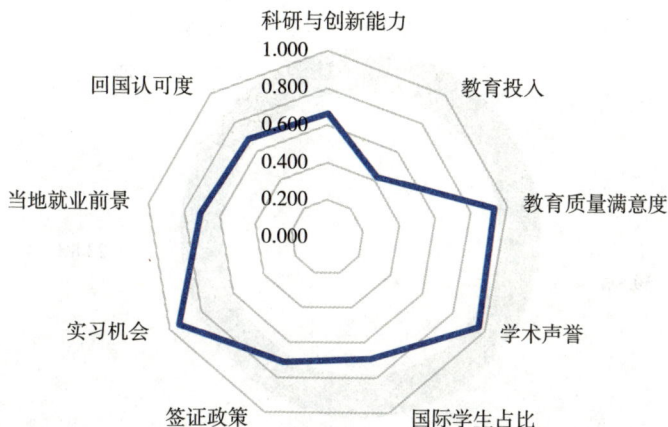

图 7-11　加拿大留学环境评价指标体系 - 质量与就业指标指数化得分情况

在科研与创新能力方面，世界知识产权组织（WIPO）2023 年的全球创新指数（GII）中，加拿大的得分持续保持稳定，排名始终位于全球前列，并呈现稳步上升的趋势，其中 2023 年得分为 53.8，在 130 个国家中排名第 15 位，比 2019 年上升两位。[①] 加拿大在科研与创新能力指标方面得分为 0.662，在 28 个国家中排名第 13。

在教育投入方面，据世界银行 2020 年数据，加拿大的国内生产总值（GDP）为 1.656 万亿美元，公共教育支出占国内生产总值的比例为 4.89%，比全球公共教育支出占 GDP 的平均水平（4.4%）略高。[②]

在教育质量满意度方面，调研情况显示，40.5% 受访的赴加拿大留学人员认为教育质量高是其选择加拿大作为留学目的地的主要原因之一。受访者认为加拿大学校教育质量中等偏上，59.5% 受访者对该国教育质量"很满意"（满分 10 分）。总体而言，加拿大教育质量在留学人员中声誉和认可度都较高。

---

① WIPO. Global Innovation Index 2023 [EB/OL]. (2023-09-27) [2025-02-18]. https://www.wipo. int/en/web/global-innovation-index/2023/index.

② World Bank. Public spending on education as a share of GDP[EB/OL]. (2023-07-10) [2024-11-04]. https://ourworldindata.org/financing-education#why-do-governments-finance-education.

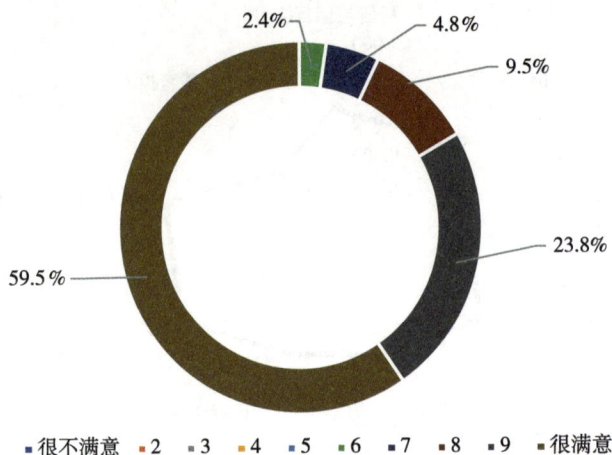

图 7-12　加拿大留学人员对加拿大的教育质量满意度

资料来源：教育部留学服务中心、全球化智库（CCG），2024年海外留学人员专题调研。

在学术声誉方面，加拿大该指标指数化得分为0.955，在所调查的28个国家里面位列第4名。根据2024软科世界大学学术排名（ARWU），加拿大共有27所大学进入全球前1000名，其中有两所大学位列全球前50，分别是多伦多大学和英属哥伦比亚大学。除此之外，麦吉尔大学、阿尔伯塔大学和麦克马斯特大学也跻身全球前150名。当前，加拿大约有100所公立和私立大学，意味着加拿大约有25%的大学进入了2024年软科世界大学学术排名。

在国际学生占比方面，UNESCO的数据显示，2021年加拿大国际学生人数占其所有高等教育学生总数的比例为17.4%。相比之下，2021年高收入国家的平均国际学生占比为8.2%，北美国家的平均占比为5.7%。由此可见，加拿大在国际学生比例方面处于全球较高水平。[1]

在签证政策方面，对于希望在加拿大学习的人，有两种签证选择：学生签证（SX-1）和学习许可（Study Permit）。其中，SX-1是一种临时学习签证，适用于计划学习时间少于24周的课程。该签证的有效期与课程时

---

[1] UNESCO Institute for Statistics. Share of students from abroad[EB/OL].（2024-06-16）[2024-11-04]. https://ourworldindata.org/grapher/share-of-students-from-abroad?tab=table.

长相关，通常在申请后的 15 天内发放。由于该签证是基于学习目的的入境签证，申请人所就读的教育机构必须是指定学习机构（DLI），即获得授权接收国际学生的学校。此外，教育机构还必须为申请人提供录取通知书（LOA）。对于计划在加拿大学习超过 24 周课程的申请人，则必须申请学习许可（Study Permit）。学习许可又分为 S-1 和 SW-1 两种类型：（1）S-1 学习许可不允许持有者在加拿大学习期间工作。此签证要求申请人所就读的学校必须是指定学习机构（DLI），并提供录取通知书（LOA）。（2）SW-1 学习与工作许可适用于那些希望在加拿大学习并工作超过 24 个月的人。此签证仅限包含"Co-Op（强制实习）"项目的本科和研究生课程申请人。

此外，计划在魁北克省的学校学习的学生，除了申请学习许可外，还必须首先申请魁北克省接受证书（CAQ），只有获得 CAQ 后，申请人才可进一步申请学习许可。[①②] 若国际学生毕业后想在加拿大合法工作，则需获得工作许可。国际学生毕业后在加拿大指定学习机构完成至少 8 个月的全日制学习后，可在完成学业后的 180 天内申请 PGWP。PGWP 是加拿大学校为国际学生提供的一种开放式工作许可证，适用于在加拿大学习并完成学业的毕业生。PGWP 的有效期一般与学习时长相同，通常为 8 个月到 3 年。若学习期间大部分课程是面授课程，PGWP 的时长通常会与课程时长保持一致。如果学生选择了兼职或加速学制，PGWP 的时长则会基于所完成的全日制课程长度而定。PGWP 的有效期不能超过学生在加拿大的学习时长，且只能申请一次。[③]

在实习机会方面，调研结果显示，受访的赴加拿大留学人员中，88.1% 有在当地进行实习的经历，47.7% 的实习次数达到 3 次及以上，11.9% 的实

① Government of Canada. Study permits and visas. https://www.educanada.ca/study-plan-etudes/before-avant/permits-visas-permis.aspx?lang=eng.

② Government of Canada. Study permit. https://www.canada.ca/en/immigration-refugees-citizenship/services/study-canada/study-permit.html.

③ CANADIM.Work in Canada: Canadian Work Permit & Visa Process. https://www.canadim.com/work/.

习次数达到了 6 次及以上。由此可见，国际学生在加拿大实习机会较多，这主要基于加拿大签证政策、学制时间、经济水平等因素。

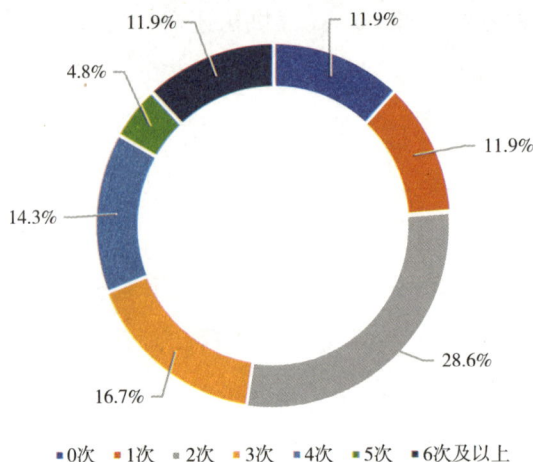

图 7-13　加拿大留学人员留学过程中在当地兼职或实习的经历

资料来源：教育部留学服务中心、全球化智库（CCG），2024 年海外留学人员专题调研。

在当地就业前景方面，世界银行数据显示，2023 年全球就业人口比率为 58%，高收入国家的平均就业人口比率为 59%，而加拿大的就业人口比率为 62%，高于全球及高收入国家的平均水平。加拿大 2024 年 15—24 岁青年失业率为 10.90%[①]，在 28 个国家中居中，当地就业前景指标得分 0.714，排名第 14。

在回国认可度方面，根据国内用人单位调研，从用人单位对加拿大留学人员的认可度来看，19.0% 的用人单位给予较低评价（5 分以下），14.9% 的用人单位认为其认可度一般（5 分），而 25.7% 的用人单位则对加拿大留学人员的认可度较高（8 分及以上）。在综合评分中，加拿大留学人员的用人单位满意度在 28 个调查国家中排名第 12，处于中等偏上的水平。

7.2.3　加拿大留学安全与成本情况述评

在安全与成本指标方面，加拿大在该一级指标的加权得分为 0.150613，

[①] World Bank Group. Human Capital Data Portal. https://humancapital.worldbank.org/en/economy.

排名第 10。其中，治安情况（得分 0.749，排名第 6）、女性安全（得分 0.951，排名第 4）相对较好，显示该地区的安全形势较为稳定。值得注意的是，心理压力（得分 0.200，排名第 24）这一指标得分较低，可能反映出该国的社会环境在支持留学人员心理健康方面的不足，留学人员在学习和生活过程中面临较大的心理压力。另外，加拿大生活成本得分为 0.492，排名第 24，反映出该地区的生活成本偏高，可能会对留学人员的经济造成压力。

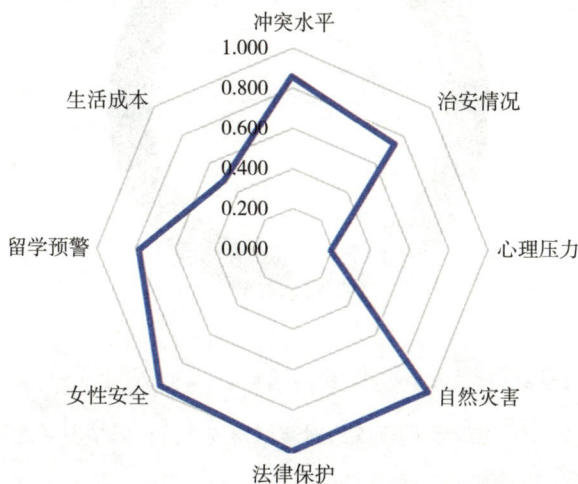

图 7-14　加拿大留学环境评价指标体系 - 安全与成本指标指数化得分情况

在冲突水平方面，从 ACLED 各项冲突指数中可以看到，加拿大在冲突的致命性、扩散性、分裂性方面得分均为 0，在危险性方面得分较低，冲突水平属于 Low/Inactive 级别。[①]加拿大在冲突水平指标上得分为 0.867，在所调研的 28 个国家中排名第 7，冲突水平较低。

在治安情况指标方面，加拿大的得分为 0.749，排名第 6。其中，根据 2024 年数据，加拿大的社区韧性指数为 61，在 28 个调研国家中排名第 20；在犯罪市场指数方面，加拿大得分为 3.87，在 28 个调研国家中排名第 5。[②]

① ACLED. Conflict Index: December 2024. https://acleddata.com/conflict-index/.
② Lloyd's Register Foundation. World Risk Poll 2024 Report. https://wrp.lrfoundation.org.uk/sites/default/files/2024-06/World%20Risk%20Poll%20Report%202024%20Resilience%20in%20a%20Changing%20World_1.pdf; GLOBAL Organized Crime Index. https://ocindex.net/explorer.

根据对中国在加拿大留学人员调研，40.5%的受访者对加拿大的治安情况表示非常满意，9.5%对加拿大的治安情况打9分，19.1%打8分。留学人员对加拿大的治安情况满意度平均为8.26分。

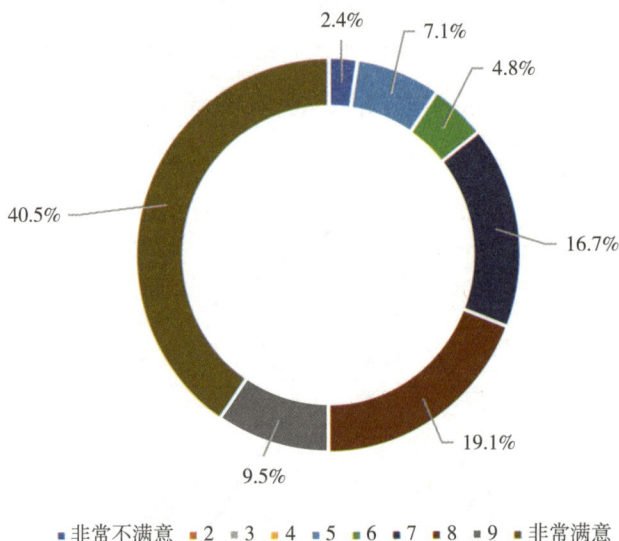

图7-15　加拿大留学人员对所留学的地区治安情况满意度

资料来源：教育部留学服务中心、全球化智库（CCG），2024年海外留学人员专题调研。

在心理压力指标方面，加拿大的得分为0.200，排名第24。调研结果显示，赴加拿大留学人员存在不同程度的心理压力，主要包括文化冲突、社交压力、语言压力、受歧视和经济压力。其中有68%—76%的留学人员对文化冲突、社交压力、经济压力和语言压力的打分为3分以上（最高为5分），有21.4%—23.8%的留学人员对这三项给出了最高分5分的评价。这表明由于文化差异、语言障碍以及学费和生活费的负担，不少在加拿大的留学人员难以融入当地文化或对与他人建立联系感到困难和挑战。相比较而言，受歧视的感受相对较轻，该项的平均打分为2.67。

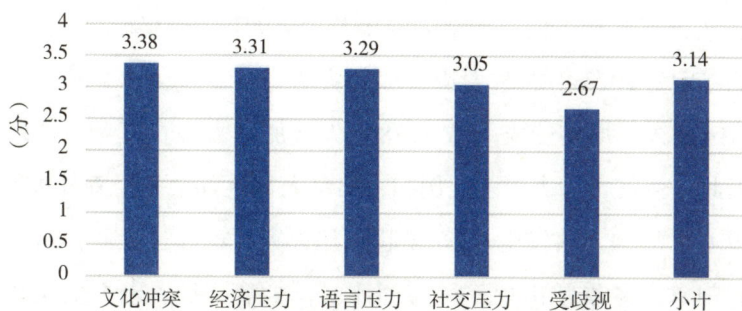

图 7-16 加拿大留学人员在留学的过程中心理压力来源

资料来源：教育部留学服务中心、全球化智库（CCG），2024 年海外留学人员专题调研。

在赴加拿大留学人员中，4.8% 表示留学期间未曾有任何消极情绪；38.1% 的留学人员寻求过就读学校的心理支持；26.2% 寻求过当地社会的心理支持；35.7% 寻求过国内医院的心理支持。有 31.0% 的留学人员表示曾想寻求支持，但当地学校和社区没有免费的心理支持；有消极情绪但未曾寻求支持的留学生占 21.4%。由此可见，赴加拿大留学人员在心理上承受压力较大，总体上而言，留学人员更多寻求学校和国内医院的心理支持服务。

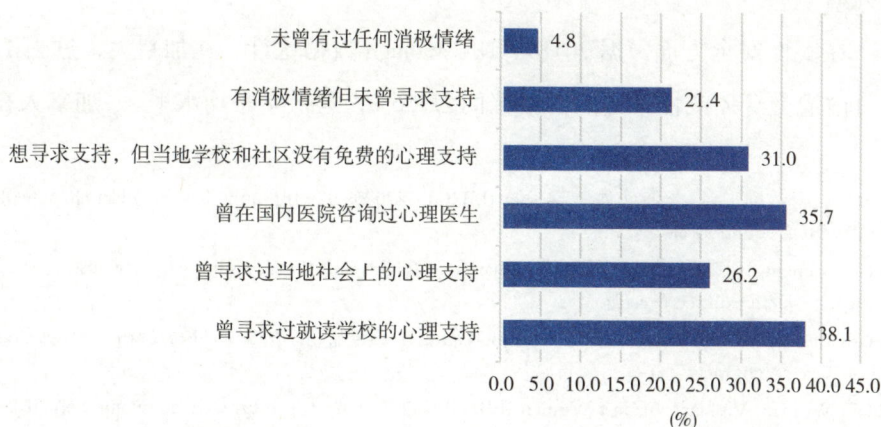

图 7-17 加拿大留学人员有消极的心理情绪时寻求学校或社会的心理支持的服务情况

资料来源：教育部留学服务中心、全球化智库（CCG），2024 年海外留学人员专题调研。

在自然灾害指标方面，加拿大的得分为 0.991，排名第 22。据全球灾害数据平台统计，2023 年加拿大遭受综合灾害总频次为 4 次，综合受灾影响人数为 31450 人，场均受灾人数为 7863 人。加拿大幅员辽阔，地理和气候多样，因此自然灾害种类繁多。例如，加拿大每年都会发生森林火灾。截至 2023 年 9 月，加拿大共发生 6100 多起森林火灾，累计过火面积达 16.4 万平方公里；加拿大冬季常出现暴风雪和冰暴，影响交通、电力供应和居民生活。2023 年初，加拿大东部地区经历了严重的冰暴，导致大范围停电和交通中断。①

在法律保护指标方面，加拿大的国际学生受到相关法律的保护。1982 年颁布的《加拿大权利与自由宪章》(*Canadian Charter of Rights and Freedoms*)② 作为加拿大宪法的一部分，保障了每个人的基本自由，包括政治经济和言论宗教信仰等方面权利。此外，1977 年颁布的《加拿大人权法案》(*Canadian Human Rights Act*) 进一步禁止基于种族、宗教、性别、性取向等原因的任何歧视③。这些法律充分保障了国际学生的合法权益，使其与本地学生享有同等的法律保护。因此，加拿大在法律保护指标中得分为 1.000，位列第 1。

在女性安全方面，据 2018 年 UN Women 数据统计，在加拿大，过去 12 个月内遭受身体或性暴力的女性比例为 2.6%，远低于平均水平。④ 加拿大在

① 全球灾害数据平台. 全球灾害数据检索 [EB/OL]. [2025-02-18]. https://www.gddat.cn/newGlobalWeb/#/countryScale.

② Government of Canada. The Canadian Charter of Rights and Freedoms.https://www.justice.gc.ca/eng/csj-sjc/rfc-dlc/ccrf-ccdl/.

③ Government of Canada. Canadian Human Rights Act (R.S.C., 1985, c. H-6). https://laws-lois.justice.gc.ca/eng/acts/h-6/.

④ UN Women. Violence Against Women [EB/OL]. [2025-02-18]. https://data.unwomen.org/data-portal/vaw-wps?annex=Violence%20Against%20Women&fiac%5BSH_STA_FGMS%5D%5B%5D=15-49&fiwq%5BVAW-3%5D%5B%5D=All&filc%5BVAW-3%5D%5B%5D=Urban&finic%5B%5D=VC_VAW_MARR&fiac%5BVC_VAW_MARR%5D%5B%5D=15%2B&fiac%5BVC_VAW_SXVLN%5D%5B%5D=17-29&fiac%5BVAW-1%5D%5B%5D=50-64&fiac%5BVC_HTF_DETVOP%5D%5B%5D=_U&fiac%5BVC_HTF_DETVFL%5D%5B%5D=_U&fyr%5B%5D=Latest%20available&fsr=countries&tab=map.

该指标上的得分为 0.951，在 28 个国家中排名第 4。

在留学预警方面，2024 年，中国驻加拿大大使馆及教育部平安留学公众号中提示的加拿大留学预警共 12 次，其中电信诈骗出现 6 次，换汇诈骗 1 次，人身安全 4 次，自然灾害 1 次，电信诈骗和人身安全相关事件数量较多。[①] 加拿大在该指标上的得分为 0.778，排名第 20。

在生活成本指标方面，加拿大得分为 0.492，排名第 24。2024 年，加拿大移民局对于国际学生的最低生活经济保障建议是，加拿大国际学生每人每月平均生活成本（除去租金）为 1235 加元，若包含在市中心租一居室公寓的租金，则每人每月生活成本达到 2859 加元。从 2024 年起，国际学生申请前往加拿大留学时，除需证明已支付第一年的学费和差旅费用外，还需提供每年生活费用不少于 20635 加元的财务证明，该金额相当于低收入线的 75%。[②] 调研显示，除去学习及住宿方面的固定费用，在加拿大留学的中国留学人员中，23.8% 每月平均花费在 5000—1 万元，14.3% 每月平均花费为 1 万—1.5 万元，21.4% 每月平均花费为 1.5 万—2 万元。另外，7.1% 每月平均花费在 2 万—3 万元之间，21.4% 月均花费低于 3000 元。

---

① 教育部平安留学公众号，https://mp.weixin.qq.com/s/pqIFPc4-jcUnRveQUhfJ9A; 中华人民共和国驻加拿大大使馆官网 ,https://ca.china-embassy.gov.cn/chn/.

② Government of Canada. Prepare financially. https://www.canada.ca/en/immigration-refugees-citizenship/services/new-immigrants/prepare-life-canada/prepare-financially.html.

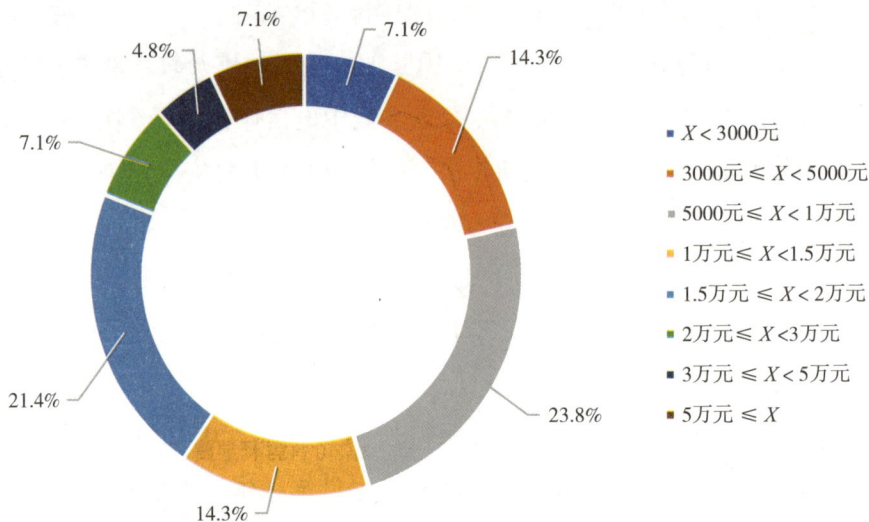

图 7-18　加拿大留学人员每月的平均花销的范围

资料来源：教育部留学服务中心、全球化智库（CCG），2024 年海外留学人员专题调研。

在医疗保障方面，加拿大强制要求国际学生持有健康保险。国际学生的年度健康保险费用通常为 600—900 加元。不同医疗保险覆盖的医疗服务不同。基本医疗服务包括医生就诊、住院、检查等必要的医疗服务，往往不包含牙科护理、处方药、眼科检查、理疗等，此类服务可通过购买扩展保险覆盖。另外，加拿大许多学校在校内设有诊所，为留学人员提供常规医疗服务和心理健康咨询。[①]

7.2.4　加拿大留学信任与开放情况述评

在信任与开放方面，加拿大在该一级指标的得分为 0.089750，排名第 19。该指标排名靠后，主要源于赴加留学人员增速表现不好（得分为 0.231，排名第 23）、加拿大对留学人员严格的专业限制（得分为 0.000，排名第 21）以及不平等对待频发（该指标得分为 0.381，排名第 22）。

---

① AECC. Government of Canada. Healthcare for International Students in Canada. https://www.aeccglobal.com/student-services/health-insurance/health-insurance-in-canada.

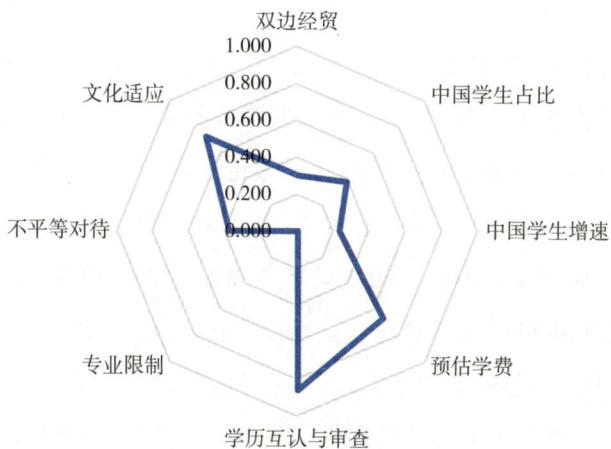

图 7–19　加拿大留学环境评价指标体系 – 信任与开放指标指数化得分情况

从双边经贸来看，2023 年，中国同加拿大进出口总额为 8900784 万美元，相较 2022 年的 9555110 万美元，下降了 7.4%。尽管中加双边贸易总额下滑，中国仍然是加拿大的第二大贸易伙伴。中加在能源、农业和食品、科技与创新等领域合作较为紧密。[①]加拿大在双边经贸指标上得分为 0.299，排名第 17。

在中国学生占比方面，根据 UNESCO 最新数据，2018—2022 年，中国留学人员数量在加拿大国际学生中的占比总体呈波动下降趋势。具体而言，2018 年为 31.56%，2019 年降至 27.14%，2020 年为 25.07%，2021 年略微回升至 25.50%，2022 年进一步降至 21.68%。[②]加拿大在中国学生占比指标上得分为 0.379，在 28 个国家中排名第 11。

在中国学生增速方面，在加拿大，中国留学人员的总体人数在 2018—2020 年间稳步上升，从 70876 人增至 81006 人，增幅达 14.3%。但在 2021 年

---

① 国家统计局 . 国家数据 [EB/OL]. [2025–02–18]. https://data.stats.gov.cn/easyquery.htm?cn=C01.

② UNESCO. Number and rates of international mobile students[EB/OL].（2025–02–11）[2025–02–12]. https://data.uis.unesco.org.

和 2022 年，由于新冠疫情等因素，人数有所回落，2022 年降至 73032 人。[①]
加拿大在中国学生增速指标上得分为 0.231，在 28 个国家中排名第 23。

在预估学费方面，调研结果显示，留学人员在加拿大留学的学费每年约
在 1.6 万—5 万加元之间，少数留学人员享受了免费的高等教育。总体来看，
加拿大大学的学费因地域经济发展水平、专业及学业阶段的不同而差异显著。
根据加拿大政府数据，2020—2021 学年至 2024—2025 学年间，加拿大大学
针对国际学生的本科项目学费总体呈逐年增长趋势，平均学费从 32039 加元
增加至 40115 加元，增幅达 25.2%。法学、工程技术、医学等热门专业的学费
增长尤为明显。研究生项目学费同样呈现上升趋势，平均学费从 19429 加元
增至 23233 加元，涨幅为 19.5%。各学科的学费增长幅度有所不同，其中高
需求专业的学费涨幅尤为显著。例如，常规 MBA 项目学费从 39674 加元升至
46228 加元，增长 16.6%；数学、计算机与信息科学专业学费从 18406 加元增
加至 22708 加元，增幅达 23.5%。此外，不同地区的学费差异也较为显著。例
如，在 2024—2025 学年，魁北克省本科项目平均学费为 34258 加元，研究生
项目为 22805 加元；安大略省本科项目平均学费为 48270 加元，研究生项目
为 27854 加元；不列颠哥伦比亚省本科项目平均学费为 37184 加元，研究生
项目为 25187 加元。一些边远或内陆省份的学费相对较低，例如萨斯喀彻温
省本科项目平均学费为 31540 加元，研究生项目仅为 9760 加元；阿尔伯塔省
本科项目平均学费为 33437 加元，研究生项目为 16188 加元。

在学历互认与审查方面，由于加拿大没有联邦教育部，中国教育部一
贯重视和加拿大各省的合作。到目前为止，已经与教育部签署了相互承认
高等教育学位的省份有不列颠哥伦比亚省、魁北克省、安大略省、新不伦
瑞克省、萨斯喀彻温省和爱德华王子岛省等 6 省。由于加拿大并没有统一
的学历认证体系，每个大学或省份可能有不同的认可标准。一般来说，知
名的中国大学的学位，特别是在较为国际化的学科领域（例如工程、商科、

---

① UNESCO. Number and rates of international mobile students[EB/OL]. (2025–02–11) [2025–02–12]. https://data.uis.unesco.org.

医学等），较容易被加拿大的大学接受。加拿大的很多大学会参考中国的"教育部高等教育学历认证"来判断中国大学的学位是否符合其入学标准。2024年未出现对加拿大留学的学位加强认证审查的情况。加拿大在该项指标的得分为0.862，排名第5。

在专业限制方面，2024年1月，加拿大政府针对国际学生宣布了一项新措施，将降低2024年批准的国际学生学习许可数量至大约36万个，比2023年减少35%[①]。这项措施的实施将持续两年。2024年，每个省和地区将根据人口比例分配国际学生学习许可配额。某些省份的国际学生增长过快，因此将面临更大幅度的配额减少。另外，从2024年1月22日起，每份提交给加拿大移民、难民及公民部（Immigration, Refugees and Citizenship Canada）的学习许可申请都需要附带省或地区的认证信函。针对毕业后工作许可（PGWP）调整，加拿大政府指出从2024年9月1日起，参加课程许可协议的国际学生将不再符合申请毕业后工作许可的条件。此外，硕士学位毕业生将有资格申请为期3年的工作许可。未来，只有硕士和博士生的配偶才有资格申请开放式工作许可，而其他学位的学生配偶将不再符合资格。另外，加拿大出台了一项关于敏感技术研究和相关机构的政策，旨在加强对其研究领域的安全保护。政策指出，从2024年起，涉及敏感技术研究领域的研究资助申请将要求相关研究人员声明是否与可能对国家安全构成风险的军事、国防或国家安全相关机构有合作关系。加拿大政府已发布敏感技术研究领域名单，涵盖可能涉及军事和国家安全的技术领域。此外，还发布了命名研究机构名单，列出了与军事、国防或国家安全相关的研究机构，认为这些机构可能对国家安全构成威胁[②]。其中，在该名单列出的103家机

---

① Government of Canada. Canada to stabilize growth and decrease number of new international student permits issued to approximately 360,000 for 2024. https://www.canada.ca/en/immigration-refugees-citizenship/news/2024/01/canada-to-stabilize-growth-and-decrease-number-of-new-international-student-permits-issued-to-approximately-360000-for-2024.html.

② Government of Canada. Named Research Organizations. https://science.gc.ca/site/science/en/safeguarding-your-research/guidelines-and-tools-implement-research-security/sensitive-technology-research-and-affiliations-concern/named-research-organizations.

构中，有超过 80 家是中国的大学或研究机构。如果研究人员与任何"命名研究机构"有合作关系，资助申请将无法继续，除非该合作关系被终止。同时，加拿大政府将定期抽查资助申请，核实研究人员是否遵守新政策。如果发现有未披露的合作关系，将可能影响其资助资格，甚至导致资助撤回或拒绝资助。

在不平等对待方面，调研结果显示，赴加拿大的留学人员中，有 57.1% 的人认为自己在留学期间遭遇过不平等对待。这些不平等待遇包括种族歧视、刻板偏见、校园霸凌、非法拘捕、非法调查等行为，显现出留学人员群体在融入加拿大社会过程中面临的诸多挑战。有 11.9% 的受访者表示自己曾强烈感受到歧视的存在，表明这些问题对他们的心理和学业产生了深远的影响。

在文化适应指标方面，加拿大的得分为 0.723，排名第 9。对在加拿大留学的中国留学人员的调研显示，33.3% 表示其朋友圈大多数为中国人，14.3% 表示其朋友圈大多数是当地人，28.6% 表示其朋友圈大多数是其他国家的留学生（非当地人或中国留学人员），21.4% 表示其朋友圈各地人员占比差不多。

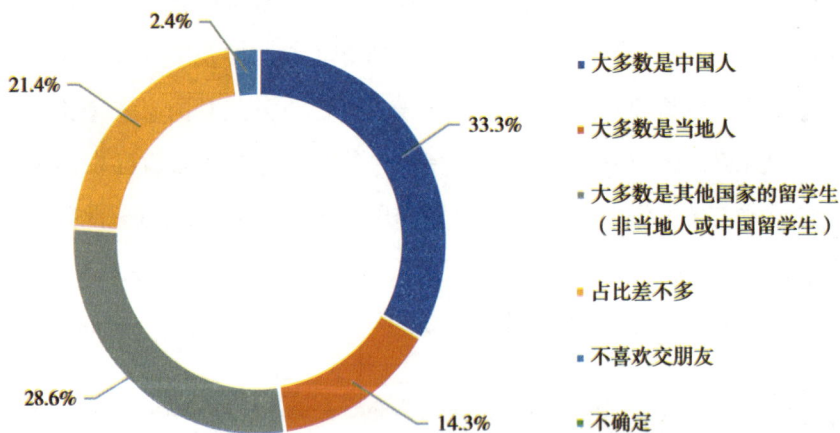

图 7-20　加拿大留学人员留学时的朋友圈占比情况

资料来源：教育部留学服务中心、全球化智库（CCG），2024 年海外留学人员专题调研。

　　在拒签率方面，2023 年和 2024 年初，加拿大留学签证的拒签原因有了明显变化。2023 年，加拿大学生签证的批准率为 60%，但 2024 年 1 月到 5 月之间下降到 54%，为 2020 年以来最低。最常见的拒签原因是移民官不确信申请人在完成学业后会离开加拿大。2024 年，申请人财务状况不足以支持其旅行目的成为拒签的第二大原因，而 2023 年，第二大拒签原因是对访问目的的怀疑。在 2023 年和 2024 年，缺乏明显的家庭关系（尤其是在加拿大以外的家庭）也成为拒签的常见原因。就中国留学人员而言，2019 年，留学人员总共递交了 34740 份签证申请，其中通过了 29441 份，拒签率为 15%。2020 年，留学人员总共递交了 12025 份签证申请，其中通过了 9737 份，拒签率为 19%。2021 年，留学人员共递交了 34408 份签证申请，其中通过了 28802 份，拒签率为 16%。

第八章　大洋洲主要留学国家
留学环境评估分析

8.1　澳大利亚留学环境评估分析

8.1.1　澳大利亚留学环境评估概览

澳大利亚在留学环境评价指标体系综合评估中，各指标加权总分为0.677751，排名第7。在各项一级指标中，澳大利亚在质量与就业指标方面得分为0.434319，排名第7；在安全与成本指标方面得分为0.142328，排名第14；在信任与开放指标方面得分为0.101103，排名第12。在各项二级指标中，澳大利亚留学环境的优势主要体现在学术声誉、国际学生占比、法律保护、女性安全、双边经贸和预估学费等指标方面。

表8-1　澳大利亚留学环境评价指标得分及评估概览

指标层级		指数化得分	排名	加权得分	总排名
一级指标	二级指标				
质量与就业	科研与创新能力	0.561	16	0.434319	7
	教育投入	0.557	7		
	教育质量满意度	0.934	8		
	学术声誉	0.974	3		
	国际学生占比	0.876	2		
	签证政策	0.143	20		

续表

指标层级		指数化得分	排名	加权得分	总排名
一级指标	二级指标				
质量与就业	实习机会	0.915	7	0.434319	7
	当地就业前景	0.763	11		
	回国认可度	0.801	6		
安全与成本	冲突水平	0.780	10	0.142328	14
	治安情况	0.730	9		
	心理压力	0.255	22		
	自然灾害	0.999	12		
	法律保护	1.000	1		
	女性安全	0.934	5		
	留学预警	0.315	26		
	生活成本	0.514	23		
信任与开放	双边经贸	0.668	4	0.101103	12
	中国学生占比	0.403	9		
	中国学生增速	0.247	22		
	预估学费	0.741	4		
	学历互认与审查	0.690	16		
	专业限制	0.000	21		
	不平等对待	0.451	16		
	文化适应	0.595	18		
所有指标				0.677751	7

8.1.2　澳大利亚留学质量与就业情况述评

在质量与就业指标方面，澳大利亚得分为0.434319，排名第7。其中，国际学生占比指标排名第2，这与其对国际学生灵活的签证政策以及较低的拒签率密切相关。在多元化的校园环境和来自不同国家的生源支持下，澳大利亚的学术声誉排名第3，仅次于美国和法国。尽管澳大利亚的教育投入比例不是最高的，但其教育质量依然位列前十，超过九成的调研参与者对澳大利亚教育质量的满意度打了7分以上。此外，澳大利亚活跃的商业环境也为国际学生提供了灵活的实习机会，大部分留澳的留学人员都有机会参与到当地的实习实践中。而对于回国就业的毕业生而言，大多数学生能在 3 个月内找到工作。在回国认可度方面，近六成的留学人员感受到了用人单位对其学历的认可。

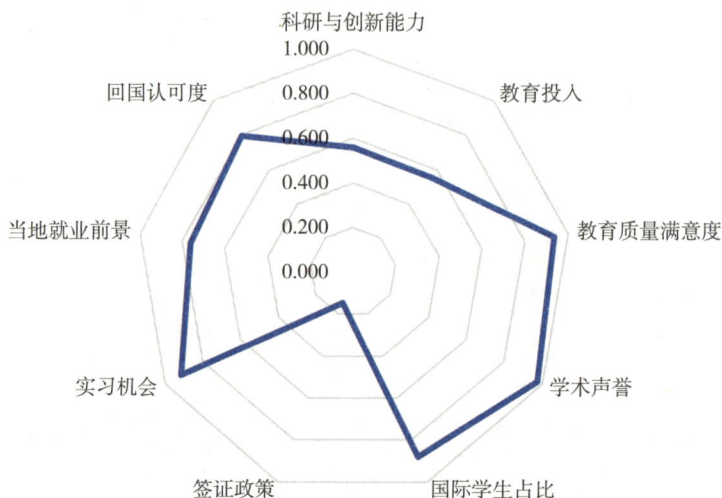

图 8-1　澳大利亚留学环境评价指标体系 – 质量与就业指标指数化得分情况

在科研与创新能力方面，2023 年，澳大利亚的全球创新指数为 49.7，在留学环境评价指标体系中指数化得分为 0.561，在 28 个国家中排名第 16。[①]

从教育投入来看，2020 年澳大利亚公共教育支出占国内生产总值的比例为 5.61%，比瑞典（7.93%）等国家低，指数化得分为 0.557，排名第 7。[②]

在教育质量满意度方面，根据调研，在澳大利亚留学的中国学生中超过 90% 对澳大利亚的教育质量满意度打 7 分及以上，21.6% 对澳大利亚教育质量表示很满意（10 分），23.5% 打了 9 分，16.3% 打了 8 分。调研中未发现留学人员对澳大利亚的教育质量表示很不满意。

① WIPO. Global Innovation Index 2023 [EB/OL]. (2023-09-27) [2025-02-18]. https://www.wipo. int/en/web/global-innovation-index/2023/index.

② World Bank. Public spending on education as a share of GDP[EB/OL]. (2023-07-10) [2024-11-04]. https://ourworldindata.org/financing-education#why-do-governments-finance-education.

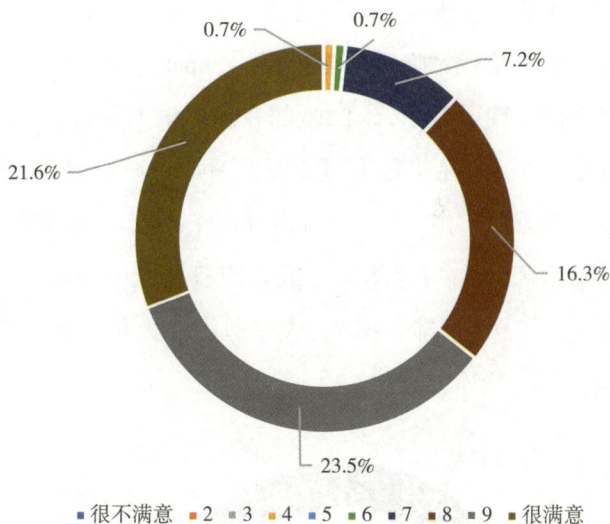

图 8-2　澳大利亚留学人员对澳大利亚教育质量的满意度

资料来源：教育部留学服务中心、全球化智库（CCG），2024 年海外留学人员专题调研。

在学术声誉指标方面，澳大利亚的得分为 0.974，在 28 个国家中排名第3。根据 2024 软科世界大学学术排名，澳大利亚共有 5 所学校被列入前 100名，分别为墨尔本大学、昆士兰大学、悉尼大学、新南威尔士大学、莫纳什大学。调研数据显示，在澳大利亚就读的中国留学人员中，超过 50% 的留学人员就读于 QS 排名前 100 的高校。具体来说，24.8% 的学生来自 QS 排名前 50 的院校，25.5% 的留学人员在 QS 排名第 51—100 的院校进行深造，而在 200 名以后的澳大利亚院校就读的留学人员仅占 21.6%。

在国际学生占比方面，澳大利亚国际学生占比为 21.9%，在 28 个国家中排名第 2，仅次于新加坡（25%）。[1]

在签证政策方面，澳大利亚对中国实施不免签政策，整体来看，签证政策指标排名第 20。澳大利亚签证包括用于在澳大利亚学习的 Subclass 500

---

[1] UNESCO Institute for Statistics. Share of students from abroad[EB/OL].（2024-06-16）[2024-11-04]. https://ourworldindata.org/grapher/share-of-students-from-abroad?tab=table.

学生签证、允许国际学生在毕业后留澳工作的 Subclass 485 毕业生工作签证、学习期间的实习签证以及针对临时技能短缺的 Subclass 482 正式工签。

在实习机会方面，调研显示，84.3% 的在澳留学人员有过一次以上实习或兼职经历。其中，26.8% 在当地有过 2 段实习或者兼职经历；16.3% 在当地有过 3 次实习或者兼职；17.7% 有过 6 次及以上的实习或者兼职。总体而言，在澳大利亚留学人员在当地的实习或兼职机会较为丰富，在这一指标方面澳大利亚得分为 0.915，排名第 7，大多数留学人员有机会参与到当地的实习实践中。

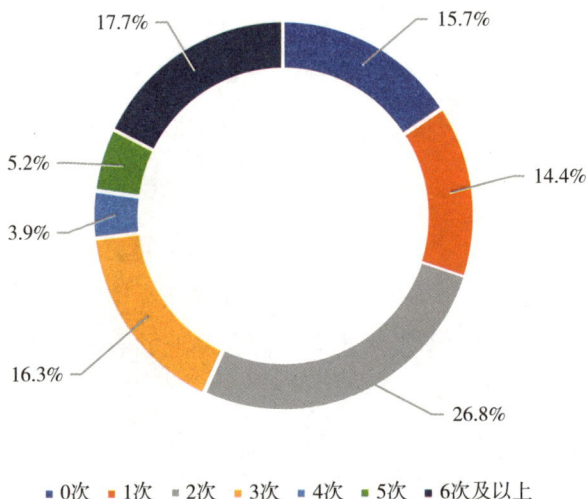

图 8-3　澳大利亚留学人员留学过程中在当地兼职或实习的经历

资料来源：教育部留学服务中心、全球化智库（CCG），2024 年海外留学人员专题调研。

在当地就业前景方面，2024 年，澳大利亚 15—24 岁青年失业率为 9.7%，国际学生在当地就业前景在 28 个国家中排名第 11，处于中等偏上水平。[①]

在回国认可度方面，据调研，澳大利亚留学回国的人员中有 75.8% 找到工作。已经找到工作的留学人员找到工作的平均时长为 2.67 个月。在回

---

① World Bank Group. Human Capital Data Portal. https://humancapital.worldbank.org/en/economies.

国认可度方面，澳大利亚指数化得分为 0.801，排名第 6。

8.1.3　澳大利亚留学安全与成本情况述评

在留学安全与成本方面，澳大利亚得分 0.142328，排名第 14。其中，在法律保护、女性安全方面表现优异，但生活成本较高，排名第 23。从调研数据来看，留学人员对澳大利亚的治安情况的满意度高于平均水平。然而，有关电信诈骗、盗抢及自然灾害的预警也提示了在该国留学存在的一些安全隐患。此外，留学人员的心理压力水平较高，约 80% 的留学人员曾有过消极情绪。心理压力主要来源于文化冲突、社交压力和语言障碍。大部分有消极情绪的留学人员得到了及时的支持和帮助，表明澳大利亚在留学人员心理健康支持方面已有一定的应对机制。

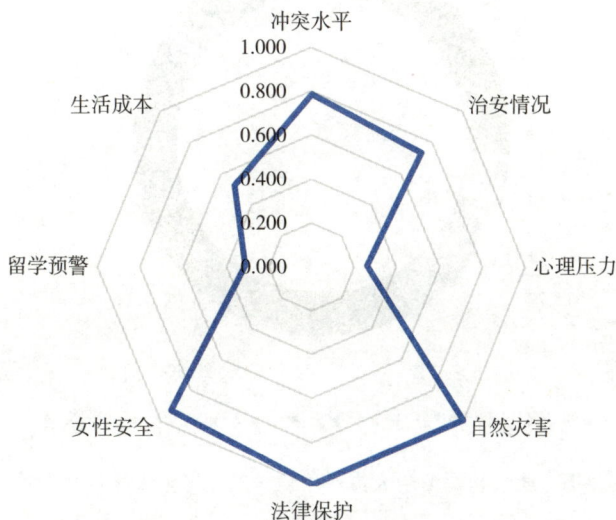

图 8-4　澳大利亚留学环境评价指标体系 - 安全与成本指标指数化得分情况

在冲突水平方面，从 ACLED 各项冲突指数中可以看到，澳大利亚在冲突的致命性、扩散性方面得分均为 0，在分裂性、危险性方面得分较低，冲突水平属于 Low/Inactive 级别。[①] 澳大利亚在冲突水平指标上得分为 0.780，在所调研的 28 个国家中排名第 10。

---

① ACLED. Conflict Index: December 2024. https://acleddata.com/conflict-index/.

在治安情况指标方面，澳大利亚的得分为 0.730，排名第 9。其中，根据 2024 年数据，澳大利亚社区韧性指数为 64，排名第 15，人们对社区要素的满意度较高，夜间行走也感到相对安全；在犯罪市场指数方面，澳大利亚犯罪市场为 4.3，排名第 8，在 28 个国家中处于较低水平。[①] 根据对中国在澳大利亚留学人员的调研，约 85% 的留学人员对澳大利亚的治安满意度打分为 7 分及以上，26.1% 对治安情况满意度打 10 分，15.7% 打 9 分，27.5% 打 8 分，15.7% 打 7 分。留学人员对澳大利亚的治安情况满意度平均为 8.16 分。

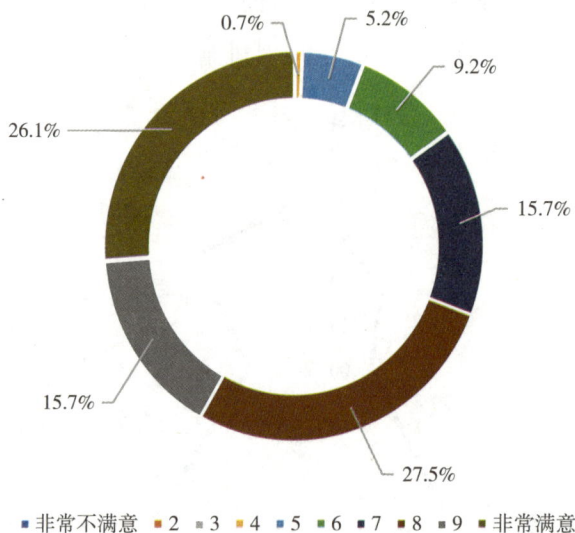

图 8-5　澳大利亚留学人员对所留学的地区治安情况满意度

资料来源：教育部留学服务中心、全球化智库（CCG），2024 年海外留学人员专题调研。

在心理压力指标方面，澳大利亚排名第 22，留学人员心理压力较大。赴澳留学人员的不同心理压力来源得分如下（满分为 5 分）：文化冲突 3.33

---

① Lloyd's Register Foundation. World Risk Poll 2024 Report. https://wrp.lrfoundation.org.uk/sites/default/files/2024-06/World%20Risk%20Poll%20Report%202024%20Resilience%20in%20a%20Changing%20World_1.pdf; GLOBAL Organized Crime Index. https://ocindex.net/explorer.

分、社交压力 3.09 分、语言压力 3.18 分、受歧视 2.64 分、经济压力 2.83 分。可以看到，赴澳留学人员的心理压力主要来自文化冲突、社交压力以及语言压力。此外，面对消极情绪，约八成的留学人员可以通过不同渠道寻求心理辅导和帮助，其中，31.4% 表示曾寻求过就读学校的心理支持；21.6%表示曾寻求过当地社会上的心理支持；26.8% 表示曾在国内医院咨询过心理医生。

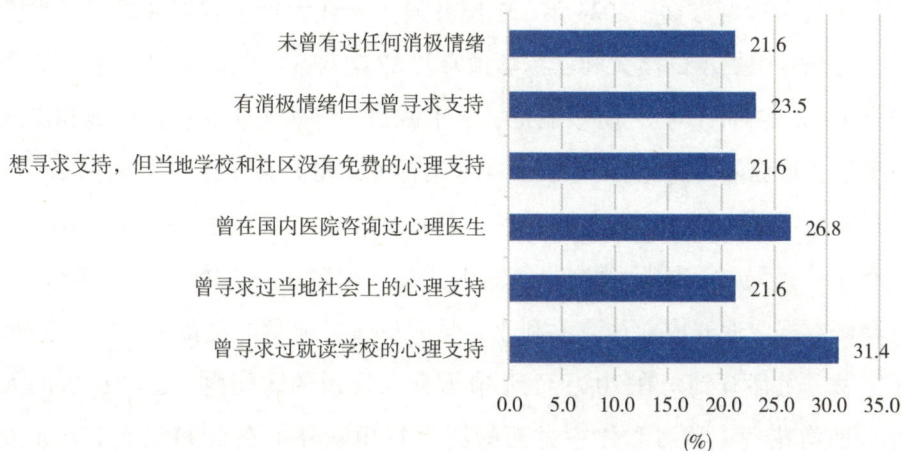

图 8-6 澳大利亚留学人员有消极的心理情绪时寻求学校或社会的心理支持的服务情况

资料来源：教育部留学服务中心、全球化智库（CCG），2024 年海外留学人员专题调研。

在自然灾害指标方面，澳大利亚得分为 0.999，排名第 12。据全球灾害数据平台统计，澳大利亚 2023 年共有 6 起自然灾害，受灾人数为 4137 人，场均受灾人数为 690 人。[①]

在法律保护方面，澳大利亚《1975 年种族歧视法案》（*Racial Discrimination Act* 1975）明确指出国际学生"受保护的特征"，该法案明确规定，禁止基于种族、肤色、血统、民族或族裔背景，或移民身份的歧视行为。该法案保护

---

① 全球灾害数据平台. 全球灾害数据检索 [EB/OL]. [2025-02-18]. https://www.gddat.cn/new GlobalWeb/#/countryScale.

人们在公共生活的多个领域免受种族歧视，包括就业、教育、获取或使用服务、租赁或购买房屋，以及进入公共场所。^①因此，澳大利亚在法律保护指标中得分为 1.000，与其他 22 个国家排名并列第 1。

在女性安全方面，据 2018 年 UN Women 数据统计，在澳大利亚，过去 12 个月内遭受身体或性暴力的女性比例约为 2.9%，低于大部分国家。^②澳大利亚在该指标得分为 0.934，在 28 个国家中排名第 5。

在留学预警方面，2024 年，中国驻澳大利亚大使馆官网及教育部平安留学公众号中提示的澳大利亚留学预警共 37 次，其中电信诈骗 20 次，人身安全 11 次，换汇诈骗、防范盗抢、学术诚信、自然灾害、抗议示威和出入境事项各被提醒一次。^③澳大利亚在该指标上的得分为 0.315，排名第 26。

在生活成本指标方面，澳大利亚得分为 0.514，排名第 23。2024 年，澳大利亚移民局对于国际学生的最低生活经济保障建议是每月 2500 澳元。^④据调研数据，近五成前往澳大利亚留学人员每年留学的总费用（包含学费、住宿费、生活开销）在 20 万元到 50 万元人民币的区间内。超过 65% 的人每月平均花费（学习和住宿方面的固定费用除外）在 5000 元到 2 万元人民币之间，其中 27.5% 月花费为 5000 元到 1 万元，20.9% 月花费为 1 万元到 1.5 万元，17.0% 的月花费为 1.5 万元到 2 万元。此外，有 15% 的留学人

① Australian Human Rights Commission. Racial discrimination. https://humanrights.gov.au/our-work/employers/racial-discrimination#:~:text=The%20Racial%20Discrimination%20Act%20 1975,ethnic%20origin%2C%20or%20immigrant%20status.

② UN Women. Violence Against Women [EB/OL]. [2025-02-18]. https://data.unwomen.org/data-portal/vaw-wps?annex=Violence%20Against%20Women&fiac%5BSH_STA_FGMS%5D%5B%5D=15-49&fiwq%5BVAW-3%5D%5B%5D=All&filc%5BVAW-3%5D%5B%5D=Urban&finic%5B%5D=VC_VAW_MARR&fiac%5BVC_VAW_MARR%5D%5B%5D=15%2B&fiac%5BVC_VAW_SXVLN%5D%5B%5D=18-29&fiac%5BVAW-1%5D%5B%5D=50-64&fiac%5BVC_HTF_DETVOP%5D%5B%5D=_U&fiac%5BVC_HTF_DETVFL%5D%5B%5D=_U&fyr%5B%5D=Latest%20available&fsr=countries&tab=map.

③ 教育部平安留学公众号，https://mp.weixin.qq.com/s/pqIFPc4-jcUnRveQUhfJ9A; 中华人民共和国驻澳大利亚联邦大使馆官网，https://au.china-embassy.gov.cn/chn/.

④ Charles Sturt University. Cost of living. https://study.csu.edu.au/international/live-and-work/cost-of-living.

员每月平均花费在 2 万元到 3 万元之间，超一成的留学人员月均花费低于 5000 元人民币。

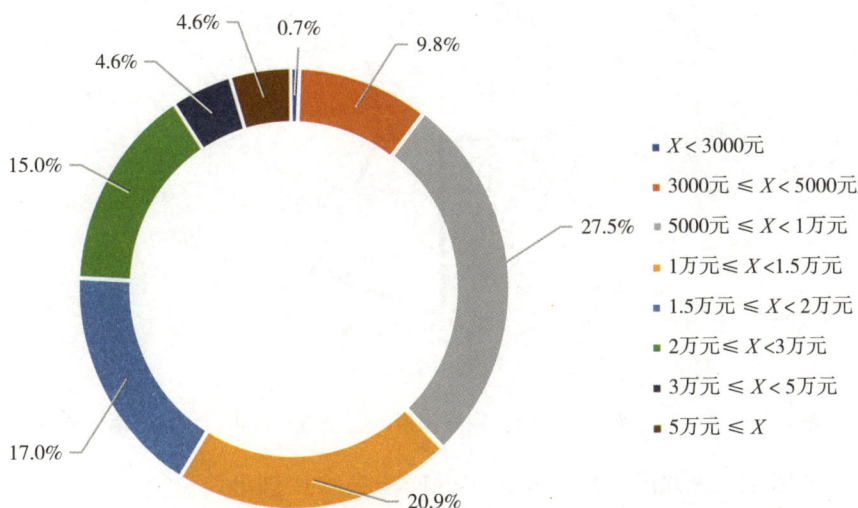

图例：
- $X < 3000$ 元
- 3000 元 $\leq X < 5000$ 元
- 5000 元 $\leq X < 1$ 万元
- 1 万元 $\leq X < 1.5$ 万元
- 1.5 万元 $\leq X < 2$ 万元
- 2 万元 $\leq X < 3$ 万元
- 3 万元 $\leq X < 5$ 万元
- 5 万元 $\leq X$

（环形图数据：4.6%、0.7%、9.8%、27.5%、20.9%、17.0%、15.0%、4.6%）

图 8-7　澳大利亚留学人员每月的平均花销的范围

资料来源：教育部留学服务中心、全球化智库（CCG），2024 年海外留学人员专题调研。

8.1.4　澳大利亚留学信任与开放情况述评

在信任与开放指标方面，澳大利亚得分为 0.101103，排名第 12。在其下二级指标中，双边经贸（排名第 4）、预估学费（排名第 4）、中国学生占比（排名第 9）等指标表现相对好一些；而中国学生增速（排名第 22）、专业限制（排名第 21）等指标表现较差。

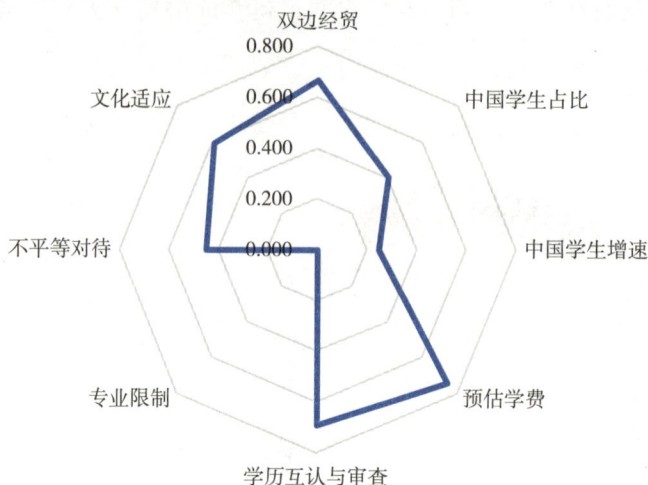

图 8-8　澳大利亚留学环境评价指标体系 - 信任与开放指标指数化得分情况

在双边经贸方面，2023 年，中国同澳大利亚进出口总额达到 23000310 万美元，同比增加 4.2%。[1] 澳大利亚在双边经贸指标上得分为 0.668，排名第 4。

在中国学生占比方面，根据 UNESCO 最新数据，2022 年中国留学人员数量占澳大利亚国际学生总数的 23.01%。[2] 澳大利亚在中国学生占比指标得分为 0.403，在 28 个国家中排名第 9。

在中国学生增速方面，2019 年在澳大利亚留学的中国留学人员达到近年最高峰值，为 155594 人；2021 年至 2022 年中国学生占比同比减少 5.93%。[3] 澳大利亚在中国学生增速指标上得分为 0.247，在 28 个国家中排名第 22。

在预估学费方面，澳大利亚的预估学费较为昂贵且区间较大，不同院校和专业的学费有所差异，研究生学费普遍高于本科生学费。2024 年，澳

---

① 国家统计局 . 国家数据 [EB/OL]. [2025-02-18]. https://data.stats.gov.cn/easyquery.htm?cn=C01.

② UNESCO. Number and rates of international mobile students[EB/OL].（2025-02-11）[2025-02-12]. https://data.uis.unesco.org.

③ 同上。

大利亚本科生年均学费在 13675 澳元到 30769 澳元之间；研究生年均学费最高在 15045 澳元到 34192 澳元之间。①

在学历互认与审查方面，中国与澳大利亚在本科、硕士、博士学历三个学段实现了互认，2024 年没有对澳大利亚留学的学位加强认证审查的情况，故澳大利亚在该指标的得分为 0.690，排名第 16。

在专业限制方面，澳大利亚在国家层面对留学人员有一定限制，但并非针对具体国别或专业。比如《海外学生教育服务修正法案（ESOS）》中要求从 2025 年 1 月起，澳大利亚公立大学招收的新生人数将限制在 14.5 万人左右，职业院校的新生数量将限制在 9.5 万人左右，私立大学和其他学院限 3 万人。每所公立大学的国际学生比例不得超过其学生总人数的 40%。此外，《澳大利亚签证 8208 条款》规定，凡是涉及关键技术的研究生课程，学生在开始学习之前必须获得书面批准。具体包括与关键技术相关的研究型硕士学位或博士学位课程，与这些课程相关的衔接课程（如先修课程），以及涉及关键技术的研究生课程论文或研究课题。只有在内政事务部部长确认申请人不会对关键技术的非期望性转移构成不合理风险后，才能批准其研究计划。②

在不平等对待指标方面，澳大利亚的得分为 0.451，排名第 16。从调研情况来看，赴澳大利亚留学的中国留学人员中，有 54.9% 曾遇到或其朋友曾遇到过当地的不平等对待（包括种族歧视、刻板偏见、校园霸凌、非法拘捕、非法调查等）。

在文化适应指标方面，澳大利亚的得分为 0.595，排名第 18。据调研，赴澳大利亚留学的中国留学人员中，47.1% 表示其朋友圈以中国人为主；9.8% 表示其朋友圈大多数是当地人；25.5% 表示其朋友圈中大多数是其他

---

① Jane Playdon. How much does it cost to study in Australia? https://www.topuniversities.com/student-info/student-finance/how-much-does-it-cost-study-australia.

② Australian Government Department of Home Affairs. Critical technology - enhanced visa screening measures. https://www.homeaffairs.gov.au/about-us/our-portfolios/national-security/critical-technology.

国家留学人员（非当地人或中国留学人员）；15.0%表示其朋友圈各地人员占比差不多。

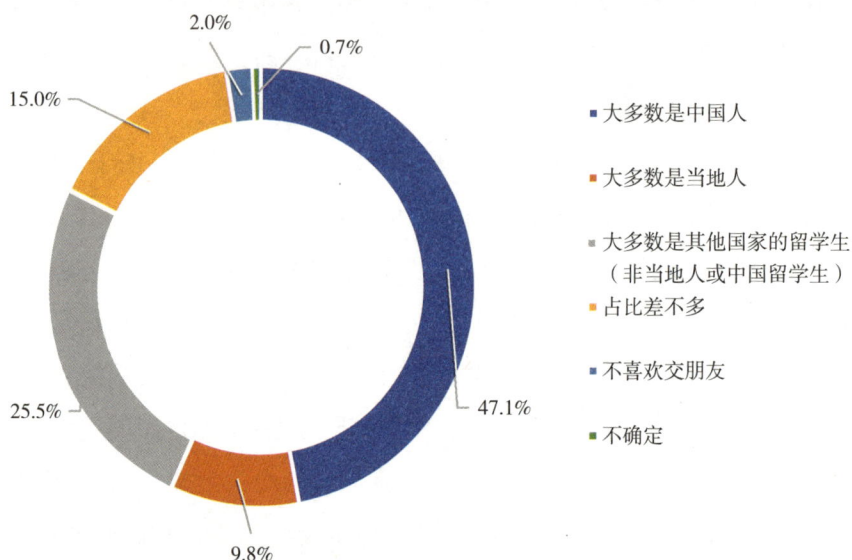

图 8-9 澳大利亚留学人员留学时的朋友圈占比情况

资料来源：教育部留学服务中心、全球化智库（CCG），2024年海外留学人员专题调研。

8.2 新西兰留学环境评估分析

8.2.1 新西兰留学环境评估概览

新西兰在留学环境评价指标体系综合评估中，各项指标加权总分为0.627855，排名第14。在各项一级指标中，新西兰在质量与就业指标方面得分为0.348680，排名第16；在安全与成本指标方面得分为0.163045，排名第3；在信任与开放指标方面得分为0.116129，排名第7。在各项二级指标中，新西兰的留学优势主要体现在签证政策、冲突水平、法律保护、中国学生占比、预估学费、专业限制等指标上。

表 8-2 新西兰留学环境评价指标得分及评估概览

指标层级		指数化得分	排名	加权得分	总排名
一级指标	二级指标				
质量与就业	科研与创新能力	0.485	17	0.348680	16
	教育投入	0.569	6		
	教育质量满意度	0.883	14		
	学术声誉	0.456	18		
	国际学生占比	0.478	8		
	签证政策	0.714	4		
	实习机会	0.851	11		
	当地就业前景	0.639	19		
	回国认可度	0.685	11		
安全与成本	冲突水平	1.000	1	0.163045	3
	治安情况	0.697	11		
	心理压力	0.442	11		
	自然灾害	0.994	17		
	法律保护	1.000	1		
	女性安全	0.863	12		
	留学预警	0.759	22		
	生活成本	0.624	17		
信任与开放	双边经贸	0.054	27	0.116129	7
	中国学生占比	0.722	5		
	中国学生增速	0.229	24		
	预估学费	1.000	1		
	学历互认与审查	0.690	16		
	专业限制	1.000	1		
	不平等对待	0.500	11		
	文化适应	0.404	21		
所有指标				0.627855	14

8.2.2 新西兰留学质量与就业情况述评

在质量与就业指标方面，新西兰排名第16。从二级指标来看，新西兰在教育投入、国际学生占比和签证政策方面表现相对较好。新西兰的教育投入排名第 6，国际学生占比排名第 8，签证政策完善，回国认可度也较高；然而新西兰在科研与创新能力、学术声誉两项指标分别排名第 17、第 18，处于 28 个国家的平均水平以下。

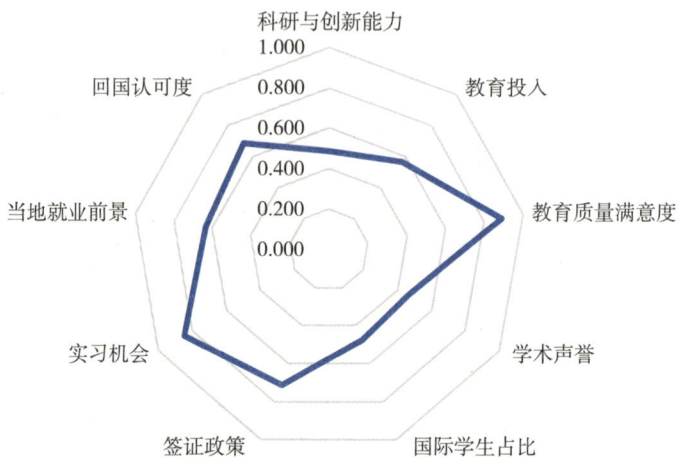

图 8-10　新西兰留学环境评价指标体系 – 质量与就业指标指数化得分情况

在科研与创新能力方面，新西兰在 2023 年全球创新指数中得分为 46.6，在 28 个国家中排名第 17。[①]

在教育投入方面，2020 年新西兰公共教育支出占国内生产总值的比例为 5.67%，在 28 个调查国家中排名第 6，位于瑞典（7.93%）、丹麦（7.38%）、比利时（6.8%）、芬兰（6.63%）、法国（5.68%）之后。[②]

在教育质量满意度方面，根据调研，中国赴新西兰留学的留学人员对新西兰的教育质量满意度的打分平均分为 8.19（满分为 10 分），其中 36.4% 表示对新西兰的教育质量很满意（10 分）；18.2% 对新西兰教育质量打了 9 分；36.4% 打了 8 分。

[①] WIPO. Global Innovation Index 2023 [EB/OL]. (2023-09-27) [2025-02-18]. https://www.wipo.int/en/web/global-innovation-index/2023/index.

[②] World Bank. Public spending on education as a share of GDP[EB/OL]. (2023-07-10) [2024-11-04]. https://ourworldindata.org/financing-education#why-do-governments-finance-education.

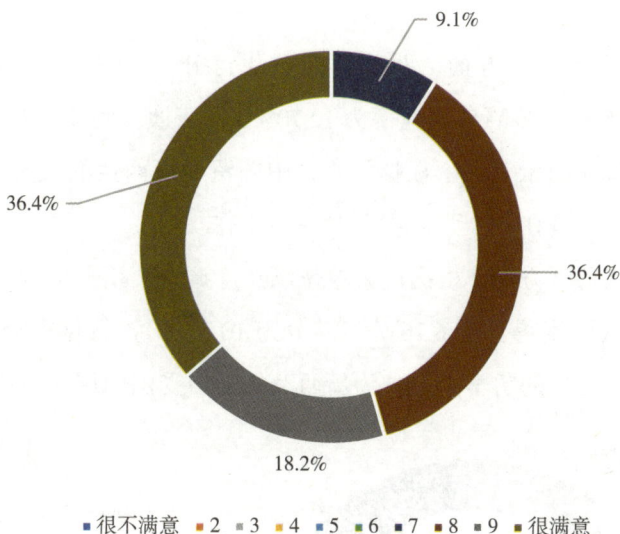

图 8-11　新西兰留学人员对新西兰的教育质量满意度

资料来源：教育部留学服务中心、全球化智库（CCG），2024 年海外留学人员专题调研。

在学术声誉方面，根据 2024 软科世界大学学术排名，新西兰共有 7 所学校被列入前 1000 名，奥克兰大学排名第 201—300，坎特伯雷大学、奥塔哥大学和惠灵顿维多利亚大学排名第 401—500，奥克兰理工大学、梅西大学、怀卡托大学排名第 801—900。

在国际学生占比指标方面，新西兰的得分为 0.478，排名第 8。2021 年，新西兰国际学生占比为 12%。[1]

在签证政策方面，新西兰针对国际学生从学习到就业的签证比较完善，为毕业生提供求职签证（通常为 1—3 年），允许留学人员在毕业后寻找工作；新西兰也提供实习签证，留学人员可进行与课程相关的实习。

在实习机会方面，新西兰在该项指标的得分为 0.851，排名第 11。根据调研，中国赴新西兰留学人员中，近 82% 在新西兰留学期间有实习或兼职

---

[1] UNESCO Institute for Statistics. Share of students from abroad[EB/OL].（2024-06-16）[2024-11-04]. https://ourworldindata.org/grapher/share-of-students-from-abroad?tab=table.

的经历。

在当地就业前景方面，新西兰指数化得分为 0.639，排名第 19。2024
年，新西兰 15—24 岁青年失业率为 12.70%，高于澳大利亚（9.70%）[1]，留学
人员在当地就业前景一般。根据调查，中国留学新西兰的人员中，54.6% 回
国求职的留学人员在一个月内找到第一份工作。

在回国认可度方面，根据用人单位满意度调查，用人单位对新西兰留学
回国人员的认可度得分为 6.16 分（满分为 10 分），指数化得分为 0.685，排
名第 11。有 63.6% 的留学人员认为新西兰的学历受国内用人单位认可度高。

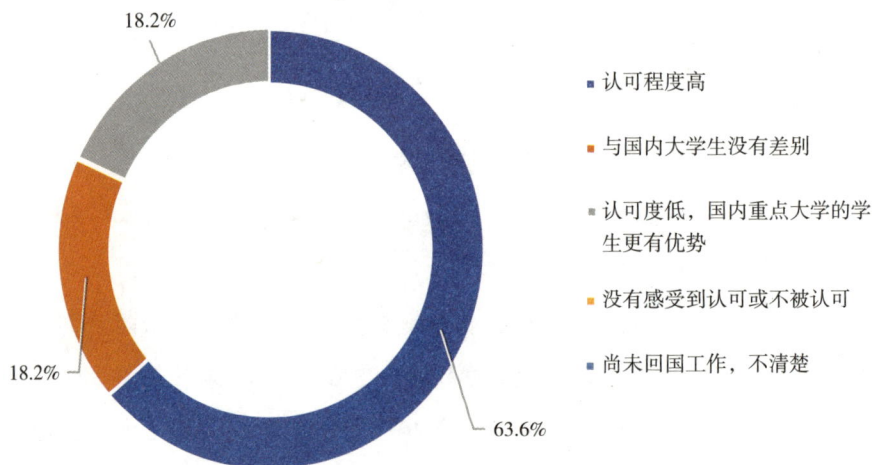

图 8-12　新西兰留学人员认为回国学历背景受国内用人单位的认可度

资料来源：教育部留学服务中心、全球化智库（CCG），2024 年海外留学人员专题
调研。

8.2.3　新西兰留学安全与成本情况述评

在安全与成本指标方面，新西兰排名第 3，为三项一级指标中排名最高
的一项。其优势主要体现在冲突水平和法律保护上，两个指标在 28 个调查
国家里均与其他几个国家并列第 1。新西兰在心理压力（第 11）和女性安全
（第 12）方面表现都高于平均水平，在自然灾害、生活成本和留学预警上排

---

[1] World Bank Group. Human Capital Data Portal. https://humancapital.worldbank.org/en/economies.

名稍逊，分别排名第 17、第 17 和第 22。

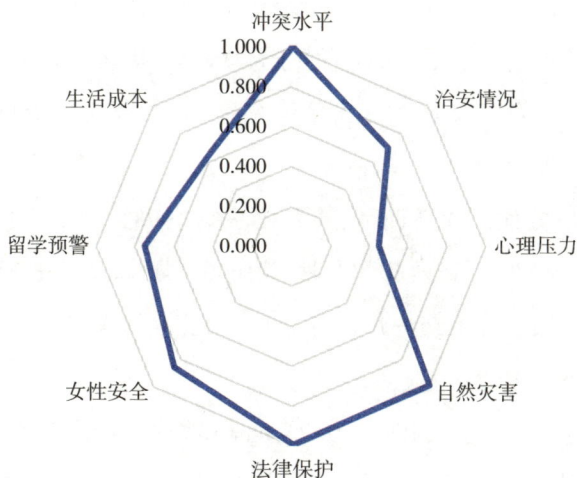

图 8-13　新西兰留学环境评价指标体系 - 安全与成本指标指数化得分情况

在冲突水平方面，从 ACLED 各项冲突指数中可以看到，新西兰在冲突的致命性、扩散性、分裂性、危险性方面得分均为 0，冲突水平属于 Low/Inactive 级别。[①] 新西兰在冲突水平指标上得分为 1.000，在 28 个调查国家里与新加坡、日本等并列第 1，冲突水平最低。

在治安情况指标方面，新西兰的得分为 0.697，排名第 11。其中，根据2024 年数据，新西兰社区韧性为 58，在 28 个国家中排名第 23；犯罪市场为 3.77，在 28 个国家中排名第 3。[②] 根据对中国在新西兰留学人员的调研，留学人员对当地治安情况打分较高，超九成的留学人员打 8 分及以上（满分 10 分）。留学人员对新西兰的治安情况满意度平均为 8.12 分。

在心理压力方面，新西兰指数化得分 0.442，排名第 11。根据调研，新西兰留学人员感受到的语言压力相对较小，在 28 个国家中排名第 8，在社交压力方面排名第 10，在文化冲突、受歧视方面排名第 12，在经济方面感

① ACLED. Conflict Index: December 2024. https://acleddata.com/conflict-index/.

② Lloyd's Register Foundation. World Risk Poll 2024 Report. https://wrp.lrfoundation.org.uk/sites/default/files/2024-06/World%20Risk%20Poll%20Report%202024%20Resilience%20in%20a%20Changing%20World_1.pdf; GLOBAL Organized Crime Index. https://ocindex.net/explorer.

受到的压力相对较大，排名第 17。另外，超过六成的新西兰留学人员表示，未曾有过任何消极情绪，或者有消极情绪但是得到过心理支持服务。

在自然灾害指标方面，新西兰得分为 0.994，排名第 17。据全球灾害数据平台统计，2023 年，新西兰受灾总频次为 3 次，受灾害影响人数为 16203 人，场均受灾人数为 5401 人。[①]

在法律保护方面，在新西兰，《人权法案 1993》规定，禁止私营企业、组织或个人歧视行为；《新西兰权利法案 1990》规定，政府部门、官员以及其他公共机构（如学校）禁止歧视行为。[②] 因此，新西兰在法律保护指标中得分为 1.000，位列第 1。

在女性安全方面，据 2018 年 UN Women 数据统计，在新西兰，过去 12 个月内遭受身体或性暴力的女性比例为 4.2%，比瑞士（1.7%）、澳大利亚（2.9%）等国家高。[③] 新西兰在该指标上的得分为 0.863，在 28 个国家中排名第 12。

在留学预警方面，2024 年，中国驻新西兰大使馆官网及教育部平安留学公众号中提示的新西兰留学预警共 13 次，其中 8 次涉及电信诈骗，1 次涉及换汇诈骗，4 次涉及人身安全。[④] 新西兰在该指标上的得分 0.759，排名第 22。

在生活成本指标方面，新西兰的得分为 0.624，排名第 17。具体来看，

[①] 全球灾害数据平台. 全球灾害数据检索 [EB/OL]. [2025-02-18]. https://www.gddat.cn/new GlobalWeb/#/countryScale.

[②] https://humanrights.gov.au/our-work/employers/racial-discrimination#:—:text=The%20 Racial%20Discrimination%20Act%201975,ethnic%20origin%2C%20or%20immigrant%20status.

[③] UN Women. Violence Against Women [EB/OL]. [2025-02-18]. https://data.unwomen.org/data-portal/vaw-wps?annex=Violence%20Against%20Women&fiac%5BSH_STA_FGMS%5D%5B%5D=15-49&fiwq%5BVAW-3%5D%5B%5D=All&filc%5BVAW-3%5D%5B%5D=Urban&finic%5B%5D=VC_VAW_MARR&fiac%5BVC_VAW_MARR%5D%5B%5D=15%2B&fiac%5BVC_VAW_SXVLN%5D%5B%5D=17-29&fiac%5BVAW-1%5D%5B%5D=50-64&fiac%5BVC_HTF_DETVOP%5D%5B%5D=_U&fiac%5BVC_HTF_DETVFL%5D%5B%5D=_U&fyr%5B%5D=Latest%20available&fsr=countries&tab=map.

[④] 教育部平安留学公众号，https://mp.weixin.qq.com/s/pqIFPc4-jcUnRveQUhfJ9A; 中华人民共和国驻新西兰大使馆官网, https://nz.china-embassy.gov.cn/chn/.

新西兰移民局对于国际学生的最低生活经济保障建议是，生活费在每月1500 新西兰币（NZD）至 2250 新西兰币之间。[①] 据调研，在新西兰留学的人员中，63.7% 表示月均花销（学习和住宿方面的固定费用除外）在 1 万元人民币以内。

　　在医疗保障方面，在新西兰，国际学生每年需要支付 697 美元医保费用。[②]

8.2.4　新西兰留学信任与开放情况述评

　　在信任与开放指标方面，新西兰排名第 7。具体到各项二级指标，新西兰在双边经贸方面表现欠佳，排名第 27；在中国学生增速指标上表现不佳，排名第 24；在文化适应方面，新西兰的得分较低，排名第 21。不过，新西兰对留学人员无专业限制，中国学生占新西兰国际学生的比例较高（41.2%），在该项指标上排名第 1；新西兰预估学费高，该项指标排名第 1。

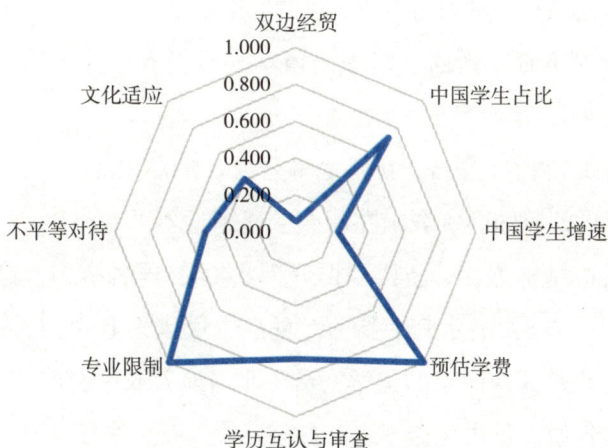

图 8-14　新西兰留学环境评价指标体系 – 信任与开放指标指数化得分情况

　　在双边经贸指标方面，新西兰得分为 0.054，排名第 27。2023 年，中国

---

① New Zealand Education. Tuition fees and cost of living. https://www.studywithnewzealand.govt.nz/en/why-new-zealand/living-in-new-zealand/cost-of-living.

② AECC. Healthcare for International Students in New Zealand. https://www.aeccglobal.com/student-services/health-insurance/health-insurance-in-new-zealand.

和新西兰进出口总额为 2135615 万美元，2022 年为 2507845 万美元，2023 年同比下降 17.4%。①

在中国学生占比指标方面，新西兰得分为 0.722，排名第 5。据 UNESCO 最新数据，2022 年中国留学人员数量占新西兰国际学生总数的 41.19%。②

在中国学生增速方面，2021 年在新西兰高等教育机构留学的中国留学人员数量为 11443 人，2022 年为 10457 人；2022 年中国留学人员数量同比减少 8.61%。③ 新西兰在中国学生增速指标方面得分为 0.229，排名第 24。

在预估学费方面，在一定范畴内，预估学费越高，留学人员对该国教育越信任。新西兰在该项指标上得分为 1，排名第 1，本科生预估学费为 2 万至 4 万美元，研究生预估学费为 2 万至 4.5 万美元。④

在学历互认与审查指标方面，中国与新西兰在本科、硕士、博士学历三个学段实现了互认，2024 年没有对新西兰留学的学位加强认证审查的情况，故新西兰在该指标的得分为 0.690，排名第 16。

在专业限制方面，新西兰对中国留学人员没有专业限制，因此在该项指标得分为 1.000，排名第 1。

在不平等对待指标方面，新西兰得分为 0.500，排名第 11；赴新西兰留学的受访人员中，有 36.4% 表示在新西兰遇到过不平等对待。

在文化适应指标方面，新西兰得分为 0.404，排名第 21。赴新西兰留学的受访人员中，63.6% 表示其在新西兰的朋友圈大多是中国人；27.3% 表示其朋友圈大多数是其他国家的留学人员（非当地人或中国留学人员）；9.1% 表示其朋友圈各地人员占比差不多。

---

① 国家统计局. 国家数据 [EB/OL]. [2025−02−18]. https://data.stats.gov.cn/easyquery.htm?cn=C01.

② UNESCO. Number and rates of international mobile students[EB/OL].（2025−02−11）[2025−02−12]. https://data.uis.unesco.org.

③ 同上。

④ New Zealand Education. Tuition fees and cost of living. https://www.studywithnewzealand.govt.nz/en/why−new−zealand/living−in−new−zealand/cost−of−living.

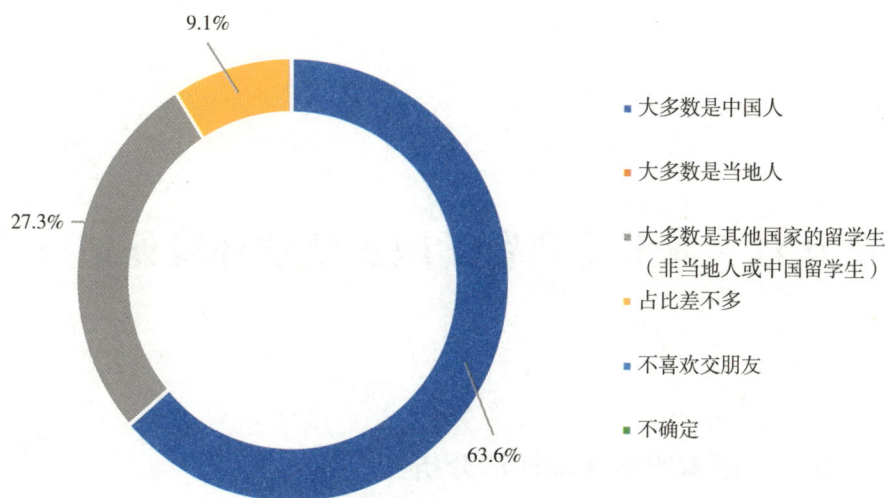

9.1%

27.3%

63.6%

- 大多数是中国人
- 大多数是当地人
- 大多数是其他国家的留学生（非当地人或中国留学生）
- 占比差不多
- 不喜欢交朋友
- 不确定

图 8-15　新西兰留学人员留学时的朋友圈占比情况

资料来源：教育部留学服务中心、全球化智库（CCG），2024 年海外留学人员专题调研。

第九章 亚洲主要留学国家留学环境评估分析

9.1 日本留学环境评估分析

9.1.1 日本留学环境评估概览

日本在留学环境评价指标体系综合评估中得分为 0.663527，排名第 10。在三个一级指标中，日本在质量与就业指标上得分为 0.388606，排名第 12，处于中等位置；在安全与成本指标方面，日本得分为 0.156034，排名第 8，整体表现较好。在信任与开放指标方面，日本得分为 0.118888，排名第 6。在各项二级指标中，日本在实习机会、当地就业前景、冲突水平、中国学生占比、专业限制等二级指标方面表现较好。

表 9-1　日本留学环境评价指标得分及评估概览

指标层级		指数化得分	排名	加权得分	总排名
一级指标	二级指标				
质量与就业	科研与创新能力	0.681	12	0.388606	12
	教育投入	0.139	24		
	教育质量满意度	0.900	12		
	学术声誉	0.869	9		
	国际学生占比	0.221	19		
	签证政策	0.143	20		
	实习机会	0.974	4		
	当地就业前景	1.000	1		
	回国认可度	0.454	22		

续表

指标层级		指数化得分	排名	加权得分	总排名
一级指标	二级指标				
安全与成本	冲突水平	1.000	1	0.156034	8
	治安情况	0.733	7		
	心理压力	0.331	17		
	自然灾害	0.998	15		
	法律保护	0.000	21		
	女性安全	0.880	11		
	留学预警	0.315	26		
	生活成本	0.880	7		
信任与开放	双边经贸	0.543	6	0.118888	6
	中国学生占比	0.827	4		
	中国学生增速	0.228	25		
	预估学费	0.173	17		
	学历互认与审查	0.431	21		
	专业限制	1.000	1		
	不平等对待	0.523	10		
	文化适应	0.744	7		
所有指标				0.663527	10

9.1.2　日本留学质量与就业情况述评

在质量与就业指标方面，日本排名第12，处于中等偏上位置。在该指标中，日本在当地就业前景、实习机会指标方面表现较好。但日本在教育投入和回国认可度指标方面排名靠后；国际学生占比和签证政策指标排名一般，在吸引国际学生的综合政策上还有优化空间。

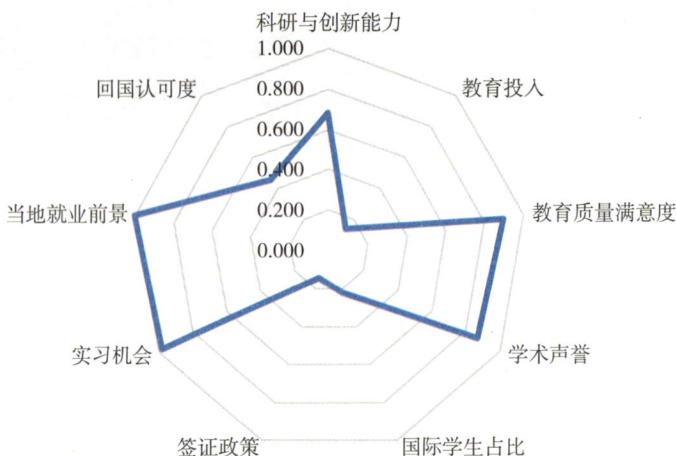

图 9-1　日本留学环境评价指标体系 - 质量与就业指标指数化得分情况

在科研与创新能力指标方面，日本的得分为 0.681，排名第 12。日本在 2023 年全球创新指数中，得分为 54.6[①]，表明其在科研与创新方面具备一定实力，处于中等偏上位置，在国际竞争中具有一定优势。

在教育投入指标方面，日本的得分为 0.139，排名第 24。2020 年，日本公共教育支出占国内生产总值的比例为 3.42%[②]，与其他国家相比，日本在教育投入方面表现欠佳。

在教育质量满意度方面，通过调研，日本教育质量满意度得分为 0.900，在 28 个国家中排名第 12，说明日本教育质量得到了一定的认可，处于中上等水平。

在学术声誉指标方面，日本的得分为 0.869，排名第 9。根据 2024 软科世界大学学术排名，日本在学术领域声誉较高，在国际学术界具有较强影响力，得到广泛的认可和尊重。通过调研，在日本留学的中国学生就读于 QS 排名 1—50 名学校的学生占比仅 5.8%，说明进入日本顶尖国际名校的

---

① WIPO. Global Innovation Index 2023 [EB/OL].（2023-09-27）[2025-02-18]. https://www.wipo. int/en/web/global-innovation-index/2023/index.

② World Bank. Public spending on education as a share of GDP [EB/OL].（2023-07-10）[2024-11-04]. https://ourworldindata.org/financing-education#why_do_governments_finance_education.

学生相对较少。在 51—100 名学校就读的中国学生占比为 23.2%；在 101—200 名学校就读的占比最高，达 34.8%。

在国际学生占比指标方面，日本的得分为 0.221，排名第 19。2022 年，日本国际学生占日本高等教育学生总数的比例为 5.6%[1]，相比其他发达国家少。

在签证政策方面，日本对中国不实施免签政策，日本在该指标上得分为 0.143，排名第 20。

在实习机会方面，根据对在日本留学的中国留学人员的调研，84.5% 的受访者在日本留学期间有过 1 次及以上的实习或兼职经历，12.3% 有 1 次实习或兼职经历，25.8% 有 2 次实习或兼职经历，17.4% 有 3 次实习或兼职经历，21.9% 有 6 次及以上实习或兼职经历。日本在实习机会指标上得分为 0.974，排名第 4，体现出日本为学生提供了较为丰富的实习机会。

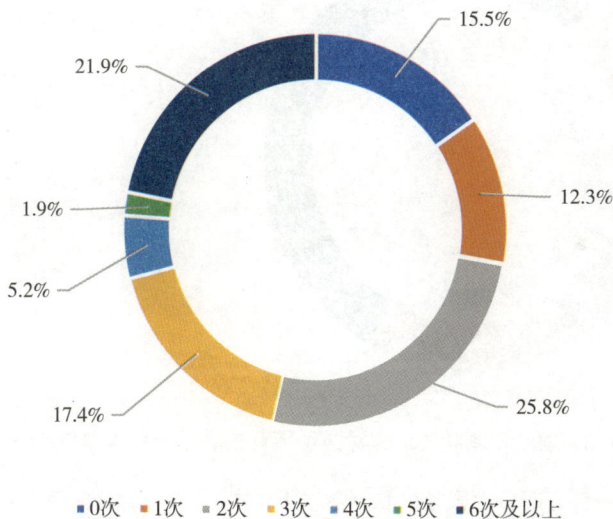

图 9-2　日本留学人员留学过程中在当地兼职或实习的经历

资料来源：教育部留学服务中心、全球化智库（CCG），2024 年海外留学人员专题调研。

---

[1] UNESCO Institute for Statistics. Share of students from abroad [EB/OL]. （2024-06-16）[2024-11-04]. https://ourworldindata.org/grapher/share-of-students-from-abroad?tab=table.

在当地就业前景指标方面，日本的得分为 1.000，排名第 1。2024 年，日本 15—24 岁青年失业率为 4%，在 28 个国家中最低，显示日本当地就业前景良好，国际学生毕业后在当地就业机会较多。

在回国认可度指标方面，日本的得分为 0.454，排名第 22。根据调研，国内用人单位对日本留学回国人员的认可度打分仅为 5.08 分（满分为 10分）。对留学日本的人员的调研发现，41.9% 表示国内用人单位对其认可程度高，16.1% 表示用人单位对其留学经历的认可度与国内大学毕业生没有差别，21.3% 表示国内用人单位对其认可度低于国内重点大学学生。26.5% 认为其薪酬比国内毕业的大学生有优势，40.0% 表示其薪酬与国内毕业的大学生相同。

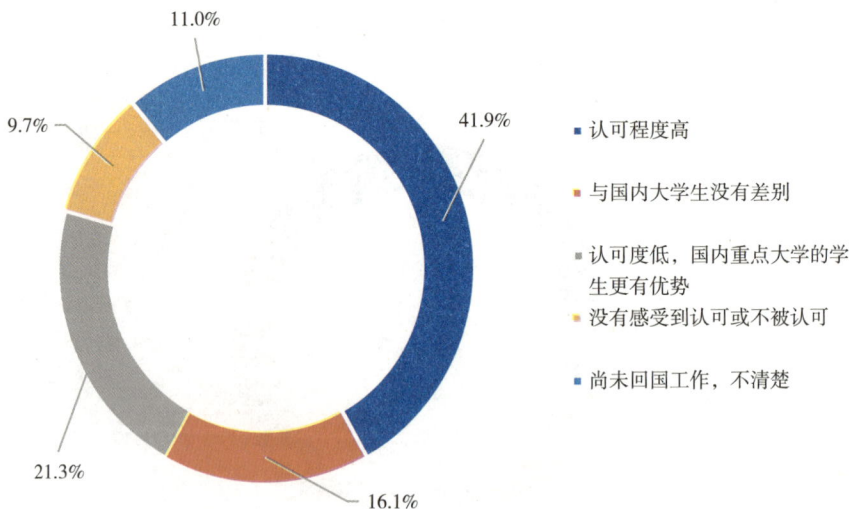

图 9-3　留学日本学生认为回国学历背景受国内用人单位的认可度

资料来源：教育部留学服务中心、全球化智库（CCG），2024 年海外留学人员专题调研。

9.1.3　日本留学安全与成本情况述评

在安全与成本指标方面，日本的得分为 0.156034，排名第 8，整体表现较好。在该指标下，日本在冲突水平（排名第 1）、治安情况（排名第 7）和生活成本（排名第 7）指标上得分较高，而法律保护（排名第 21）和留学预警（排名第 26）指标得分较低。

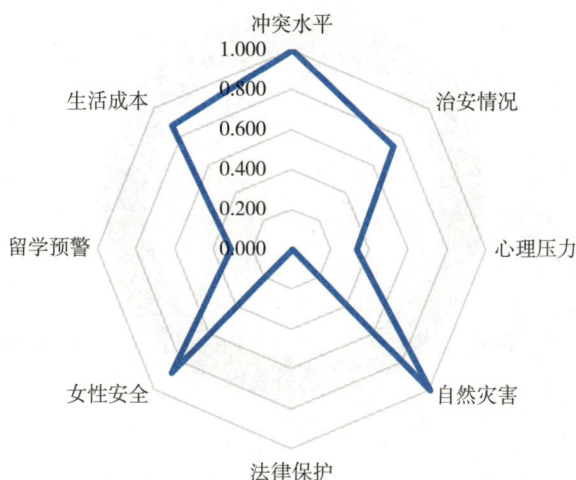

图 9-4　日本留学环境评价指标体系－安全与成本指标指数化得分情况

在冲突水平方面，从 ACLED 各项冲突指数中可以看到，日本在冲突的致命性、扩散性、分裂性、危险性方面得分均为 0，冲突水平属于 Low/ Inactive 级别。[1]日本在冲突水平指标上得分为 1.000，在 28 个调查国家里与新加坡、新西兰等并列第 1。

在治安情况指标方面，日本的得分为 0.733，排名第 7，表明日本治安状况良好，为留学人员提供了较为安全稳定的学习生活环境。其中，根据 2024 年数据，日本社区韧性指数为 59，在 28 个调研国家中排名第 21；犯罪市场为 3.87，在 28 个调研国家中排名第 5。[2]根据对中国在日本留学人员的调研，留学人员对当地治安情况打分较高，29.7% 的受访者对日本的治安情况表示非常满意，20.0% 对日本的治安情况打 9 分，24.5% 打 8 分。留学人员对日本的治安情况满意度平均为 8.34 分。

① ACLED. Conflict Index: December 2024.https://acleddata.com/conflict-index/.
② Lloyd's Register Foundation. World Risk Poll 2024 Report. https://wrp.lrfoundation.org.uk/sites/ default/files/2024-06/World%20Risk%20Poll%20Report%202024%20Resilience%20in%20a%20 Changing%20World_1.pdf; GLOBAL Organized Crime Index. https://ocindex.net/explorer.

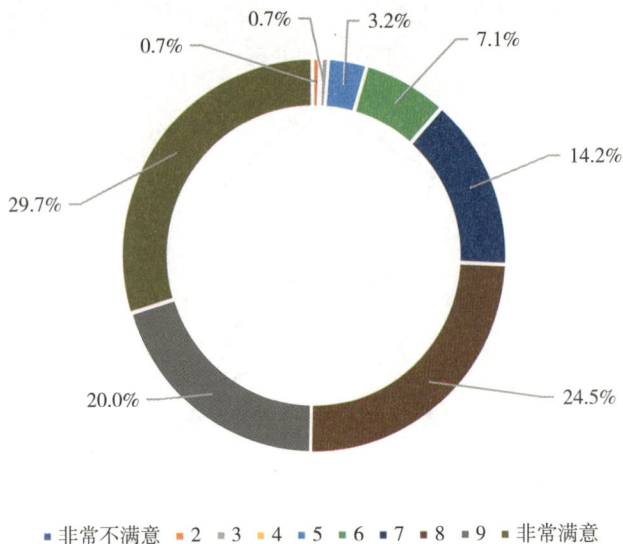

0.7%　3.2%
0.7%　7.1%
29.7%　14.2%
20.0%　24.5%

■非常不满意 ■2 ■3 ■4 ■5 ■6 ■7 ■8 ■9 ■非常满意

图 9-5　留学日本学生对所留学的地区治安情况满意度

资料来源：教育部留学服务中心、全球化智库（CCG），2024 年海外留学人员专题调研。

在心理压力指标方面，日本的得分为 0.331，排名第 17，说明留学人员在日本学习的心理压力处于中等偏大水平，可能受到当地文化、学习节奏等多种因素影响。

在自然灾害指标方面，日本的得分为 0.998，排名第 15。据全球灾害数据平台统计，2023 年，日本共发生综合灾害 6 次，灾害影响人数 10814 人次，场均受灾人数 1802 人次。[①] 尽管日本自然灾害频发，但从得分来看，在应对自然灾害方面或其他相关因素上表现较好，在国际上处于中等水平。

在法律保护指标方面，日本的得分为 0.000，排名第 21。日本没有禁止种族、民族或宗教歧视的法律，也没有基于性取向或性别认同的歧视禁止

① 全球灾害数据平台．全球灾害数据检索 [EB/OL]．[2025-02-18]．https://www.gddat.cn/new GlobalWeb/#/countryScale.

法。每年接受的难民数量极少^①，主要来自亚洲。日本没有国家级人权机构，显示日本在法律保护方面存在明显不足，需要进一步加强相关措施，以保障留学人员合法权益。

在女性安全方面，据 2018 年 UN Women 数据统计，在日本，过去 12 个月内遭受身体或性暴力的女性比例约为 3.9%。^②日本在该项指标上得分为 0.880，排名第 11，表明日本在保障女性安全方面表现较好，处于中等偏上水平，为女性留学人员提供了相对安全的环境。

在留学预警方面，2024 年，中国驻日本大使馆及教育部平安留学公众号中提示的日本留学预警信息共 37 次。其中，人身安全和自然灾害各 13 次，电信诈骗 7 次，换汇诈骗 3 次，出入境事项 1 次。^③日本在该指标上的得分为 0.315，排名第 26。

在生活成本指标方面，日本得分为 0.880，排名第 7。2024 年，日本移民机构对于国际学生的最低生活经济保障建议是，每月平均生活成本为 75000—100000 日元^④。总体而言，日本的生活成本在国际上处于中等偏下水平，生活成本相对较低。

在医疗保障方面，日本每年平均医保费用为 710 元人民币^⑤。日本医疗

---

① Human Rights Watch. Japan, Events of 2019 [EB/OL]. [2025−02−18]. https://www.hrw.org/world−report/2020/country−chapters/japan.

② UN Women. Violence Against Women [EB/OL]. [2025−02−18]. https://data.unwomen.org/data−portal/vaw−wps?annex=Violence%20Against%20Women&fiac%5BSH_STA_FGMS%5D%5B%5D=15−19&fiwq%5BVAW−3%5D%5B%5D=All&filc%5BVAW−3%5D%5B%5D=Urban&finic%5B%5D=VC_VAW_MARR&fiac%5BVC_VAW_MARR%5D%5B%5D=15%2B&fiac%5BVC_VAW_SXVLN%5D%5B%5D=18−29&fiac%5BVAW−1%5D%5B%5D=50−64&fiac%5BVC_HTF_DETVOP%5D%5B%5D=_U&fiac%5BVC_HTF_DETVFL%5D%5B%5D=_U&fyr%5B%5D=Latest%20available&fsr=countries&tab=map.

③ 教育部平安留学公众号，https://mp.weixin.qq.com/s/pqIFPc4−jcUnRveQUhfJ9A；中华人民共和国驻日本国大使馆，http://jp.china−embassy.gov.cn.

④ International College of Liberal Arts, Yamanashi Gakuin University. Cost of Living in Japan for Students [EB/OL]. [2025−02−18]. https://www.icla.ygu.ac.jp/en/why−study−in−japan/living−cost/.

⑤ Nagasaki University Center for Japanese Language and Student Exchange. National Health Insurance [EB/OL]. [2025−02−18]. https://www.liaison.nagasaki−u.ac.jp/en/?page_id=200.

保障体系较为完善，在国际上具有较强竞争力，能为留学人员提供良好的健康保障。

9.1.4 日本留学信任与开放情况述评

在信任与开放指标方面，日本得分为 0.118888，排名第 6。在这一指标下，日本在专业限制、中国学生占比、双边经贸和文化适应等指标方面表现较好，但中国学生增速、学历互认与审查等二级指标排名靠后。

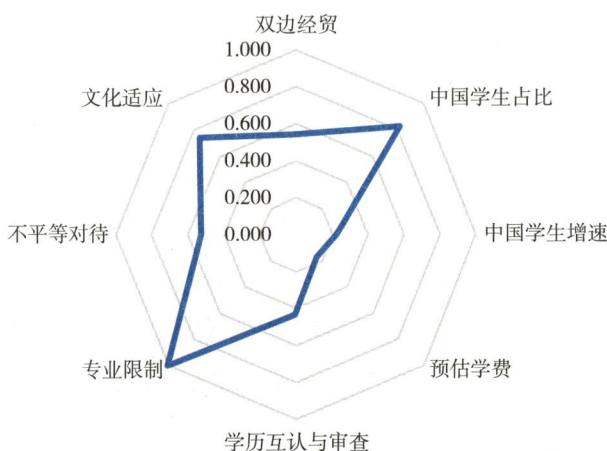

图 9-6 日本留学环境评价指标体系 – 信任与开放指标指数化得分情况

从双边经贸来看，2023 年，中国同日本进出口总额为 31795305 万美元，同比减少 12.2%。[①] 日本在双边经贸指标上得分为 0.543，排名第 6，显示中日双边经贸关系在国际上处于中等偏上水平，有较好的合作基础，对留学交流可能产生积极影响。

在中国学生占比方面，根据 IIE 数据，2022 年，在日本留学的中国学生占日本国际学生总数的 47.2%。[②] 日本在中国学生占比指标上得分为 0.827，排名第 4。

在中国学生增速方面，在日本，中国学生总数在 2019 年达到 228403

---

① 国家统计局. 国家数据 [EB/OL]. [2025-02-18]. https://data.stats.gov.cn/easyquery.htm?cn=C01.

② IIE. Project Atlas, Japan [EB/OL].（2024-08）[2025-02-18]. https://www.iie.org/research-initiatives/project-atlas/explore-data/japan-2/.

人，但在 2020 年至 2022 年中国学生人数持续下降，2022 年相对 2021 年下降 8.82%。日本在中国学生增速指标上得分为 0.228，排名第 25。

在预估学费方面，换算成人民币后，日本 2023 年本科生平均学费为：国立学校 39360 元，公立学校 44640 元，私立学校 52800 元；硕士生平均学费为：国立学校 39360 元，公立学校 43200 元，私立学校 52800 元。① 日本在预估学费指标上得分为 0.173，排名第 17。

在学历互认与审查方面，中国与日本未实现双边教育互认，2024 年没有对日本留学的学位加强认证审查的情况。日本在该指标的得分为 0.431，排名第 21。

在专业限制方面，日本对中国学生没有专业限制，日本在该项指标上得分为 1.000，排名第 1，表明日本为留学人员提供了广阔的专业选择空间。

在不平等对待方面，对在日本留学的中国留学人员的调研显示，52.3% 的受访者表示自己或身边人在日本遭受过不平等对待，日本在该项指标上得分 0.523，排名第 10，说明在日本发生的不平等对待处于中等水平，整体情况相对稳定。

在文化适应指标方面，日本的得分为 0.744，排名第 7，显示国际学生在日本的文化适应程度较好。对在日本留学的中国留学人员的调研显示，57.4% 表示其朋友圈大多数为中国人，9.0% 表示其朋友圈大多数是当地人，15.5% 表示其朋友圈大多数是其他国家的留学生（非当地人或中国留学人员），12.3% 表示其朋友圈各地人员占比差不多。

---

① STUDY in JAPAN. 日本への留学計画 [EB/OL]. [2025-02-18].https://www.studyinjapan.go.jp/ja/planning/academic-fees/.

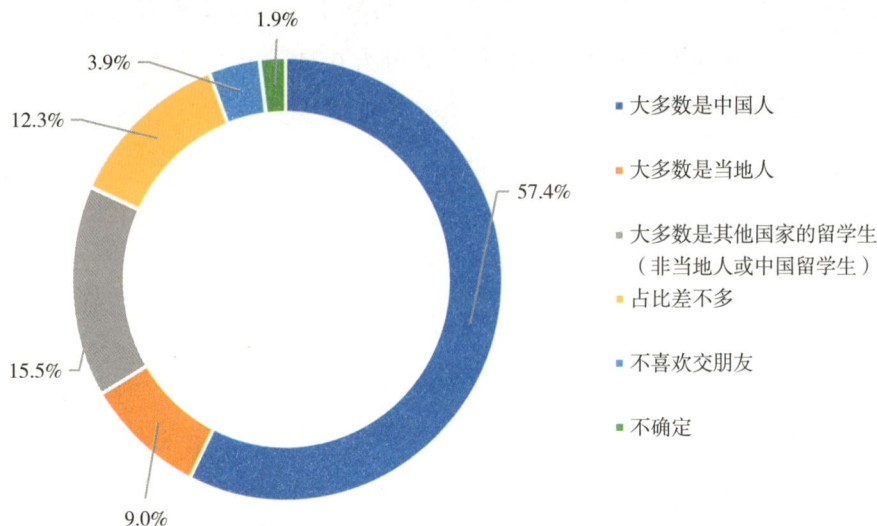

图 9-7　留学日本学生留学时的朋友圈占比情况

资料来源：教育部留学服务中心、全球化智库（CCG），2024 年海外留学人员专题调研。

9.2　韩国留学环境评估分析

9.2.1　韩国留学环境评估概览

韩国在留学环境评价指标体系综合评估中得分为 0.655541，排名第 11。在三个一级指标体系中，韩国在质量与就业指标上得分为 0.390284，排名第 11，处于中等偏上水平，这表明韩国在教育质量、学术研究以及为留学人员提供就业机会等方面具备一定的竞争力；安全与成本指标方面，韩国得分为 0.136499，排名第 19。在信任与开放指标方面，韩国得分为 0.128757，排名第 2，表现较为突出。在各项二级指标中，韩国在实习机会、当地就业前景、治安情况、中国学生占比、学历互认与审查、专业限制等二级指标方面表现较好。

表 9-2 韩国留学环境评价指标得分及评估概览

指标层级		指数化得分	排名	加权得分	总排名
一级指标	二级指标				
质量与就业	科研与创新能力	0.779	10	0.390284	11
	教育投入	0.403	17		
	教育质量满意度	0.827	16		
	学术声誉	0.801	12		
	国际学生占比	0.161	22		
	签证政策	0.143	20		
	实习机会	0.967	5		
	当地就业前景	0.934	4		
	回国认可度	0.474	21		
安全与成本	冲突水平	0.693	15	0.136499	19
	治安情况	0.790	5		
	心理压力	0.283	20		
	自然灾害	0.996	16		
	法律保护	0.000	21		
	女性安全	0.656	23		
	留学预警	0.630	24		
	生活成本	0.723	14		
信任与开放	双边经贸	0.478	8	0.128757	2
	中国学生占比	0.855	3		
	中国学生增速	0.292	16		
	预估学费	0.125	18		
	学历互认与审查	0.862	5		
	专业限制	1.000	1		
	不平等对待	0.545	9		
	文化适应	0.761	6		
所有指标				0.655541	11

9.2.2 韩国留学质量与就业情况述评

在质量与就业指标方面，韩国得分为 0.390284，排名第 11，处于中等偏上水平。其中，表现较好的二级指标有当地就业前景（排名第4）、实习机会（排名第5），在国际学生占比和回国认可度等指标方面排名相对靠后。

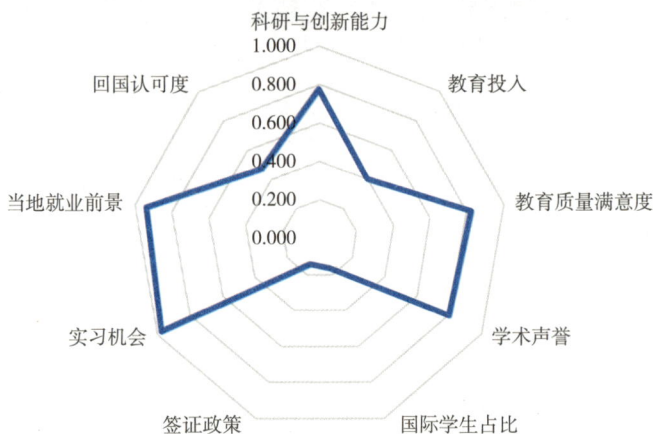

图9-8 韩国留学环境评价指标体系 - 质量与就业指标指数化得分情况

在科研与创新能力指标方面，在世界知识产权组织（WIPO）发布的全球创新指数（GII）中，2023年，韩国的全球创新指数为58.6，在所调研的28个国家中排名第10。[①]

在教育投入方面，2020年，韩国公共教育支出占国内生产总值的比例为4.8%，比占比最高的瑞典（7.93%）低3.13个百分点。[②]韩国在该项二级指标的得分为0.403，在28个调研国家中排名第17。

在教育质量满意度方面，根据对在韩国留学的中国留学人员的调研，受访者对韩国的教育质量满意度的打分为7.89分（满分为10分），韩国在该项二级指标的得分为0.827，排名第16。

在学术声誉方面，根据2024软科世界大学学术排名，韩国共有29所学校被列入前1000名，其中首尔国立大学排名前100。韩国在学术声誉指标上的得分为0.801，在调研的28个国家中排名第12。

---

① WIPO. Global Innovation Index 2023 [EB/OL]. (2023-09-27) [2025-02-18]. https://www.wipo.int/en/web/global-innovation-index/2023/index.

② World Bank. Public spending on education as a share of GDP[EB/OL].（2023-07-10）[2024-11-04]. https://ourworldindata.org/financing-education#why-do-governments-finance-education.

在国际学生占比方面，在韩国高等教育机构学习的国际学生占韩国高等教育机构学生总数的比例为 4.1%。[1]韩国在国际学生占比指标上的得分为 0.161，排名第 22。

在签证政策指标方面，韩国对中国不实施免签政策，求职签证和实习签证的时长较短，韩国在该项二级指标上的得分为 0.143，排名第 20。

在实习机会指标方面，韩国的得分为 0.967，排名第 5。调研反馈，在韩国留学的中国学生中，9.9% 的受访者表示在当地没有实习经历，10.7% 表示实习过 1 次，29.8% 表示实习过 2 次，22.1% 表示实习过 3 次，9.9% 表示在当地实习过 4 次，13.7% 表示在当地实习过 6 次及以上。

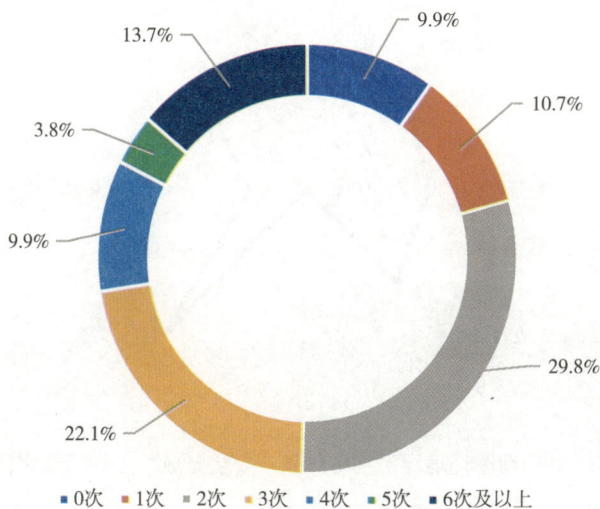

图 9-9　韩国留学人员留学过程中在当地兼职或实习的经历

资料来源：教育部留学服务中心、全球化智库（CCG），2024 年海外留学人员专题调研。

在当地就业前景方面，根据世界银行的数据，2024 年，韩国 15—24 岁青年失业率为 5.60%。[2]韩国在该项二级指标的得分为 0.934，排名第 4，在

---

[1] UNESCO Institute for Statistics. Share of students from abroad[EB/OL].（2024-06-16）[2024-11-04]. https://ourworldindata.org/grapher/share-of-students-from-abroad?tab=table.

[2] World Bank Group. Human Capital Data Portal. https://humancapital.worldbank.org/en/economies.

所调研的 28 个国家中，韩国的当地就业前景较好。

在回国认可度指标方面，韩国的得分为 0.474，排名第 21。根据调研，国内用人单位对韩国留学回国人员的认可度较低，平均打分为 5.63 分（满分为 10 分）。

9.2.3　韩国留学安全与成本情况述评

在安全与成本指标方面，韩国得分为 0.136499，排名第 19。各项指标参差不齐，其中表现较好的是治安情况，排名第 5，留学预警、女性安全、法律保护等指标方面排名均靠后。

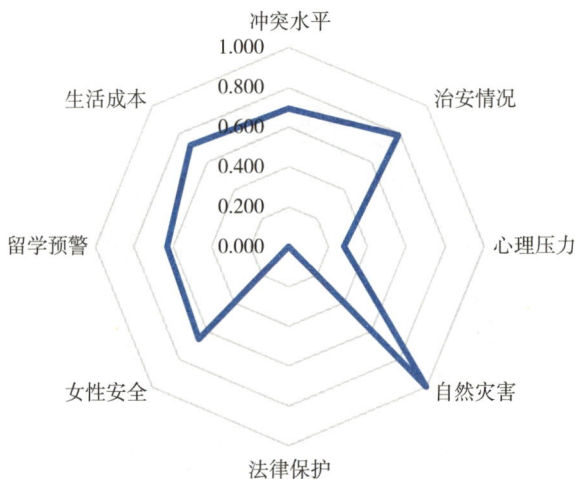

图 9-10　韩国留学环境评价指标体系 – 安全与成本指标指数化得分情况

在冲突水平方面，从 ACLED 各项冲突指数中可以看到，韩国在冲突的致命性、扩散性方面得分均为 0，在冲突的分裂性、危险性方面得分较低，冲突水平属于 Low/Inactive 级别。[①] 韩国在冲突水平指标上得分为 0.693，在 28 个调查国家中排名第 15。

在治安情况指标方面，韩国的得分为 0.790，排名第 5，表明韩国治安状况良好，为留学人员提供了较为安全稳定的学习生活环境。其中，根据 2024 年数据，韩国社区韧性为 64，排名第 15；犯罪市场为 3.57，排名第

① ACLED. Conflict Index: December 2024. https://acleddata.com/conflict−index/.

2。① 根据对中国在韩国留学人员的调研，留学人员对当地治安情况打分较高，留学人员对韩国的治安情况满意度平均为 8.05 分。

在心理压力调研中，韩国指数化得分为 0.283（最高 5 分），排名第 20。说明中国留学人员在韩国学习生活的心理压力较大，可能与韩国的文化、学习节奏等因素有关。中国在韩学生面临多种心理压力，整体得分为 2.95，心理负担相对较大。整体来看，语言和文化方面带来的压力较为突出，反映出在韩学生在融入当地环境过程中，语言和文化差异是主要挑战，同时经济与社交问题也给他们带来一定心理负担。在关于心理支持服务的相关调研中，中国在韩学生想寻求心理服务支持，但当地学校和社区没有免费心理支持的占比最高，达 32.8%；曾在国内医院咨询过心理医生的占 29.8%；有消极情绪但未曾寻求支持的占 26.7%；曾寻求过就读学校心理支持的占17.6%；曾寻求过当地社会上心理支持的占 26.0%；未曾有过任何消极情绪的占比最小，为 13.0%。这表明部分在韩学生有心理支持需求，但受限于缺乏免费资源等因素，未能充分获取帮助。

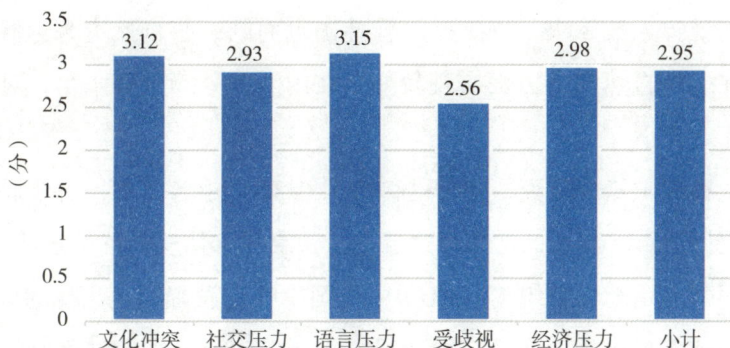

图 9-11　留学韩国学生在留学的过程中心理压力来源

资料来源：教育部留学服务中心、全球化智库（CCG），2024 年海外留学人员专题调研。

① Lloyd's Register Foundation. World Risk Poll 2024 Report. https://wrp.lrfoundation.org.uk/sites/default/files/2024-06/World%20Risk%20Poll%20Report%202024%20Resilience%20in%20a%20Changing%20World_1.pdf; GLOBAL Organized Crime Index. https://ocindex.net/explorer.

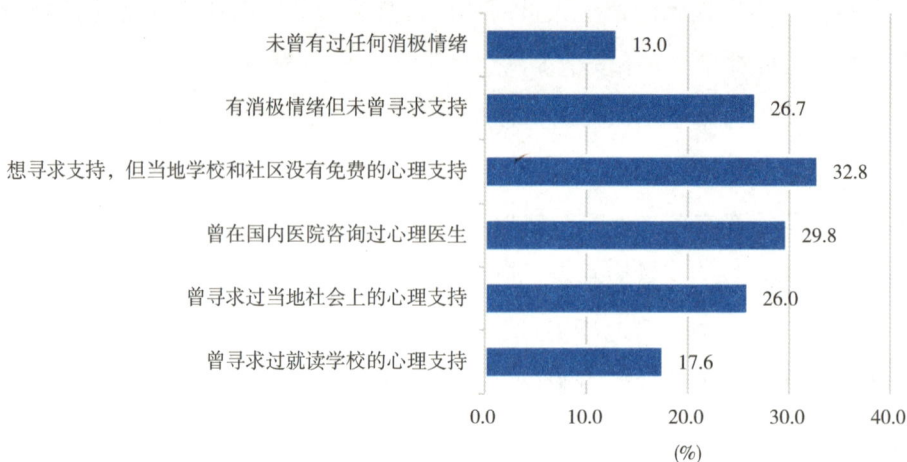

图9-12 留学韩国学生有消极的心理情绪时寻求过学校或社会的心理支持的服务

资料来源：教育部留学服务中心、全球化智库（CCG），2024年海外留学人员专题调研。

在自然灾害指标方面，韩国的得分为0.996，排名第16。据全球灾害数据平台统计，2023年，韩国共发生综合灾害3次，灾害影响人数11034人次，场均受灾人数3678人次。[①] 尽管韩国也面临一些自然灾害，但从得分来看，在应对自然灾害方面表现较好，在国际上处于中等水平，对留学人员影响相对较小。

在法律保护指标方面，韩国的得分为0.000，排名第21。韩国缺乏一部全面解决所有形式歧视的法律，这加剧了边缘化群体所面临的挑战。[②] 与日本一样，韩国是经合组织（OECD）成员国中唯二没有此类法律的国家。自2007年以来，反歧视法案已在国会提案11次，然而，所有法案都未通过最终阶段。

[①] 全球灾害数据平台. 全球灾害数据检索 [EB/OL]. [2025-02-18]. https://www.gddat.cn/newGlobalWeb/#/countryScale.

[②] The Korea Times. Marginalized groups call for legal protection against discrimination [EB/OL]. （2024-01-02）[2025-02-18]. https://www.koreatimes.co.kr/www/nation/2024/03/113_366085.html.

在女性安全方面，据 2018 年 UN Women 数据统计，在韩国，过去 12 个月内遭受身体或性暴力的女性比例约为 8%。[①] 韩国在该项指标上的得分为 0.656，排名第 23，说明韩国在保障女性安全方面表现一般，可能需要进一步加强相关措施，提升女性留学人员的安全感。

在留学预警方面，2024 年，中国驻大韩民国大使馆及教育部平安留学公众号中提示的韩国留学预警信息共 20 次，其中人身安全 6 次，电信诈骗 5 次，自然灾害 3 次，换汇诈骗和法律法规各 2 次，跨境赌博和抗议示威各 1 次[②]。韩国在该指标上的得分为 0.630，排名第 24。

在生活成本指标方面，韩国得分为 0.723，排名第 14。2024 年，韩国移民管理机构对于国际学生的最低生活经济保障建议是，韩国每月平均生活成本为 1075 美元。[③] 表明韩国的生活成本在国际上处于中等水平，留学人员的经济压力相对较小。

在医疗保障方面，韩国每年平均医保费用为 3649 元人民币[④]，韩国虽能为留学人员提供基本的医疗保障，但与部分医疗保障先进国家相比，仍有改进空间。

9.2.4　韩国留学信任与开放情况述评

在信任与开放指标方面，韩国得分为 0.128757，排名第 2。其在专业限

---

① UN Women. Violence Against Women [EB/OL]. [2025-02-18]. https://data.unwomen. org/data-portal/vaw-wps?annex=Violence%20Against%20Women&fiac%5BSH_STA_ FGMS%5D%5B%5D=15-19&fiwq%5BVAW-3%5D%5B%5D=All&filc%5BVAW- 3%5D%5B%5D=Urban&finic%5B%5D=VC_VAW_MARR&fiac%5BVC_VAW_ MARR%5D%5B%5D=15%2B&fiac%5BVC_VAW_SXVLN%5D%5B%5D=18-29&fiac%5BVAW- 1%5D%5B%5D=50-64&fiac%5BVC_HTF_DETVOP%5D%5B%5D=_U&fiac%5BVC_HTF_ DETVFL%5D%5B%5D=_U&fyr%5B%5D=Latest%20available&fsr=countries&tab=map.

② 教育部平安留学公众号, https://mp.weixin.qq.com/s/pqIFPc4-jcUnRveQUhfJ9A；中华人民共和国驻大韩民国大使馆官网, http://kr.china-embassy.gov.cn.

③ Educations.com. Study in South Korea: Housing & Living Costs [EB/OL].（2024-07-30）[2025- 02-18]. https://www.educations.com/study-guides/asia/study-in-south-korea/student- housing-19037.

④ Sunny Korea. Health Insurance [EB/OL]. [2025-02-18]. https://www.sunnykorea.ac.kr/en/html/ sub04/04020306.html.

制、中国学生占比、学历互认与审查等指标方面排名靠前。

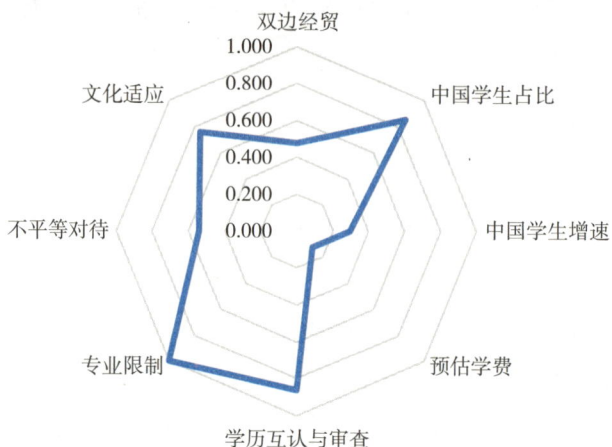

图 9-13　韩国留学环境评价指标体系 – 信任与开放指标指数化得分情况

在双边经贸指标方面，韩国得分为 0.478，排名第 8。2023 年，韩国与中国的进出口总额为 31069089 万美元，同比减少 15.9%。[①]

在中国学生占比指标方面，韩国的得分为 0.855，排名第 3。2022 年在韩中国学生占韩国国际学生总数的 48.7%。[②]

在中国学生增速方面，2022 年在韩中国学生同比增长 1.3%。[③]韩国在该指标上得分为 0.292，排名第 16，处于中等水平。

在预估学费方面，换算成人民币后，2023 年韩国本科生学费方面，公立学校为 21200 元到 26500 元，私立学校为 31800 元到 42400 元，硕士生学费中公立学校为 26500 元到 35400 元，私立学校为 37100 元到 53000 元。韩国在预估学费指标上得分为 0.125，排名第 18。

在学历互认与审查方面，中国与韩国有 5 个学段实现了学历互认，双边教育学历互认程度较高，2024 年没有对韩国留学的学位加强认证审查的

① 国家统计局 . 国家数据 [EB/OL]. [2025-02-18]. https://data.stats.gov.cn/easyquery.htm?cn=C01.

② UNESCO. Number and rates of international mobile students[EB/OL].（2025-02-11）[2025-02-12]. https://data.uis.unesco.org.

③ 同上。

情况。韩国在该指标的得分为 0.862，排名第 5。

在专业限制方面，韩国对中国留学人员没有专业限制，在该项指标上得分为 1.000，排名第 1，为留学人员提供了广阔的专业选择空间。

在不平等对待方面，对在韩国留学的中国留学人员的调研显示，48.5% 的受访者表示自己或身边人在韩国遭受过不平等对待，韩国在该项指标上得分 0.545，排名第 9，整体情况相对较好，有利于营造友好的留学环境。

在文化适应指标方面，韩国的得分为 0.761，排名第 6。对在韩国留学的中国留学人员的调研显示，35.1% 表示其朋友圈大多数为中国人，19.9% 表示其朋友圈大多数是当地人，26.7% 表示其朋友圈大多数是其他国家的留学生（非当地人或中国留学人员）。

9.3　新加坡留学环境评估分析

9.3.1　新加坡留学环境评估概览

新加坡在留学环境评价指标体系综合评估中，各指标加权总分 0.685186，排名第 2。在三个一级指标中，质量与就业指标得分 0.386242，排名第 13；安全与成本指标得分 0.176047，排名第 1；信任与开放指标得分 0.122897，排名第 5，均有较突出的优势。在各项二级指标中，新加坡在科研与创新能力、国际学生占比、签证政策、冲突水平、治安情况、自然灾害、法律保护、女性安全、中国学生占比、预估学费、专业限制等方面表现优秀。

表9-3　新加坡留学环境评价指标得分及评估概览

指标层级		指数化得分	排名	加权得分	总排名
一级指标	二级指标				
质量与就业	科研与创新能力	0.850	5	0.386242	13
	教育投入	0.000	28		
	教育质量满意度	0.885	13		
	学术声誉	0.645	16		
	国际学生占比	1.000	1		
	签证政策	0.714	4		
	实习机会	0.558	20		
	当地就业前景	0.817	9		
	回国认可度	0.705	10		
安全与成本	冲突水平	1.000	1	0.176047	1
	治安情况	1.000	1		
	心理压力	0.508	7		
	自然灾害	1.000	1		
	法律保护	1.000	1		
	女性安全	0.962	3		
	留学预警	0.889	13		
	生活成本	0.450	25		
信任与开放	双边经贸	0.371	13	0.122897	5
	中国学生占比	0.877	2		
	中国学生增速	0.372	9		
	预估学费	0.907	2		
	学历互认与审查	0.000	27		
	专业限制	1.000	1		
	不平等对待	0.568	7		
	文化适应	0.627	16		
所有指标				0.685186	2

9.3.2　新加坡留学质量与就业情况述评

在质量与就业指标方面，新加坡得分为0.386242，排名第13。在这一指标下，新加坡在科研与创新能力、国际学生占比、签证政策等二级指标上表现较好，但在教育投入方面排名靠后。

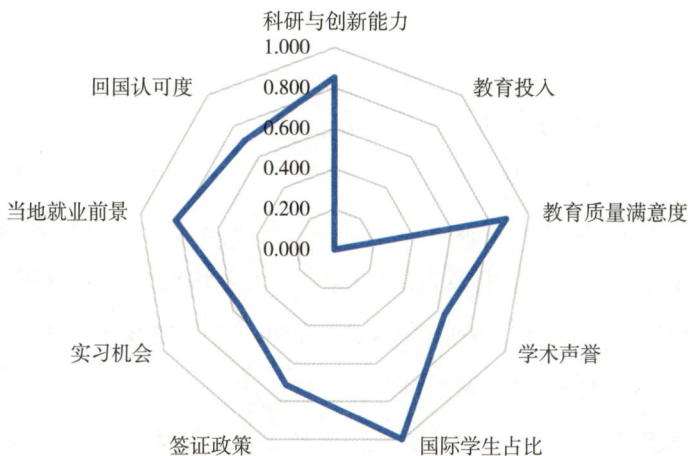

图 9-14　新加坡留学环境评价指标体系 – 质量与就业指标指数化得分情况

在科研与创新能力指标方面，在世界知识产权组织（WIPO）发布的全球创新指数（GII）中，2023 年，新加坡的全球创新指数为 61.5，在所调研的 28 个国家中排名第 5。[①]

在教育投入方面，2020 年，新加坡公共教育支出占国内生产总值的比例为 2.69%，比占比最高的瑞典（7.93%）低 5.24 个百分点。[②]新加坡在该项二级指标的得分为 0.000，在 28 个调研国家中排名最后。

在教育质量满意度指标方面，新加坡的得分为 0.885，排名第 13。根据对留学新加坡的人员的调研，受访者对新加坡的教育质量满意度打分平均值为 8.2 分（满分为 10 分）。

在学术声誉方面，根据 2024 软科世界大学学术排名，新加坡共有 4 所学校被列入世界前 1000 名，其中新加坡国立大学、南洋理工大学位列前 100。新加坡在该指标的得分为 0.645，在 28 个国家中排名第 16。

---

① WIPO. Global Innovation Index 2023 [EB/OL]. (2023–09–27) [2025–02–18]. https://www.wipo.int/en/web/global–innovation–index/2023/index.

② World Bank. Public spending on education as a share of GDP[EB/OL].（2023–07–10）[2024–11–04]. https://ourworldindata.org/financing–education#why–do–governments–finance–education.

在国际学生占比方面，新加坡在 2021 年国际学生占比为 25.0%[①]，以满分 1.000，位列第 1，充分彰显其国际化教育环境的独特优势，在吸引国际学生融入多元文化交流方面有明显优势。

在签证政策指标方面，新加坡得分为 0.714，排名第 4。新加坡对中国公民实行免签政策，但是没有允许国际学生毕业后寻找工作的求职签。

在实习机会方面，根据对在新加坡留学的中国留学人员的调研，72.8%的受访者反映未曾在当地参加过实习或兼职。新加坡在实习机会二级指标上得分为 0.558，在 28 个国家中排名第 20。

在当地就业前景方面，新加坡 2024 年 15—24 岁青年失业率为 8.40%，处于较低水平，国际学生毕业后在当地就业的前景较好。[②] 新加坡在该项指标得分为 0.817，排名第 9。

在回国认可度指标方面，新加坡的得分为 0.705，排名第 10。根据调研，国内用人单位对新加坡留学回国人员的认可度的平均打分为 6.41 分（满分为 10 分）。

9.3.3　新加坡留学安全与成本情况述评

在安全与成本指标方面，新加坡得分为 0.176047，排名第 1。在该指标下，新加坡在冲突水平、治安情况、自然灾害、法律保护四个二级指标均排名第 1，女性安全指标排名第 3，安全保障方面表现突出。但新加坡生活成本指标排名第 25，生活成本较高。

① UNESCO Institute for Statistics. Share of students from abroad [EB/OL]. （2024-06-16）[2024-11-04]. https://ourworldindata.org/grapher/share-of-students-from-abroad?tab=table.

② World Bank Group. Human Capital Data Portal. https://humancapital.worldbank.org/en/economies.

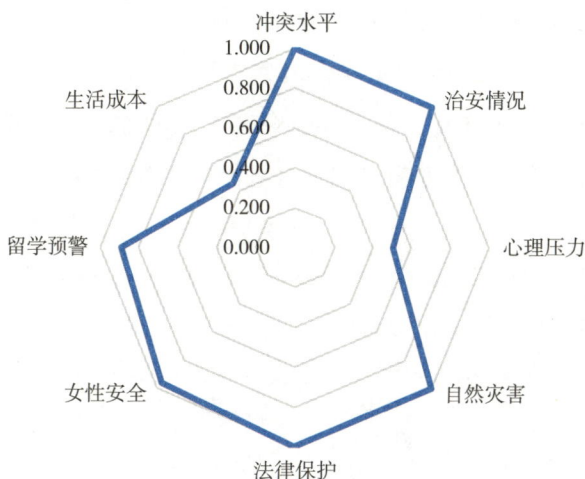

图 9-15　新加坡留学环境评价指标体系－安全与成本指标指数化得分情况

新加坡在冲突水平、治安情况、自然灾害、法律保护四项二级指标均排名第 1；女性安全指标得分 0.962，位居第 3，这些数据表明新加坡为国际学生提供了安全稳定的生活环境，在人身安全、应对灾害及法律权益保障上优势显著。

在心理压力指标方面，新加坡的得分为 0.508，在 28 个国家中排名第 7。根据调研，中国留学人员在新加坡留学期间受到的心理压力的平均得分为 2.43 分（满分为 5 分），相对比较大的压力为社交压力（2.65 分）、经济压力（2.63 分），整体来说，在新加坡留学的心理压力较小。

在留学预警方面，2024 年，中国驻新加坡大使馆及教育部平安留学公众号中提示的新加坡留学预警信息共 6 次，其中 2 次涉及公共卫生，电信诈骗、换汇诈骗、跨境赌博、人身安全各涉及 1 次。[①] 新加坡在该指标的得分为 0.889，排名第 13。

在生活成本指标方面，新加坡的得分为 0.450，排名第 25，相对靠后，意味着与其他国家相比，新加坡的生活成本偏高。

---

① 教育部平安留学公众号，https://mp.weixin.qq.com/s/pqIFPc4-jcUnRveQUhfJ9A；中华人民共和国驻新加坡共和国大使馆官网，http://sg.china-embassy.gov.cn.

9.3.4 新加坡留学信任与开放情况述评

在信任与开放指标方面，新加坡得分为 0.122897，排名第 5。在相应的二级指标方面，新加坡在专业限制（排名第 1）、预估学费（排名第 2）、中国学生占比（排名第 2）等方面表现良好，但双边教育学历未实现互认，该指标排名靠后。

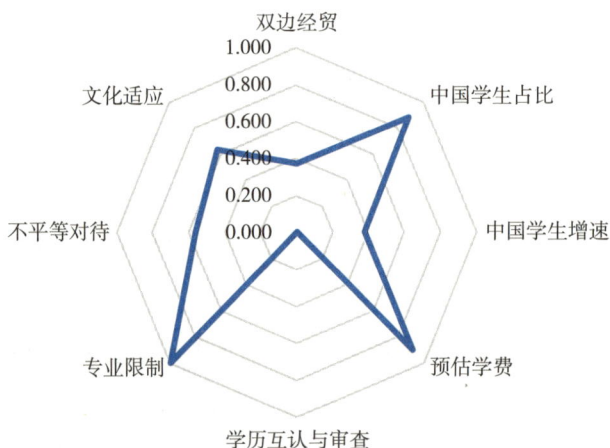

图 9-16 新加坡留学环境评价指标体系 - 信任与开放指标指数化得分情况

从双边经贸来看，2023 年，中国同新加坡进出口总额为 10833499 万美元，同比下降 4.4%。[1] 新加坡在双边经贸指标上得分为 0.371，排名第 13。

在中国学生占比方面，根据 UNESCO 最新数据，在新加坡留学的中国留学人员 2022 年为 66308 人，占新加坡国际学生总数的 50% 左右。[2] 新加坡在中国学生占比指标上得分为 0.877，排名第 2。

在中国学生增速方面，2022 年在新加坡留学的中国留学人员数量同比增加 13.8%。[3] 新加坡在中国学生增速指标上得分为 0.372，排名第 9。

在预估学费指标方面，新加坡的得分为 0.907，排名第 2。新加坡的预

---

[1] 国家统计局 . 国家数据 [EB/OL]. [2025-02-18]. https://data.stats.gov.cn/easyquery.htm?cn=C01.

[2] UNESCO. Number and rates of international mobile students[EB/OL].（2025-02-11）[2025-02-12]. https://data.uis.unesco.org.

[3] 同上。

估学费较高。

在学历互认与审查方面，中国与新加坡没有实现学历互认，2024 年出现对新加坡留学的部分学校的学位加强认证审查的情况。新加坡在该项指标的得分为 0.000，排名第 27。

在专业限制方面，新加坡对中国留学人员没有专业限制，因此在该项指标得分为 1.000，并列排名第 1。

在不平等对待方面，对在新加坡留学的中国留学人员的调研显示，34.57% 的受访者表示自己或身边人在新加坡遭受过不平等对待，新加坡在该项指标上得分为 0.568，排名第 7，留学新加坡遭受的不平等对待较少。

在文化适应指标方面，新加坡的得分为 0.627，排名第 16。对在新加坡留学的中国留学人员的调研显示，44.3% 表示其朋友圈大多数为中国人，13.9% 表示其朋友圈大多数是当地人，24.1% 表示其朋友圈大多数是其他国家的留学生（非当地人或中国留学人员），15.2% 表示其朋友圈各地人员占比差不多。

9.4　亚洲其他国家留学环境评估分析

9.4.1　马来西亚留学环境评估概览

马来西亚在留学环境评价体系综合评估中，各指标加权总分为 0.554631，位列第 20。在亚洲地区，马来西亚作为留学目的地的排名紧随新加坡、日本和韩国之后，显示出其在该地区的竞争力。马来西亚在信任与开放这一指标上表现较好，以 0.124067 的得分排名第 3。在留学安全与成本方面，马来西亚的表现相对平平，以 0.142657 分位居第 13 名。在质量与就业指标上，马来西亚的表现也略显不足，以 0.287906 分排在第 21 名。马来西亚在签证政策、心理压力、留学预警、生活成本、中国学生增速、专业限制、不平等对待等二级指标方面表现较好。

表 9-4 马来西亚留学环境评价指标得分及评估概览

指标层级		指数化得分	排名	加权得分	总排名
一级指标	二级指标				
质量与就业	科研与创新能力	0.346	21	0.287906	21
	教育投入	0.349	18		
	教育质量满意度	0.772	22		
	学术声誉	0.352	24		
	国际学生占比	0.321	14		
	签证政策	0.857	2		
	实习机会	0.562	19		
	当地就业前景	0.647	18		
	回国认可度	0.625	13		
安全与成本	冲突水平	0.620	19	0.142657	13
	治安情况	0.561	16		
	心理压力	0.597	5		
	自然灾害	0.977	24		
	法律保护	0.000	21		
	女性安全	0.546	26		
	留学预警	0.981	3		
	生活成本	1.000	1		
信任与开放	双边经贸	0.461	9	0.124067	3
	中国学生占比	0.676	6		
	中国学生增速	0.532	3		
	预估学费	0.082	21		
	学历互认与审查	0.741	15		
	专业限制	1.000	1		
	不平等对待	0.800	3		
	文化适应	0.478	20		
所有指标				0.554631	20

在质量与就业指标方面，马来西亚在签证政策上表现较好。马来西亚对中国实行最长30天的免签政策，针对中国留学人员，马来西亚还设置

了学生签、实习签、求职签以及正式工签，在签证政策二级指标上得分为
0.857，排名第2。但马来西亚在学术声誉、教育质量满意度、教育投入、科
研与创新能力等方面并没有优势。2020年马来西亚公共教育支出占国内生
产总值的比例为4.5%，在该指标上得分为0.349，排名第18；科研与创新能
力则排名第21；而高校的学术声誉排名更靠后，排名第24。

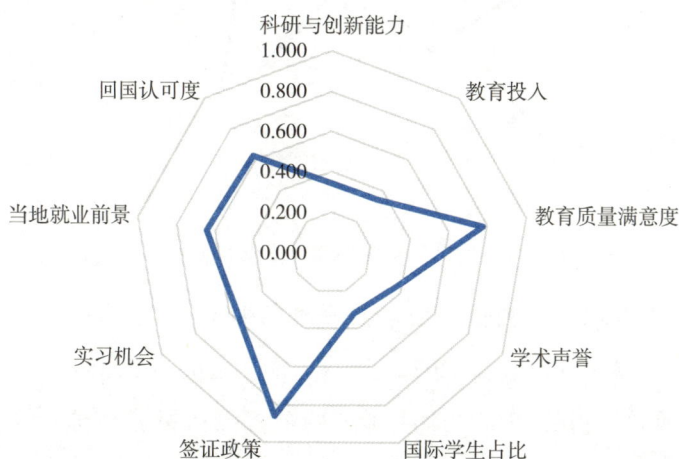

图9-17　马来西亚留学环境评价指标体系－质量与就业指标指数化得分情况

　　在安全与成本指标方面，马来西亚表现较好的有生活成本、留学预警、
心理压力等二级指标。在马来西亚，留学人员每月平均生活费约为2340元，
在28个国家中偏低，医疗保障费用在四个东南亚国家中也是最低，生活成
本指标上得分为1.000，排名第1。此外，马来西亚对中国开放程度高，在
马来西亚汉语的使用普遍，根据调研，中国留学人员在马来西亚留学的心
理压力平均值为2.23（最高为5），相对较低。但是，马来西亚在女性安全
指标上排第26名，并且没有专门针对留学人员等群体的反歧视规定和保护
措施。

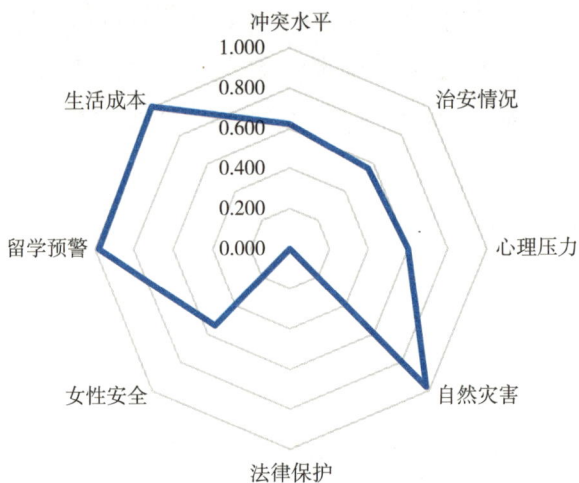

图 9-18　马来西亚留学环境评价指标体系 – 安全与成本指标指数化得分情况

　　在信任与开放指标方面，马来西亚排名第 3。马来西亚华人数量占比高，中国留学人员占比高，2022 年中国留学人员占比 38.6%，同比增长 38.8%，中国学生占比和中国学生增速两项二级指标分别排名第 6 和第 3。同时，马来西亚普及中国文化，在马来西亚文化冲突不明显，据调研，只有 20% 左右中国留学人员在马来西亚遭受不平等对待情况。马来西亚与中国在双边教育互认上细分为 6 个学段，互认程度较好，但 2024 年出现对马来西亚留学的部分学校的学位加强认证审查的情况，在学历互认与审查指标得分为 0.741，排在第 15 名。目前马来西亚没有公开限制学生所学专业，为学生的留学方向提供了较多灵活性和选择性。

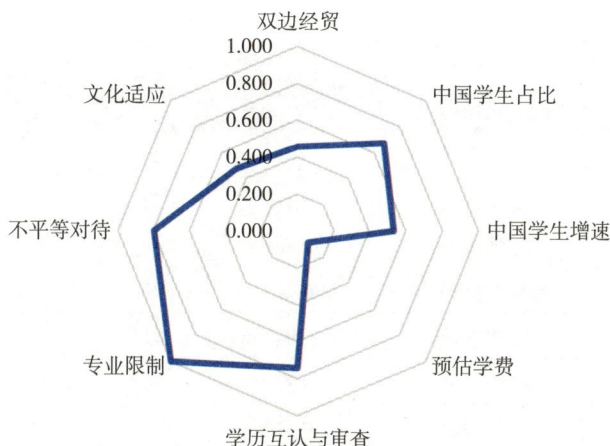

图 9–19　马来西亚留学环境评价指标体系－信任与开放指标指数化得分情况

9.4.2　菲律宾留学环境评估概览

菲律宾在留学环境评价指标体系综合评估中，各指标加权总分为 0.308858，排名第 26，总体上留学环境较差，选择时需慎重考虑。在质量与就业指标方面，得分为 0.125515，排名第 27。在安全与成本指标方面，菲律宾得分为 0.110417，排名第 24。在信任与开放指标方面，菲律宾得分为 0.072926，排名第 27。菲律宾在当地就业前景、生活成本、专业限制、不平等对待等二级指标方面表现较好。

表 9–5　菲律宾留学环境评价指标得分及评估概览

指标层级		指数化得分	排名	加权得分	总排名
一级指标	二级指标				
质量与就业	科研与创新能力	0.132	27	0.125515	27
	教育投入	0.223	22		
	教育质量满意度	0.659	25		
	学术声誉	0.000	26		
	国际学生占比	0.036	26		
	签证政策	0.000	25		
	实习机会	0.000	28		
	当地就业前景	0.888	5		
	回国认可度	0.207	25		

续表

指标层级		指数化得分	排名	加权得分	总排名
一级指标	二级指标				
安全与成本	冲突水平	0.093	26	0.110417	24
	治安情况	0.419	22		
	心理压力	0.583	6		
	自然灾害	0.740	27		
	法律保护	0.000	21		
	女性安全	0.770	18		
	留学预警	0.815	19		
	生活成本	0.933	5		
信任与开放	双边经贸	0.080	25	0.072926	27
	中国学生占比	0.320	12		
	中国学生增速	0.288	17		
	预估学费	0.000	28		
	学历互认与审查	0.000	27		
	专业限制	1.000	1		
	不平等对待	0.815	2		
	文化适应	0.384	22		
所有指标				0.308858	26

在质量与就业指标方面，菲律宾的表现并不理想，除当地就业前景指标外，几乎所有二级指标都排在榜尾。在学术声誉方面，菲律宾没有学校上榜2024软科世界大学学术排名。

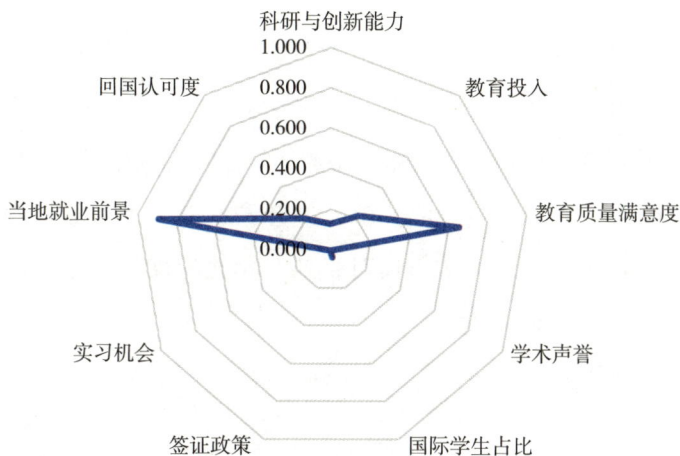

图 9-20　菲律宾留学环境评价指标体系 – 质量与就业指标指数化得分情况

在安全与成本指标方面，菲律宾的生活成本不高，该项指标得分为
0.933，排名第 5；而且据调研，在菲律宾的中国留学人员承受心理压力平
均值为 2.26（最高值为 5），心理压力水平不高，该指标得分为 0.583，排名
第 6。

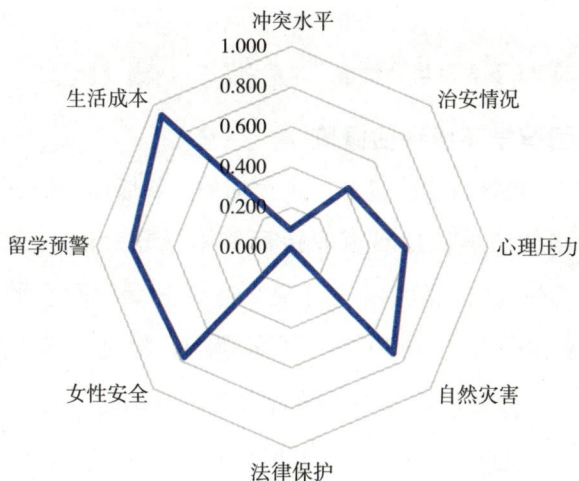

图 9-21　菲律宾留学环境评价指标体系 – 安全与成本指标指数化得分情况

在信任与开放指标方面，菲律宾和马来西亚一样不限制留学人员的专

业选择，并且较少发生不平等对待，据调研数据，仅有 7.4% 的中国留学人员在菲律宾留学期间遭受过不平等对待，故在专业限制和不平等对待指标上排名分别为第 1 和第 2。但是，菲律宾与中国的双边经贸在 2023 年较 2022 年减少了 20.3%，故在双边经贸指标上得分为 0.080，排名第 25。另外，据调研，有接近 60% 的中国留学人员在菲律宾基本不与当地人或其他国家学生交朋友，显示出中国留学人员对当地文化适应度低，在文化适应指标上得分为 0.384，排名第 22。

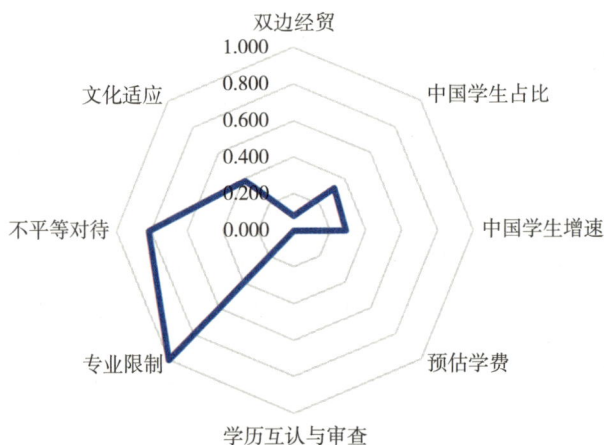

图 9-22　菲律宾留学环境评价指标体系 – 信任与开放指标指数化得分情况

9.4.3　泰国留学环境评估概览

泰国在留学环境评价指标体系综合评估中，各指标加权总分为 0.501729，排名第 22。泰国的留学质量与就业指标整体得分为 0.256212，排名第 23，虽然拥有不少高等院校，但学术水平暂时无法达到国际水平。在安全与成本指标方面，泰国得分为 0.130125，排名第 21，但是近年来发生的人口失踪事件引起了中国社会广泛关注。随着中国与泰国间贸易和经济往来的增加，泰国在信任与开放指标中得分为 0.115391，排名第 8，是三项一级指标中的优势项。泰国在签证政策、当地就业前景、心理压力、留学预警、中国学生占比、专业限制、不平等对待等二级指标方面表现较好。

表9-6　泰国留学环境评价指标得分及评估概览

指标层级		指数化得分	排名	加权得分	总排名
一级指标	二级指标				
质量与就业	科研与创新能力	0.252	24	0.256212	23
	教育投入	0.088	26		
	教育质量满意度	0.872	15		
	学术声誉	0.433	23		
	国际学生占比	0.042	25		
	签证政策	0.857	2		
	实习机会	0.252	26		
	当地就业前景	0.950	2		
	回国认可度	0.179	26		
安全与成本	冲突水平	0.400	22	0.130125	21
	治安情况	0.539	19		
	心理压力	0.771	2		
	自然灾害	0.899	26		
	法律保护	0.000	21		
	女性安全	0.585	25		
	留学预警	0.981	3		
	生活成本	0.841	10		
信任与开放	双边经贸	0.372	12	0.115391	8
	中国学生占比	1.000	1		
	中国学生增速	0.383	6		
	预估学费	0.108	19		
	学历互认与审查	0.517	20		
	专业限制	1.000	1		
	不平等对待	0.739	5		
	文化适应	0.274	25		
所有指标				0.501729	22

在质量与就业指标方面，泰国在签证政策以及当地就业前景方面表现突出。近年来，泰国对中国的签证政策较为开放和宽松，为中国留学人员提供了便利，泰国在签证政策指标方面得分为 0.857，排名第 2。同时，泰国 2024 年 15—24 岁青年失业率为 5.20%，相对较低，当地就业前景指标得分为 0.950，排名第 2。此外，据调研，在泰国留学的中国留学人员给泰国教育质量满意度打分平均分为 8.13（满分为 10 分），在教育质量满意度指标方面，泰国得分为 0.872，排名第 15。

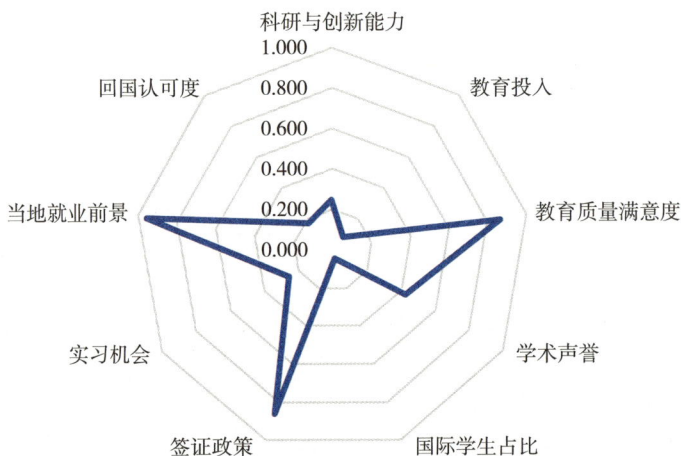

图 9-23　泰国留学环境评价指标体系 – 质量与就业指标指数化得分情况

在安全与成本指标方面，泰国的相对优势体现在心理压力（得分为 0.771，排名第 2）、留学预警（得分为 0.981，排名第 3）方面。泰国并没有专门针对种族主义和种族歧视的法律，女性安全（得分为 0.585，排名第 25）水平较差，2018 年有超过 9% 的女性会遭受身体或性暴力。

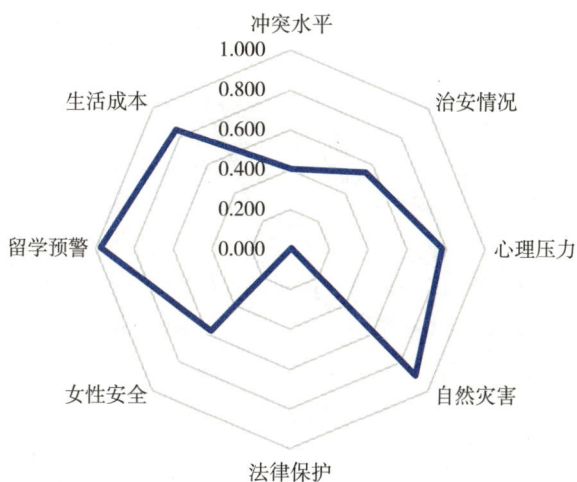

图 9-24 泰国留学环境评价指标体系 – 安全与成本指标指数化得分情况

在信任与开放指标方面，泰国对中国留学人员没有专业限制，故在专业限制指标得分为 1.000，排名第 1。虽然泰国留学人员数量不多，但UNESCO 数据显示，2022 年泰国国际学生中 57.0% 是中国人，中国留学人员数量相较 2021 年增长 15.5%，中国学生占比和中国学生增速指标分别排第 1 和第 6。据调研，在泰国，约四分之一的中国留学人员遭遇过不平等对待，泰国在该项指标上得分为 0.739，排名第 5。另外，据调研，在泰国的中国留学人员中，69.8% 表示其朋友圈大多是中国人，表明在泰国的中国留学人员还是更愿意与中国人交朋友，故在文化适应指标方面泰国得分为0.274，排名第 25。

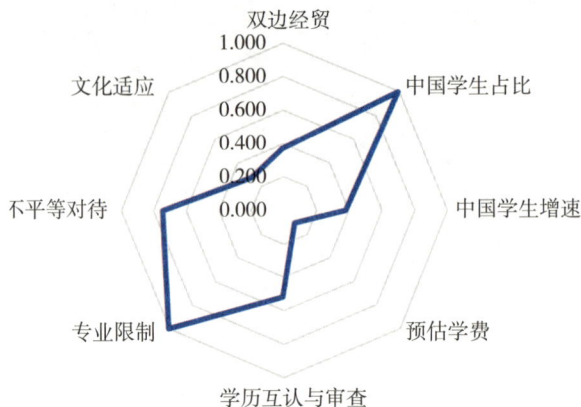

图 9-25 泰国留学环境评价指标体系 – 信任与开放指标指数化得分情况

9.4.4 越南留学环境评估概览

越南在留学环境评价指标体系综合评估中，各指标加权总分为0.303466，排名第27，留学环境总体较差。质量与就业指标表现较差，得分为0.084016，排名第28名。其他两项一级指标排名虽然靠后，但是优于质量与就业指标的表现。在安全与成本指标方面，越南得分为0.137295，排名第18。在信任与开放指标方面，越南得分为0.082155，排名第22。越南在当地就业前景、心理压力、留学预警、双边经贸、中国学生增速、专业限制等二级指标方面表现较好。

表 9-7 越南留学环境评价指标得分及评估概览

指标层级		指数化得分	排名	加权得分	总排名
一级指标	二级指标				
质量与就业	科研与创新能力	0.225	25	0.084016	28
	教育投入	0.040	27		
	教育质量满意度	0.000	27		
	学术声誉	0.000	26		
	国际学生占比	0.008	27		
	签证政策	0.000	25		
	实习机会	0.107	27		
	当地就业前景	0.938	3		
	回国认可度	0.000	28		

续表

指标层级		指数化得分	排名	加权得分	总排名
一级指标	二级指标				
安全与成本	冲突水平	0.853	9	0.137295	18
	治安情况	0.000	28		
	心理压力	1.000	1		
	自然灾害	0.983	23		
	法律保护	0.000	21		
	女性安全	0.694	22		
	留学预警	1.000	1		
	生活成本	0.922	6		
信任与开放	双边经贸	0.591	5	0.082155	22
	中国学生占比	0.041	25		
	中国学生增速	0.578	2		
	预估学费	0.026	27		
	学历互认与审查	0.776	11		
	专业限制	1.000	1		
	不平等对待	0.000	27		
	文化适应	0.000	27		
所有指标				0.303466	27

在质量与就业指标方面，越南除当地就业前景指标外，各项二级指标都处于尾部。越南没有学校上榜2024软科世界大学学术排名，在教育投入指标（得分为0.040，排名第27）、科研与创新能力指标（得分为0.225，排名第25）、学术声誉指标（得分为0.000，排名第26）等方面均有明显劣势。与其他东南亚国家不同，越南在签证政策方面并没有为中国留学人员提供任何便利，比许多欧美国家都要严格，甚至没有为国际学生提供专门的求职签，且申请工作签或实习签的流程复杂，因此，越南在签证政策指标得分为0.000，排在最后一名。另外，在越南留学的中国学生回国后的用人单位认可程度较低，回国认可度指标得分为0.000，排名第28。

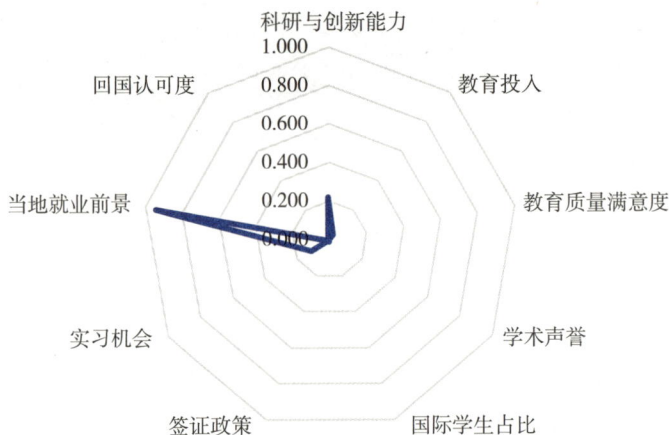

图 9-26　越南留学环境评价指标体系－质量与就业指标指数化得分情况

在安全与成本指标方面，越南相对落后不多。留学人员在越南每月约需要 3822 元生活费，生活成本较低，越南在该项指标上排名第 6；2024 年，留学预警中未涉及越南，留学预警指标得分排名第 1。值得一提的是，中国留学人员在越南的心理压力较小，越南在该项指标上得分为 1.000，排名第 1。然而，和其他东南亚国家一样，越南在法律保护及安全环境上均表现欠佳，特别是在治安情况方面，调研数据显示，中国留学人员几乎都对越南的治安表示不满意，其犯罪市场指数较高，治安情况指标得分为 0.000，排名第 28。

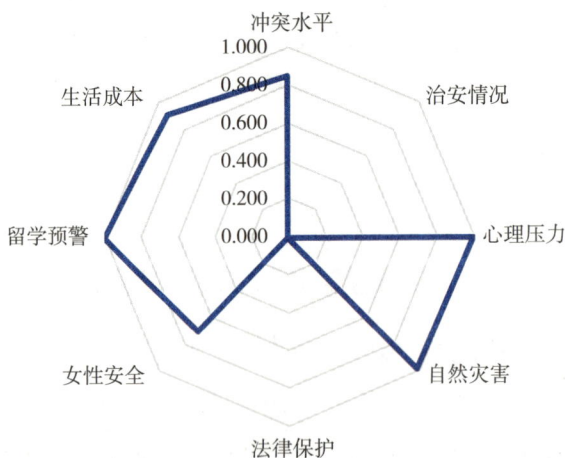

图 9-27　越南留学环境评价指标体系－安全与成本指标指数化得分情况

在信任与开放指标方面，越南在文化适应指标上表现最差（得分为0.000，排名第27），据调研，参加调研的在越南留学的中国留学人员都表示自己的朋友圈中国人居多。另外，在越南留学的中国学生占比也比较低，2022年中国学生占越南国际学生总数的比例为2.4%，越南在中国学生占比指标上得分为0.041，排名第25；不过近年来中国留学人员呈增长趋势，2022年较2021年增长46.1%，越南在中国学生增速指标上得分为0.578，排名第2。另外，和其余东南亚国家相同，越南也没有对中国留学人员进行专业限制。

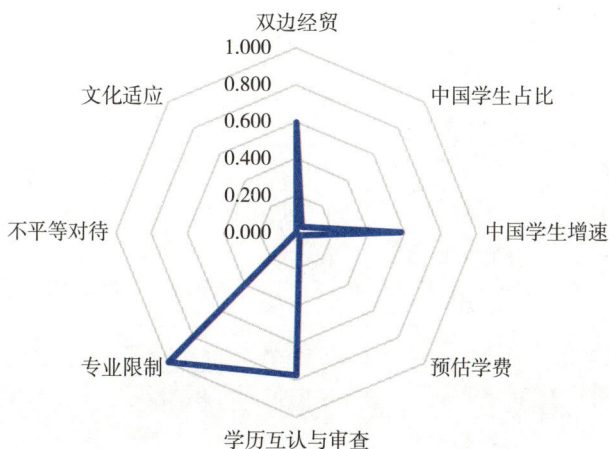

图9-28 越南留学环境评价指标体系－信任与开放指标指数化得分情况

9.4.5 印度留学环境评估概览

印度在留学环境评价指标体系综合评估中，各指标加权总分为0.299217，位居最后一名。在三个一级指标中，质量与就业指标得分为0.169067，排名第25；安全与成本指标得分为0.073686，排名第28；信任与开放指标得分为0.056464，排名第28。这表明印度总体上留学环境较差，选择时需慎重考虑。

表 9-8　印度留学环境评价指标得分及评估概览

指标层级		指数化得分	排名	加权得分	总排名
一级指标	二级指标				
质量与就业	科研与创新能力	0.277	22	0.169067	25
	教育投入	0.258	21		
	教育质量满意度	0.000	27		
	学术声誉	0.453	19		
	国际学生占比	0.000	28		
	签证政策	0.000	25		
	实习机会	0.632	17		
	当地就业前景	0.527	22		
	回国认可度	0.020	27		
安全与成本	冲突水平	0.000	28	0.073686	28
	治安情况	0.149	27		
	心理压力	0.000	27		
	自然灾害	0.000	28		
	法律保护	1.000	1		
	女性安全	0.224	27		
	留学预警	0.981	3		
	生活成本	0.993	2		
信任与开放	双边经贸	0.492	7	0.056464	28
	中国学生占比	0.000	28		
	中国学生增速	0.000	28		
	预估学费	0.186	15		
	学历互认与审查	0.259	26		
	专业限制	1.000	1		
	不平等对待	0.000	27		
	文化适应	0.000	27		
所有指标				0.299217	28

在质量与就业指标方面，印度的各项二级指标均处于中下游水平。当地就业前景和实习机会指标得分分别为 0.527 和 0.632，分别排第 22 位和第

17 位；学术声誉指标得分为 0.453，排名第 19，在国际上有一定知名度。但教育质量满意度指标得分为 0.000，排名第 27；国际学生占比为 0.1%，该指标得分为 0.000，排名第 28；回国认可度指标得分为 0.020，排名第 27，国内用人单位对其认可度低；科研与创新能力指标得分为 0.277，排名第 22；教育投入指标得分为 0.258，排名第 21，资源投入不足；签证政策指标得分为 0.000，排名第 25，签证政策对中国学生不友好。印度留学虽在学术声誉和当地就业前景有一定优势，但教育质量差，教育投入不足，回国认可度低、国际学生少与签证政策不友好，进一步降低了留学吸引力。

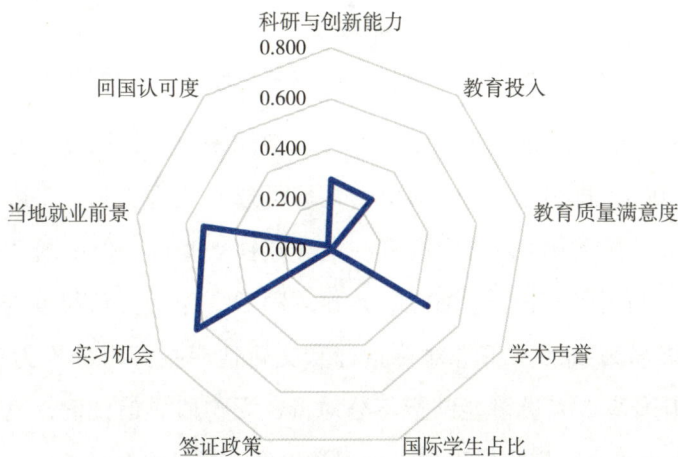

图 9-29　印度留学环境评价指标体系－质量与就业指标指数化得分情况

在安全与成本指标方面，印度各项二级指标表现差异较大。印度平均每月生活成本约 2473 元，生活成本较低，经济负担较小，该项二级指标得分为 0.993，排名第 2；法律保护指标得分为 1.000，排名第 1，印度宪法第 15 条明确：禁止基于宗教、种族、种姓、性别或出生地的歧视；国家不得仅仅因为宗教、种族、种姓、性别、出生地或其中任何一项原因，对任何公民进行歧视。但治安情况指标得分为 0.149，排名第 27，社会治安较差；心理压力和自然灾害指标得分均为 0.000，排名最后，心理负担重，受灾害威胁大；女性安全指标得分为 0.224，排第 27，女性安全保障不足。

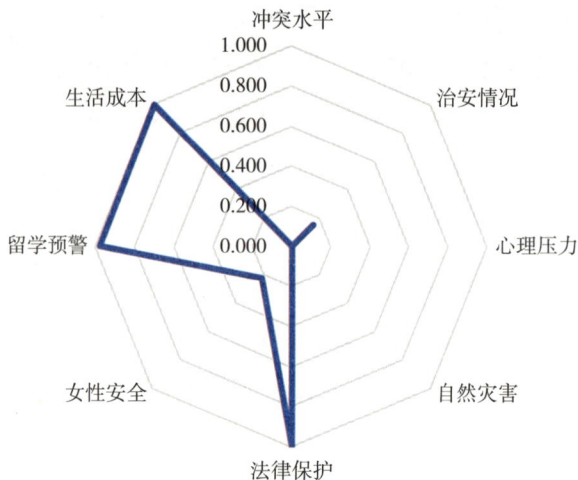

图 9-30 印度留学环境评价指标体系 – 安全与成本指标指数化得分情况

在信任与开放指标方面，印度各二级指标表现差异明显。专业限制指标得分为 1.000，排名第 1，中国留学人员可选专业不受限。双边经贸指标得分为 0.492，排名第 7，与中国有一定经贸往来基础。但中国学生占比和中国学生增速指标得分均为 0.000，均排名第 28。学历互认与审查指标得分为 0.259，排名第 26。不平等对待指标和文化适应指标得分均为 0.000，排名第 27，中国留学人员可能常遭不公对待，影响留学信任度；也因为文化差异大、推动文化适应措施不足，中国学生融入当地文化困难。

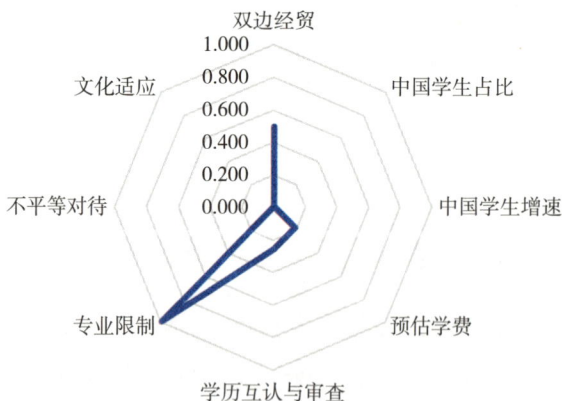

图 9-31 印度留学环境评价指标体系 – 信任与开放指标指数化得分情况

第四篇　留学全要素

第十章　留学准备

10.1　出国留学的初步决策

出国留学的初步决策是一个充满未知与探索的过程，同时也是一个对个人未来产生深远影响的重要环节。这个过程不仅需要学生理性地分析自己的需求和能力，还需要深入了解目标国家的学术、社会和职业资源。在这段旅程中，学生会面临各种挑战，但也能从中找到方向感和动力。留学的最终目标，不仅是进入一所心仪的学校或获得一份满意的工作，而是通过这段经历塑造自己的未来，无论是在学术领域还是人生道路上。

根据调研，计划出国留学人员在准备留学期间希望相关部门在留学前提供的服务主要包括：发布权威的留学数据（47.2%），提供出国留学指导手册（46.3%），举办有助于了解中外文化差异、帮助适应国外环境的交流活动（42.3%），增加国际学校交流项目（38.2%），规范留学市场（34.9%），设立专项留学贷款（19.7%），建立留学信息发布及交流平台（17.6%）等。

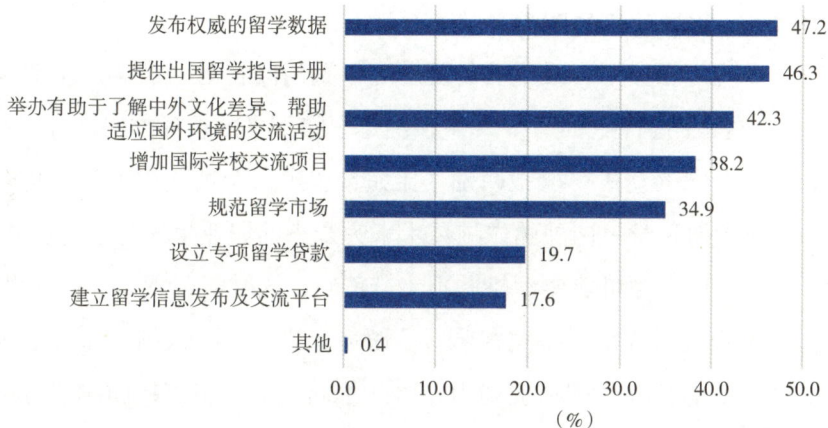

图 10-1 2024 年计划出国留学人员希望相关部门在留学前提供的服务

资料来源：教育部留学服务中心、全球化智库（CCG），2024 年计划出国留学人员专题调研。

根据调研，计划出国留学人员在准备留学时觉得最困难的事情主要是：选择学校和专业（48.4%）、面试（46.5%）、踏入陌生的环境（42.2%）、离开父母和亲朋好友（35.9%）、申请材料准备（35.9%）、笔试（31.4%）等。

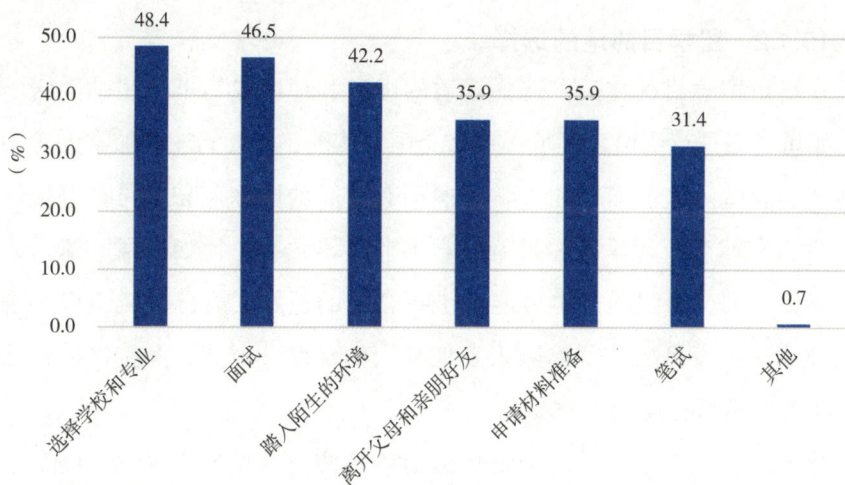

图 10-2 2024 年计划出国留学人员在准备留学时觉得最困难的事情

资料来源：教育部留学服务中心、全球化智库（CCG），2024 年计划出国留学人员专题调研。

10.1.1　留学动机的明确

在开始规划留学时，最重要的问题之一是问问自己："我为什么想要出国留学？"这个问题看似简单，却直接决定了接下来的选择方向。对于一些学生来说，留学的动机可能很明确，比如希望进入全球顶尖大学以提升学术能力，或者通过学习国外的先进技术来为未来的职业生涯打下坚实基础。然而，还有一些学生可能对动机并不十分清晰，这时需要更加细致地思考。例如，有人希望通过留学拓宽视野，了解多元文化；有人则希望通过远离家乡的环境磨炼独立性和适应能力。这些不同的动机将直接影响目标国家和学校的选择。

动机的多样化也意味着不同的期望值。例如，一些学生注重学术成就，会更加在意目标学校的学科排名和研究实力；而另一些学生更希望积累海外工作经验或移民，这类学生则可能更倾向于选择移民政策宽松、就业市场开放的国家。这种多样性是推动留学人员生涯规划的重要动力。关键在于，每个人都需要在内心找到那个真正驱动自己的核心目标，因为这个目标会在留学期间提供克服困难的动力和方向感。

10.1.2　留学目的地的选择

在确定留学目标之后，选择合适的国家和地区成为下一步的关键。例如，如果目标是英语语言环境，那么美国、英国、澳大利亚和加拿大等国家自然成为首选。这些国家的大学普遍拥有较高的国际声誉，同时也提供丰富的学术和职业资源。而如果希望学习非英语语言，比如法语、德语或日语，那么法国、德国和日本可能会是更合适的选择。语言环境不仅影响学习的效率，也直接决定了你融入当地社会的深度。因此，提前评估自己对目标语言的掌握程度非常重要。

除了语言，文化差异也是影响留学体验的一个重要因素。一些学生可能更容易适应文化背景相似的国家，例如亚洲国家；而另一些学生则希望通过挑战完全不同的文化背景来丰富自己的经历。无论选择哪一种，提前了解目标国家的社会习俗和文化特点，都可以帮助学生在出发前做好心理准备。举例来说，欧洲国家往往更加强调个人优先，而亚洲国家则可能更强调群体合作和传统价值观。这种文化上的差异，可能在日常生活和学习中对学生的适应能力提出挑战，但同样也会成为宝贵的成长机会。

根据调研，海外留学人员选择该国/地区留学的主要原因是当地教育质量高（45.7%）、对当地文化感兴趣（40.0%）、获得该国家/地区的学位对将来找工作有很大帮助（30.0%）、留学成本低（26.5%）、学好当地语言对将来就业有很大帮助（18.6%）、渴望体验当地生活（18.4%）等。具体个人的选择，重要的是要从实际情况出发，了解不同国家和地区的留学环境、教育资源以及对留学人员的包容度。

原因	百分比（%）
其他	2.0
当地学位容易获取	4.7
有亲属朋友在当地，便于寻求帮助	7.5
移民难度低	8.8
学时短	9.4
在当地可以紧跟全球领先的专业/技术	10.5
听从家人的建议和安排	10.9
学校容易申请	11.4
有奖学金	12.4
当地经济发达	15.9
当地就业机会大	17.4
渴望体验当地生活	18.4
学好当地语言对将来就业有很大帮助	18.6
留学成本低	26.5
获得该国家/地区的学位对将来找工作有很大帮助	30.0
对当地文化感兴趣	40.0
当地教育质量高	45.7

图 10-3 2024 年海外留学人员选择该国/地区留学的主要原因

资料来源：教育部留学服务中心、全球化智库（CCG），2024 年海外留学人员专题调研。

10.1.3 学术和职业方向的匹配

选择与个人兴趣和职业规划相符的学术方向是留学决策中最重要的一部分。学生需要问自己几个问题：自己真正感兴趣的领域是什么？希望未来从事什么类型的职业？目标国家的院校和专业是否能提供必要的资源来支持个人的发展？

以工程学为例，美国、德国和加拿大等国家的院校在该领域的教育和科研水平世界领先；而如果个人兴趣在文学或历史方面，那么英国和法国可能会是更好的选择。这种匹配不仅仅是学术选择，还意味着学生将在留学期间积累哪些人脉、接触哪些资源，以及未来能在哪些领域获得就业机会。

此外，还需要关注学校与行业的合作情况。许多学校会通过实习项目或校企合作为学生提供接触真实职场环境的机会。例如，加拿大的Co-op项目让学生在学习期间能够带薪实习；德国的企业合作课程则为学生提供直接参与工业实践的机会。对于那些希望毕业后直接就业的学生而言，这些机会值得参考。

10.1.4 经济条件的考量

除了目标和方向，现实条件也是需要考虑的因素。经济能力决定了目标国家的生活成本是否在可承受范围内；家庭支持和个人性格也影响着你是否能够适应独自生活的挑战。签证政策和移民政策也可能对留学后的发展产生重要影响。提前了解这些因素，并与家人和导师充分沟通，可以使得决策过程更加理性。

根据调研，计划出国留学的人员出国留学的资金来源主要是父母资助（76.3%）、中国国家奖学金（39.9%）、海外奖学金（19.8%）、课余兼职（19.2%）、个人资金（16.6%）等。65.5%的计划出国留学人员表示感到过因为规划出国留学所带来的经济压力。

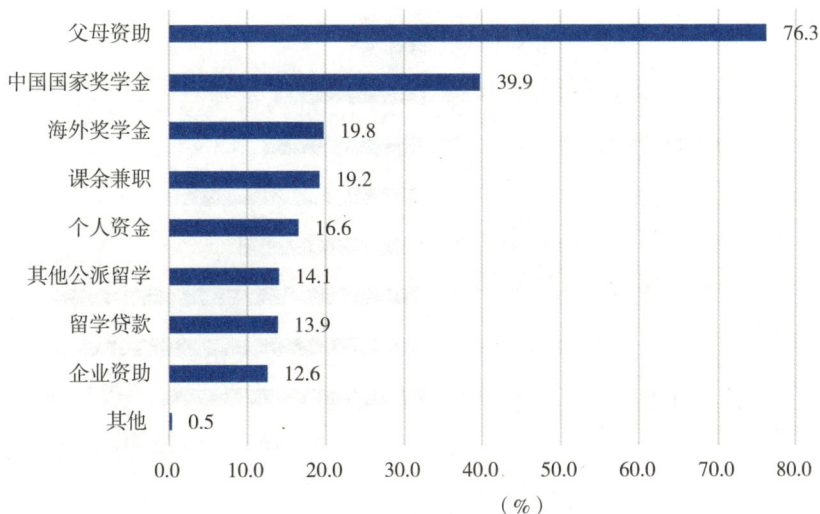

图 10-4　2024 年计划出国留学人员计划出国留学的资金来源

资料来源：教育部留学服务中心、全球化智库（CCG），2024 年计划出国留学人员专题调研。

10.2　学术准备

申请出国留学的学术准备过程是一个细致且多方面的任务，需要从语言能力提升、申请材料整理、时间管理与规划，以及支持资源利用等多个层面进行规划和执行。

根据调研，计划出国留学的人员为了申请更好的学校，49.5% 参与各类国家级或世界级竞赛（如科学类比赛、艺术类比赛、体育类比赛等）；46.4% 在校内/校外做语言类补课；35.0% 在校内/校外做学科类补课；34.1% 参与国际或国家志愿者项目或社会服务项目；24.7% 参与青少年科研项目；还有 21.3% 参加高校/智库/国际组织等的实习；只有 4.8% 没有考虑过以上事宜。

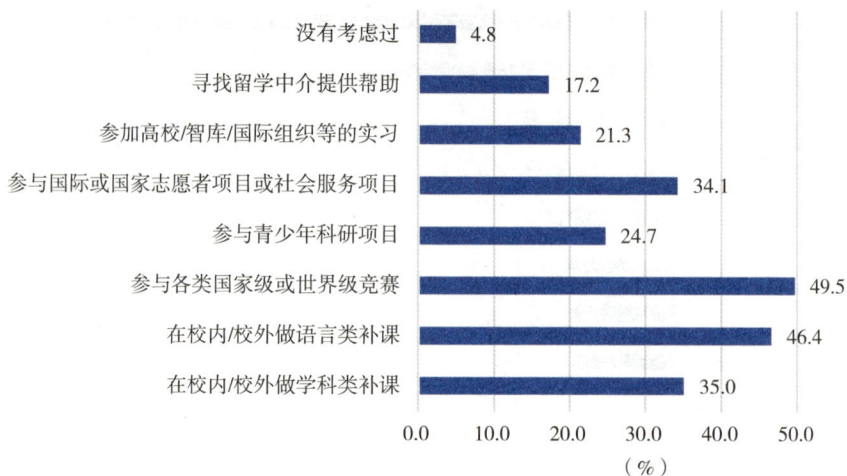

图 10-5　2024 年计划出国留学人员为申请更好的学校而开展
校内 / 外补课或者提升自身履历情况

资料来源：教育部留学服务中心、全球化智库（CCG），2024 年计划出国留学人员
专题调研。

10.2.1　语言能力的提升

语言能力的提高是留学准备中的关键部分。对于计划赴英语国家留学的学生来说，标准化语言考试如 TOEFL（托福）、IELTS（雅思）或 PTE Academic 是必要的证明手段。这些考试不仅评估听、说、读、写四项基础语言技能，还测试申请者是否具备适应学术环境的能力。例如，在雅思考试中，学术类阅读部分涵盖了复杂的学术文章，要求考生具备快速提取关键信息的能力；而托福的听力部分则重点考查学生对课堂讲座的理解。为了提高考试成绩，申请者可以制订详细的学习计划，包括使用官方练习题、参加模拟考试以及定期评估自己的进步。同时，日常的语言浸泡也是有效的方式，例如通过观看英语讲座、参与在线讨论或与母语人士交流来增强真实场景中的语言运用能力。此外，对于语言基础薄弱的申请者，一些大学提供预科课程（Foundation Year）或英语桥梁课程，这些课程为学生提供专门的语言支持，帮助他们更好地适应未来的学习环境。

10.2.2 申请材料的准备

申请材料的准备是留学申请成功的核心要素。这些材料通常包括个人陈述（Personal Statement）、推荐信（Letters of Recommendation）、简历（Curriculum Vitae，CV）以及学术证明文件等。个人陈述需要在有限的字数内清晰地表达申请者的学术背景、研究兴趣、职业规划以及申请该院校或专业的动机。一篇优秀的个人陈述应注重逻辑性和说服力，同时体现出申请者的个人特色和潜力。推荐信的选择同样至关重要，撰写人应是熟悉申请者学术能力和研究潜力的导师或主管，其内容需要具体且真实，例如通过描述申请者在科研项目中的表现或解决问题的能力来展现其独特优势。此外，简历作为一份高度浓缩的文件，应重点突出申请者的学术成就、科研经历以及与所申请专业相关的实践活动。在准备学术证明材料时，申请者需要提前了解目标院校对文件的格式、翻译和认证要求，确保材料的完整性和规范性。

10.2.3 时间规划与申请流程

时间管理是成功申请留学的重要保障。由于留学申请的多个环节相互关联且时间要求紧凑，申请者需要制定详细的时间表。例如，在申请季开始之前的 6 个月至 12 个月，申请者应完成院校的筛选与标准化考试的准备；在申请季期间，应根据各院校的截止日期提交完整的申请材料。同时，申请者还需为奖学金和助学金的申请预留充足时间。奖学金的竞争通常十分激烈，不同项目对申请者的条件和文件要求各不相同。申请者可以通过浏览院校官方网站、奖学金信息平台或与学术导师沟通来获取相关资源。在时间管理方面，合理分配精力并设置优先级有助于减轻压力，提高工作效率。此外，申请者还需为突发情况预留缓冲时间，例如考试延迟或文件认证出现问题等。

在整个学术准备过程中，充分利用支持资源是提升效率的有效手段。例如，许多大学或教育机构提供免费的在线课程（MOOCs），这些课程涵盖了从语言学习到学术写作的广泛内容，为申请者提供了系统学习的机会。

此外，留学服务机构或咨询顾问可以帮助申请者优化申请材料，并提供关于院校选择和职业规划的专业建议。通过加入在线社区或论坛，申请者还可以与全球各地的国际学生交流经验，分享资源。

留学申请的学术准备不仅是对申请者能力的考验，也是对其时间管理、目标规划和问题解决能力的全面锻炼。每一项准备工作都与未来的学术生活紧密相连，而扎实的准备将使申请者在面对挑战时更加从容，也为其国际化学术生涯奠定坚实基础。

10.3 签证、体检与疫苗接种

留学前的签证准备涵盖了护照和签证的办理、健康体检与疫苗接种等多个方面，每一项都对顺利出国和适应新环境有着重要意义。

10.3.1 护照办理与更新

办理护照是每个留学人员迈出国门的第一步。办理护照时需要注意其有效期限，一般要求护照在签证到期后至少还剩 6 个月的有效期，这也是许多国家入境审查的重要条件之一。如果护照接近过期或遗失，需要尽早前往当地的出入境管理部门申请更新或补办。在紧急情况下，比如护照即将过期但需要迅速出国，留学人员可以申请加急办理，这通常需要提供相关证明文件，比如入学通知书或签证预约信息。

同时，对于留学目的地在国内外的护照使用规则也应有所了解。例如，有些国家可能要求护照信息与签证信息完全一致，而另一些国家则对护照的使用存在特定的边境管理规范。为避免不必要的麻烦，建议在办理护照前查询最新政策，并妥善保存重要的旅行文件副本以备不时之需。

10.3.2 签证申请与常见问题

签证是留学人员合法进入并停留在目标国家的重要凭证，不同国家的签证种类和申请流程各异。以美国、英国和澳大利亚为例，美国的 F1 签证主要针对全日制学生，英国的学生签证要求详细的财务证明，而澳大利亚的学生签证申请则要求完成特定的健康体检。学生签证是大多数留学人员的首选，但如果计划在留学期间进行工作或参与特定的研究项目，可能还需要申请额外的工作签证或临时签证。

签证申请中的常见问题包括材料准备不足、语言能力测试成绩过期、资金证明文件不完整等。为了提高签证通过率，留学人员在申请前需要详细研究所需的申请材料清单，并预留充足时间提前准备，以应对可能出现的补充材料或面试安排。对于一些特殊情况，比如曾经的签证被拒签记录或复杂的资金来源问题，也需尽早向专业人士寻求帮助。

有些国家签证的政策和要求可能会随时发生变化，因此留学人员需要定期关注大使馆或领事馆的官方网站，获取第一手信息。如果申请过程中遇到问题，及时联系签证中心或相关部门寻求支持，切勿试图伪造文件或提供虚假信息，这可能导致永久性拒签甚至法律诉讼。

10.3.3 健康体检与疫苗接种

健康体检和疫苗接种是留学前不可忽视的一环，尤其是近年来全球范围内对传染病防控的要求日益严格。留学人员需要了解目的地国家对入境人员的健康要求，例如是否需要提供肺结核检测报告、HIV 筛查结果或其他特定病种的体检证明。一些国家还可能要求入境者出示黄热病、甲型肝炎或其他传染病的疫苗接种证明。

体检的具体流程通常包括初步的身体检查、血液检测和其他与疾病筛查相关的项目。这些检查通常需要在目标国家认可的医疗机构完成，费用和时长因国家和项目而异。在准备阶段，留学人员应尽早联系医疗机构并提前预约，以避免因时间仓促而影响签证申请或行程安排。

对于疫苗接种，中国疾控中心和相关机构会提供权威的疫苗接种建议清单，留学人员可以根据目标国家的具体要求完成接种。例如，部分欧美国家要求入境前完成水痘、麻疹、风疹和腮腺炎等疫苗接种；而一些亚非国家可能要求额外的传染病疫苗接种。需要注意的是，疫苗接种证明通常要求为英文版本，并加盖权威机构的认证章。

健康管理还包括为留学期间可能出现的医疗需求提前做好规划，比如购买覆盖广泛的国际学生医疗保险，并熟悉目标国家的医疗系统。很多国家的国际学生保险会涵盖常见的门诊和急诊服务，但对体检或疫苗接种的覆盖有限，因此留学人员需根据实际需求选择合适的保险计划。

10.4 经济与财务准备

10.4.1 留学预算

留学前的经济与财务准备，是一项事无巨细又至关重要的规划任务，贯穿整个留学过程的各个阶段，并对留学人员的学习、生活质量以及心理状态有着直接影响。从早期的预算制定，到资金筹备，再到后续的财务管理，每一个环节都需要全面考虑。对于首次出国的学生而言，很多费用容易被忽视，包括语言考试费、签证申请费、国际航班费用、医疗体检费等前期支出，这些常常会让预算在不经意间超出预期。此外，学费与生活费之间的显著差异也使得预算编制充满挑战。例如，在美国，私立大学的学费每年高达 5 万美元以上，而欧洲部分国家（如德国、挪威）则对国际学生实行免学费政策。这种差异要求学生在选择留学目的地时综合权衡学术资源、生活成本及家庭经济能力等因素。

学费之外，生活费同样是预算中的重要部分。不同城市之间的生活成本差异很大，例如伦敦等大都市，其月生活成本可能超过 1500 英镑，而威尔士或苏格兰的部分地区则可将这一成本削减 30% 至 40%。在美国，波士顿和旧金山的房租普遍超过 2000 美元每月，而中西部城市如堪萨斯城或俄克拉何马城则生活成本较低。对于许多预算有限的学生而言，选择校内宿舍或与他人合租可以显著降低成本。然而，除了日常开销之外，诸如教材费、设备费、交通费用等隐性支出常常被忽视。例如，在澳大利亚，国际学生每年必须购买海外学生健康保险（OSHC），费用约为 600—800 澳元，而美国的保险费用甚至可能高达每年数千美元。这些隐性开支对于家庭预算的考验尤为严峻，因此必须在早期规划中有充分体现。

根据教育部留学服务中心 2024 年 12 月对海外留学人员每年留学的总费用（包含学费、住宿费、生活开销）的调研，25.5% 的留学人员留学的总费用为每年 10 万元至 20 万元之间；17.5% 的留学人员留学的总费用为每年 20 万元至 30 万元之间；15.1% 的留学人员留学的总费用为每年 30 万元至 40 万元之间；分别有 10.1% 的留学人员留学的总费用为每年 40 万元至 50 万元之间及小于 10 万元；21.9% 的留学人员留学的总费用为每年 50 万元以上。

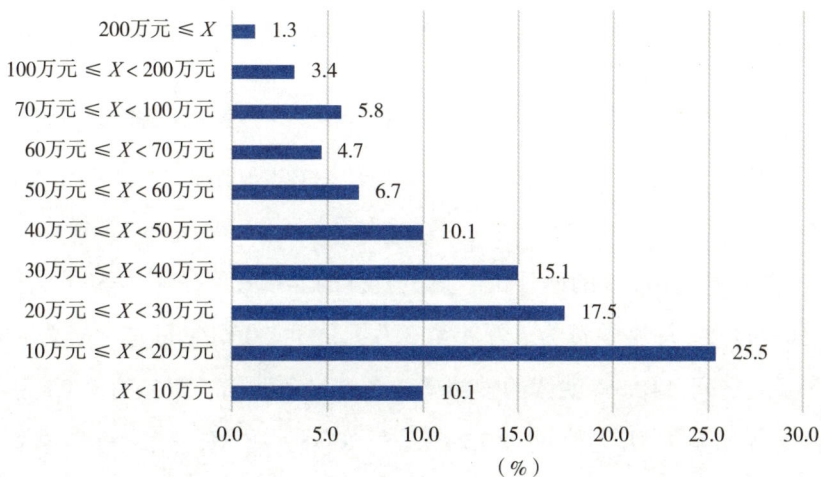

图 10-6　2024 年海外留学人员每年留学的总费用（包含学费、住宿费、生活开销）

资料来源：教育部留学服务中心、全球化智库（CCG），2024 年海外留学人员专题调研。

根据调研，24.7% 的海外留学人员每月平均花销（不包含住宿费与学费）为 5000 元至 1 万元之间；23.4% 每月平均花销为 3000 元至 5000 元之间；17.4% 每月平均花销为 1 万元至 1.5 万元之间；12.3% 每月平均花销在 1.5 万元至 2 万元之间；14.4% 的留学人员每月平均花销在 2 万元以上；还有 7.8% 每月平均花销小于 3000 元。

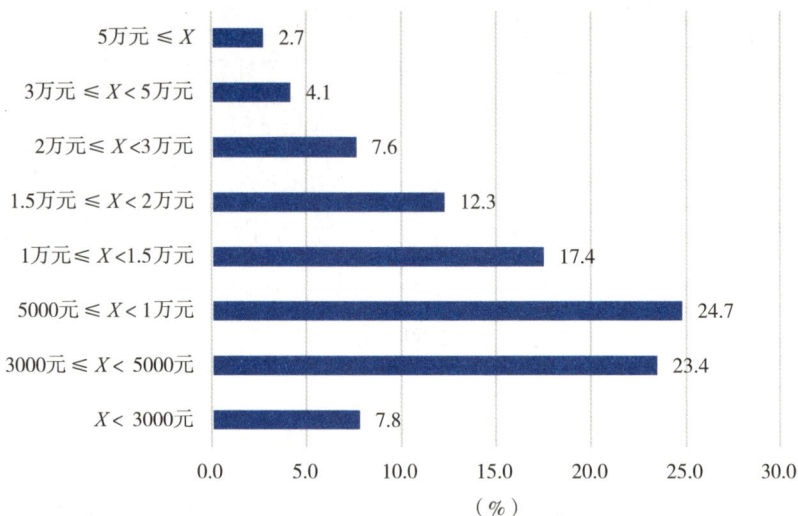

图 10-7　2024 年海外留学人员每月的平均花销（不包含住宿费与学费）

资料来源：教育部留学服务中心、全球化智库（CCG），2024 年海外留学人员专题调研。

根据调研，14.3% 的海外留学人员就读的学校每年学费为 3 万元至 5 万元之间；14.2% 每年学费为 1 万元至 3 万元之间；13.1% 每年学费为 8 万元至 12 万元之间；10.0% 就读的学校属于免费高等教育；分别有 9.4% 每年学费为 12 万元至 15 万元之间及 15 万元至 20 万元之间；8.2% 每年学费在 5 万元至 8 万元之间，另有 5% 每年学费小于 1 万元；每年学费在 20 万元以上的占 16.4%。

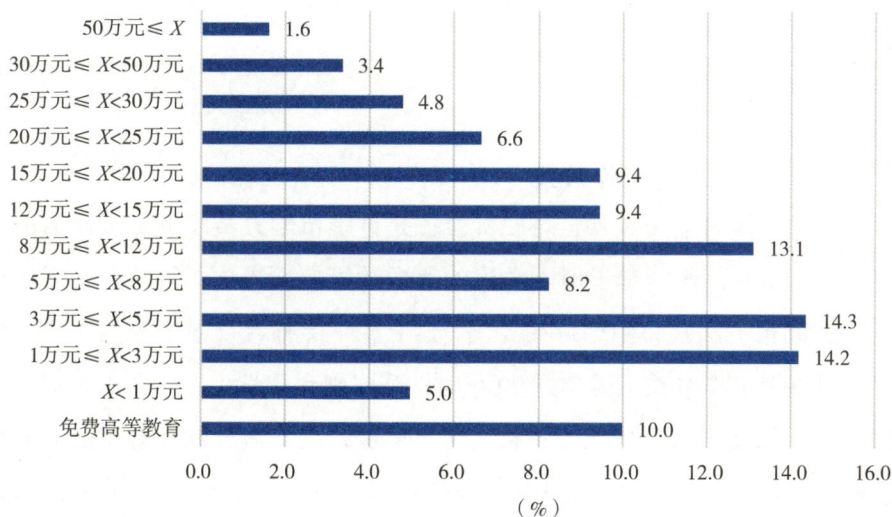

图 10-8　2024 年海外留学人员就读的学校每年学费的区间范围

资料来源：教育部留学服务中心、全球化智库（CCG），2024 年海外留学人员专题调研。

10.4.2　资金证明的准备

为了更好地应对潜在的经济压力，需要家庭提前准备一定的应急资金，以应对偶然开支，面对突发状况。例如，健康问题、家庭事务或意外事件的发生，都可能对原有预算造成冲击。一般建议学生储备至少覆盖一到两个月生活开支的应急金，而部分家庭则会通过开设国际信用卡或购买保险，为学生提供更多层次的经济保障。

资金证明的准备也是留学申请过程中的重要一环。不同国家对资金证明的要求各有不同，例如美国要求申请人提供覆盖第一年全部学费及生活费的存款证明，而英国则要求存款金额满足连续 28 天以上且金额覆盖至少九个月的生活成本。加拿大与澳大利亚则可能要求提供担保投资证书（GIC）或银行详细流水账单以作为补充。

在资金证明的准备过程中，申请人不仅需要保证金额充足，还需注意提供资金来源的合法性文件，如父母的收入证明、税单或其他合法收入来源材料。有些家庭可能为了满足存款要求选择短期贷款或临时转账，但需要格外注意存款记录的连续性与真实性，以免在签证审核过程中引发不必要的问题。

10.4.3 兼职与工作政策

除了直接筹措资金外，兼职机会也是许多留学人员缓解经济压力的重要途径。然而，各国对于国际学生的兼职政策有所不同，留学人员需严格遵守签证相关法规。例如，在美国，F-1 签证持有者仅限于校内工作，学期期间每周工作时长不得超过 20 小时；英国则允许学生在学期内每周工作 20 小时，假期则可全职工作；相比之下，加拿大与澳大利亚对于兼职的政策相对宽松，允许校外兼职并提供假期全职工作的机会。尽管兼职能够在一定程度上缓解经济压力，但学生也应注意避免过度依赖，确保兼职时间不会对学业产生负面影响。优先选择与专业相关或能提升技能的工作类型，例如校内助教、实验室助理或专业实习，不仅能够增加收入，还能积累实践经验。

此外，对于留学人员而言，合理利用学校提供的财务服务也是一个重要环节。许多大学的国际学生办公室或财务部门设有专门为学生提供经济建议的服务，包括如何申请奖学金、助学金，如何选择最优贷款方案等。特别是学费高的地区如美国，学校提供的分期付款选项对于家庭预算压力大的学生是一个很好的选择。一些学生可能符合学术或体育类奖学金的申请条件，及时关注并申请这些资源，能够显著降低整体留学成本。

10.5 生活技能准备

留学人员生活的顺利过渡不仅取决于学术上的准备，日常生活技能的培养同样至关重要。学生在异国他乡将面对一系列新的挑战和机会，包括如何适应陌生的文化、独立处理生活琐事以及管理自身的健康和财务。在出国之前，进行系统的生活技能准备是非常必要的。本部分将从跨文化适应、自理能力、健康管理、住房准备及相关支持资源的利用等方面进行详细探讨，帮助学生为留学生活奠定坚实的基础。

10.5.1　跨文化适应能力的培养

跨文化适应是每位留学人员在国外生活中必须面对的首要挑战。无论是语言、生活方式，还是学术环境的差异，都可能让学生感到不适应。为了减少文化冲击，学生需要在出国之前做好充分的文化准备。

文化适应的准备首先包括了解目标国家的社会文化和礼仪。例如，英国和美国在课堂讨论中的互动方式可能与中国大不相同，学生需要提前熟悉课堂的沟通模式和礼仪要求。除了课堂表现外，不同国家在日常生活中的时间管理、餐桌礼仪、公共行为规范等也有显著差异。例如，一些国家对准时非常严格，迟到被认为是一种不尊重他人的表现，而在一些文化中，公共场合的行为（如排队、与陌生人交谈）也可能有着不同的理解。

文化冲击的适应策略也同样重要。文化冲击通常表现为对新环境的不适应，可能导致孤独、焦虑或压力等情绪。为了缓解这些情绪，学生可以通过主动参与学校的文化适应活动来逐步适应新环境。许多学校会提供"迎新周"或跨文化交流活动，让国际学生有机会了解当地文化、结交朋友。教育部留学服务中心也提供了多项有关文化适应的培训项目，帮助学生在出国前更好地了解目标国的文化和社会习俗，提前准备并缓解可能的文化冲击。

此外，学生还可以通过学习相关的文化书籍或参加在线文化交流项目，进一步增强对目标国家文化的了解和感知。这些准备不仅有助于学生快速适应留学生活，还能够减少因文化误解而产生的困惑和困扰。

根据调研，近一半（48.8%）的海外留学人员在留学过程中朋友圈大多数朋友为中国人，18.9% 的留学人员朋友圈中大多数是其他国家的国际学生（非当地人或中国留学人员），17.0% 的留学人员朋友圈中中国人和其他国家的人占比差不多，10.9% 的留学人员朋友圈中大多数是当地人。

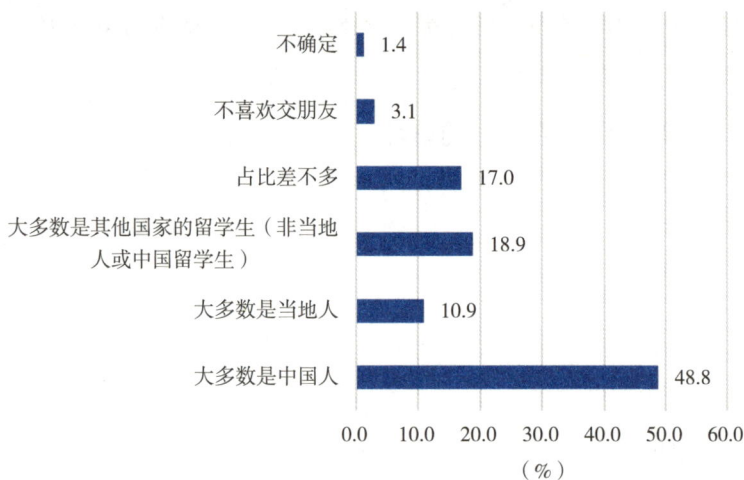

图 10-9　2024 年海外留学人员留学过程中朋友圈大多数朋友的占比情况

资料来源：教育部留学服务中心、全球化智库（CCG），2024 年海外留学人员专题调研。

10.5.2　自理能力的提升

留学生活中的自理能力是决定学生能否独立生活的重要因素。在海外，学生需要学会处理所有日常生活中的琐事，包括烹饪、清洁、财务管理等，这些都是保证顺利适应留学人员生活的基本技能。

基本烹饪技能是留学生活中必不可少的自理能力。虽然在许多国家，外卖和餐厅选择丰富，但学会做饭不仅能帮助学生节省开支，还能确保饮食的健康和营养。学生可以在出国前学习一些简单的烹饪技巧，尤其是如何购买食材、使用调料以及做一些常见的快捷菜肴（如炒菜、煮饭、做汤等）。这不仅能减少对外部饮食的依赖，还能帮助学生更好地适应留学地的饮食文化。

清洁技能同样是自理能力的一部分。学生需要学会如何清洗衣物、打扫房间、整理个人物品等。在国外，尤其是在租房的情况下，许多生活琐事都需要自己处理，这要求学生具备基本的清洁能力。学习如何使用洗衣机、吸尘器、清洁剂等日常清洁工具，以及如何保持生活空间的整洁，有助于提高学生的生活质量。

财务管理是留学人员生涯中最为重要的技能之一。许多学生在初次出国时可能缺乏预算规划的经验，容易在日常开销上出现困惑。为了帮助学生合理规划生活费用，留学人员应提前设定一个详细的预算，包括学费、住宿费、饮食费、交通费等主要支出项，并学会如何记录每月的开销。此外，学生还应学会管理自己的银行账户、信用卡使用和外汇兑换。许多国家提供多种支付方式，如信用卡、借记卡、支付宝、微信支付等，学生可以根据自己的需求选择最便捷的支付方式。了解汇率、外汇管制等知识，也有助于学生避免因资金问题带来的困扰。

10.5.3 健康管理与医疗体系的了解

在国外，学生的健康管理和医疗资源的使用至关重要。不同国家的医疗体系、健康保险政策和医疗费用差异较大，提前了解相关信息将帮助学生在遇到健康问题时从容应对。

首先，学生需要了解目的地国家的医疗体系。大部分国家都有健全的医疗体系，但医疗服务的费用和报销方式因国家而异。在一些国家，学生可以通过学校获得免费或优惠的健康保险，而在其他国家，学生可能需要自行购买保险。了解如何使用医疗资源，如何预约、挂号、进行急诊处理等，能够在生病时减少不必要的麻烦。疫苗接种也是出国前必须做的准备之一。许多国家对疫苗有特定要求，学生应根据目标国家的要求提前接种必要的疫苗。教育部留学服务中心会为出国留学的学生提供相关的健康建议和疫苗接种指南，确保学生在赴国外前完成必要的健康检查，并获得有效的健康证明。

此外，学生还应了解自己可能需要的长期药物，并准备好充足的药品。许多国家的药品种类和药品使用规定与中国不同，学生应提前了解如何在当地购买或携带必要的药物。

10.5.4 住房与住宿准备

住宿问题直接影响留学人员的日常生活质量，因此在出国前做好住房准备至关重要。不同国家和城市的住房情况各异，学生可以根据自己的需求和预算选择合适的住宿方式，常见的选择包括学校宿舍、租房和寄宿家庭等。

学校宿舍通常是留学初期的理想选择。宿舍一般位置优越，且生活设施齐全，为学生提供便捷的生活条件。尤其是对于刚到海外的学生，宿舍能够帮助他们节省时间和精力去适应新环境。然而，宿舍也可能存在一些局限性，如空间较小、生活隐私空间不足等问题，学生应根据自身需求做出合理选择。

租房适合那些希望拥有更多隐私空间的学生。虽然租房可以提供更大的自由度，但也意味着更多的责任，例如签订合同、缴纳房租、承担家务等。租房时，学生应选择与学校或公共交通系统接近的地点，避免长时间通勤影响学习和生活质量。在租房前，学生需要详细了解合同条款，确保房屋的合法性和安全性。

寄宿家庭是另一种可以考虑的住宿选择，特别是对于希望更好融入当地文化的学生。寄宿家庭不仅提供舒适的居住环境，还能帮助学生提高语言能力和了解当地文化。然而，寄宿家庭的选择需要慎重，学生应提前与寄宿家庭沟通，确认双方的期望和要求。

10.6 学术与职业规划的提前布局

学术和职业规划是留学过程中不可忽视的重要组成部分。尽早进行职业目标设定和学术发展规划，能够帮助留学人员在学习期间集中精力提升学术成绩、为未来的职业发展奠定基础。在异国他乡，面临着语言障碍、文化差异和就业市场的竞争，提前布局学术与职业规划显得尤为重要。

10.6.1 职业发展目标的明确

留学的目的不仅是为了获得学位，更是为了在全球化的就业市场中获得竞争力。因此，明确的职业发展目标是每个留学人员在出国之前必须思考的。在留学过程中，学生应尽早思考自己的职业兴趣、长远发展和目标行业，为后续的学术选课、实习机会、学术研究方向等提供清晰的指导。

首先，明确职业方向有助于学生在选择学术专业时做出更为理性和长远的决策。例如，如果学生希望进入金融行业，选择相关专业如金融、经济或管理就显得尤为重要；如果学生有意从事技术开发工作，则应选择计算机科学、工程学等相关专业。通过对自己未来职业方向的设定，学生可以确保自己的学术选择与职业发展目标紧密对接，避免后期出现方向不清、学术积累不具备行业需求等问题。

其次，行业前景的研究也是职业规划的重要一环。随着全球就业形势的变化，一些传统行业的就业市场可能逐渐饱和，而新兴行业如人工智能、绿色能源、数据分析等领域的需求正在激增。因此，留学人员在出国前应对全球就业市场的趋势和各行业的发展潜力进行调研，结合自身兴趣和能力选择合适的职业方向。利用各类在线职业平台了解行业需求，或者通过与校友和导师的交流，获得关于职业方向选择的宝贵经验。

10.6.2　选择目标专业与职业规划的匹配

专业选择的决策直接影响到学生的职业发展路径，因此，学生在选定留学专业时，应确保其与职业目标的高度匹配。目标专业的选择不仅要考虑个人兴趣，还应考虑其在就业市场上的需求、发展潜力以及个人竞争力。

专业的市场需求是选择目标专业时一个至关重要的考虑因素。在全球范围内，一些学科如人工智能、数据科学、金融等领域的就业需求旺盛，未来的发展前景广阔。学生可以通过咨询行业专家、了解行业报告、浏览招聘信息等方式，评估目标专业的就业前景，确保所学专业能为其未来就业提供充足的机会。

学术与职业路径的对接是另一个关键因素。很多留学项目和院校都提供跨学科的选择，学生可以根据自己的职业目标，选择符合要求的课程。例如，想从事国际关系、外交等相关工作的学生，可以选择国际关系、政治学、公共政策等专业；而计划进入高科技行业的学生，则可以选择计算机、电子工程、人工智能等专业。在选择专业的过程中，学生需要与导师或职业顾问沟通，确保所选专业符合自己未来职业的核心要求。

10.6.3　实习与工作经验的早期准备

在留学过程中，实习机会的争取和相关工作经验的积累，是帮助学生提升职业竞争力的重要途径。许多国家的大学课程设置中，实习是学术成绩和职业发展的重要组成部分。提前准备和规划实习机会，能够让学生在毕业前获得宝贵的工作经验。

首先，实习机会的选择需要考虑目标行业的需求。例如，在金融、咨询和科技领域，许多企业提供实习项目，学生可以通过这些项目积累行业经验，提高自己在就业市场中的竞争力。学生可以通过各类招聘平台、校园招聘、校友资源等途径，了解和申请相关的实习机会。为了提高实习的成功率，学生还需要提前准备简历、个人陈述和面试技巧，并积极参与校园内的招聘活动。

其次，早期积累工作经验对留学人员未来的职业发展至关重要。即使在学术要求较高的情况下，参与社会实践或志愿者工作也是很有价值的经历。通过这些经历，学生不仅可以积累相关的工作技能，还能扩展个人网络，提升自身的职业形象。

根据调研，69.5% 的海外留学人员在留学过程中拥有一次以上在当地兼职或实习经历，30.5% 的海外留学人员留学过程中没有在当地兼职或实习经历。具体到国别来看，在发达国家（如美国、澳大利亚、英国、新加坡、加拿大、日本、韩国等）留学的人员，在当地兼职或实习的概率要大一些。

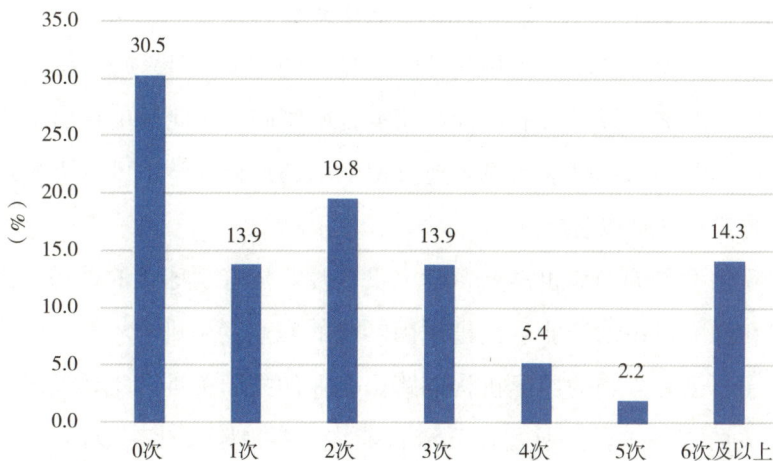

图 10-10 2024 年海外留学人员留学过程中在当地兼职或实习经历

资料来源：教育部留学服务中心、全球化智库（CCG），2024 年海外留学人员专题调研。

10.6.4 建立职业网络与人脉资源

建立广泛的职业网络是留学人员顺利就业和发展的重要因素之一。随着社交媒体的兴起，学生有更多途径来结识同行业的专业人士、校友以及潜在的雇主。通过建立这些联系，学生不仅可以获得行业信息、实习机会，还能通过校友和前辈的经验教训，少走弯路。

一些社交平台为学生提供了与全球职场精英建立联系的机会。学生可以在平台上展示自己的专业技能、学术成果和工作经验，增加曝光率。通过参与相关讨论、关注行业动态，学生还可以获得更多的就业机会和职业建议。

此外，学校和教育机构通常会组织职业指导活动、校友交流会等，学生可以通过这些活动与潜在雇主、学长建立联系，获得行业内的第一手资讯。在一些学校，职业服务中心还会定期邀请行业领袖、招聘人员来校举办讲座和面试，为学生提供直接的就业机会。

10.6.5 提前了解就业市场与国际化发展趋势

了解目标国家的就业市场是留学规划中的重要一环。每个国家的就业环境、用人需求、薪资水平及就业政策各不相同，因此学生在出国之前应深入了解相关国家的就业市场。通过留学前的调研，学生可以更好地把握毕业后的就业方向和选择。

国际化发展的趋势也需要留学人员关注。随着全球化的推进，许多跨国公司和国际组织为毕业生提供了国际化的职业发展机会。学生应提前了解并关注自己感兴趣的国际机构或跨国企业的招聘标准和工作要求，尽早做好相关的准备工作。通过提升语言能力、参加跨文化交流活动等方式，学生可以提升自己在国际化团队中的竞争力。

第十一章　留学安全

11.1　健康安全

留学期间的健康安全是确保留学人员在异国他乡顺利完成学业、稳定生活的最基本要素。首先，购买符合所在国家和学校要求的医疗保险十分必要，一些国家和学校会将购买国际学生保险作为申请签证的捆绑条件，留学人员可以在支付学费押金时一并购买国际学生保险以获得签证申请资格，如所在国家或学校没有对保险做出相应要求，留学人员还应提前购买当地可信度高的商业保险作为保障。不论是对公学生保险还是对私商业学生保险，留学人员都需了解保险的覆盖范围、理赔流程，以确保在面临突发疾病或遭遇意外时能够及时获得医疗服务。

表 11-1　2024 年各国医疗保险每年费用情况

国别	医疗保险费用 当地货币 / 年	医疗保险费用 元人民币 / 年
爱尔兰	400 欧元	3012
澳大利亚	478 澳元	2237
白俄罗斯	210 美元	1519
比利时	300 欧元	2259
波兰	132 欧元	994
丹麦	1560 丹麦克朗	1587
德国	1320 欧元	10078

续表

国别	医疗保险费用 当地货币／年	医疗保险费用 元人民币／年
俄罗斯	3000 卢布	217
法国	免费	0
菲律宾	4000 比索	1533
芬兰	264 欧元	2018
韩国	720000 韩元	3649
荷兰	1476 欧元	11255
加拿大	750 加元	3873
马来西亚	500 林吉特	804
美国	2000 美元	14470
日本	15300 日元	710
瑞典	360 欧元	2710
瑞士	456 瑞士法郎	3844
泰国	14000 泰铢	2896
西班牙	800 欧元	6113
新加坡	407 新加坡元	2947
新西兰	697 美元	5046
匈牙利	250 欧元	1882
意大利	700 欧元	5343
印度	8022 卢比	687
英国	1035 英镑	9492
越南	3787200 越南盾	3386

资料来源：各国移民管理局网站、卫生部网站（人民币汇率日期 2024 年 12 月）。

医疗保险费用在不同国家之间存在显著差异。美国的医疗保险费用远高于其他国家，达到了 14470 元／年，而俄罗斯的医疗保险费用仅为 217 元／年，法国则采取免费的医疗保险政策，这显示出不同国家在医疗保障方面的政策差异。在发达国家中，如德国、英国、美国和荷兰等国家的医疗保险费用普遍较高，这通常与这些国家高质量的医疗服务、保障范围以及留学人员所能享受到的社会保障体系有关。与此形成鲜明对比的是，一些发展中国家如印度、白俄罗斯等，它们的医疗保险费用较低，部分国家甚至要求学生自行购买商业保险。欧洲国家普遍存在医疗保险费用较高的现象，如德国、荷兰、瑞士等西欧国家的费用较为昂贵，这与其完善的公共医疗体系和广泛的社会福利密切相关。此外，高生活成本国家的医疗保险费用往往较高，如瑞士、英国和美国等国家的医疗保险费用与其整体生活成本呈正相关。相对而言，生活成本较低的国家，如波兰、马来西亚和印度等，医疗保险费用则较为亲民。最后，法国提供的免费医疗保险表明其社会保障体系的普遍性和公平性，而其他一些国家如爱尔兰和比利时，虽然医疗费用相对适中，但医疗保障的覆盖范围和公平性可能因国家政策而有所不同。总的来说，了解不同国家的医疗保险费用及保障政策，有助于留学人员在制订留学计划和预算时做出明智选择，确保自己在海外能够享受到必要的健康保障。

其次，保持良好的生活习惯和定期进行健康检查，不仅有助于留学人员更好地适应新环境和新的生活节奏，还可以及时发现潜在健康问题并尽早开始接受相应治疗。提前熟悉留学所在地的医疗资源、医院和诊所位置及紧急联系方式，能在需要时迅速获得帮助。

再次，心理健康也是重要的安全内容。离开熟悉的环境和亲友之后，留学人员可能会产生一定的压力和情绪波动。留学人员应时常关注自身的情绪变化，掌握一些情绪管理和压力缓解方法，适时与家人、朋友交流，或参与校内活动、拓展社交关系，以缓解孤独感和思乡情绪。心理压力和问题不是精神脆弱的表现，在国外向周围的人透露相关情况也不会受到歧视与打击，所以在出现明显的心理障碍和反应时应及时向学校的心理健康服务或专业咨询机构寻求帮助。

最后，在疾病防控上，留学人员应注意目的地国家的流行病情况，按需接种疫苗（如流感疫苗、HPV 疫苗等），保持良好的卫生习惯，勤洗手、保持个人和居住环境的清洁，尤其在流感季节或疫情期间。此外，在外出旅行时，应携带适量药品和急救用品，防止旅途中的突发疾病或过度疲劳。

遵守所在国当地的药品和健康法规也是必要的，许多国家对药品有严格管控，携带或使用未经许可的药品会带来法律风险，特别是入境前需谨慎检查携带药物是否符合当地相关法律；如需长期服药，需提前了解如何合法购买，确保药物使用的安全性与连续性。

通过健康的生活方式、良好的心理调适和对医疗资源的合理利用，留学人员不仅能确保身体健康，也能更好地应对学业和生活中的挑战，享受充实而愉快的留学生活。

11.2　财务安全

留学人员还应该关注留学期间的财务和资金安全，确保有效管理财务，减少因财务问题导致的压力和损失，保障留学人员生活和学业的平稳进行。

首先，制定详细的预算来对整体财务状况进行管理。出国前，学生应明确学费、住宿费、生活费、保险费和各类杂项开支的具体数额，合理规划每月支出。一个全面的预算不仅有助于控制开支，还能避免因过度消费导致的经济紧张。建议定期为自己存留一笔紧急备用金，以应对突发的医疗、旅行延误、身份证件丢失等意外情况。

其次，开设当地账户来对外汇进行管理和使用。留学人员在到达留学目的地后，申领一张当地的银行卡有利于在当地开展活动和消费。在开设账户之前应查询最新的网络信息以及银行资料，选择具有学生优惠的银行账户和较低手续费的银行卡，这样可以方便日常支出并减少跨国转账费用。同时，熟悉网上银行的操作方法和账户管理流程，避免频繁使用现金也能提高财务的便捷性和安全性。金融信息安全方面，留学人员应严格保管银行卡和账户密码，避免在公共 Wi-Fi 下登录网上银行或进行转账，以免账户信息被窃取。除此之外，留学人员们还需警惕陌生的电话和电子邮件，在外不要轻易泄露个人信息。

最后，在进行大额交易和定期交易前需反复确认交易的安全与合规。

在留学期间经常会出现一次性的大额支出，或者资金转移，包括支付学费、房租以及进行跨国转账换汇等。在进行相关交易之前，需要确认交易平台是官方认证的且授权的正规平台，尽量避免第三方小机构代缴，同时在支付前还应留意银行随时提示的交易风险以避免财产损失。在进行跨国汇款与换汇时，时刻关注汇率变动，并且选择值得信任的官方机构进行换汇，若需家人定期汇款，最好向汇款银行咨询是否有长期汇款优惠。此外，留学人员若有投资需求，应当避免参与高风险的投资项目，如期货、虚拟货币或股票等不熟悉的领域，尤其警惕互联网上传播的快速致富带来的诱惑，不要轻信陌生人推荐的高回报金融产品，以免造成经济损失或陷入金融骗局。

在留学期间兼职或实习的学生，务必熟悉当地的法律法规，确保工时和薪资合规，选择正规的商家和机构可以避免被非法雇佣、偷税漏税或工资拖欠等问题。

为进一步加强财务保障，建议留学人员准备除医疗保险之外的多种保险，包括人身意外险、财产险和旅行险等，以防因贵重物品意外丢失或损坏导致的额外费用。保险不仅能应对突发状况，还能有效减少因意外事件而产生的财务压力。此外，留学人员需特别注意保管好护照、银行卡、身份证明等重要物品，避免遗失带来的不便和经济损失。

11.3 居住与人身安全

留学期间留学人员还应时刻关注周边居住环境与自己的人身安全。根据调研，留学人员对所留学地区的治安情况总体比较满意，以 10 分为非常满意，留学人员的综合打分为 7.93 分，其中 24.3% 的同学表示对所留学地区的治安情况非常满意，17.2% 的同学给所留学地区的治安情况打 9 分，24.1% 打 8 分。

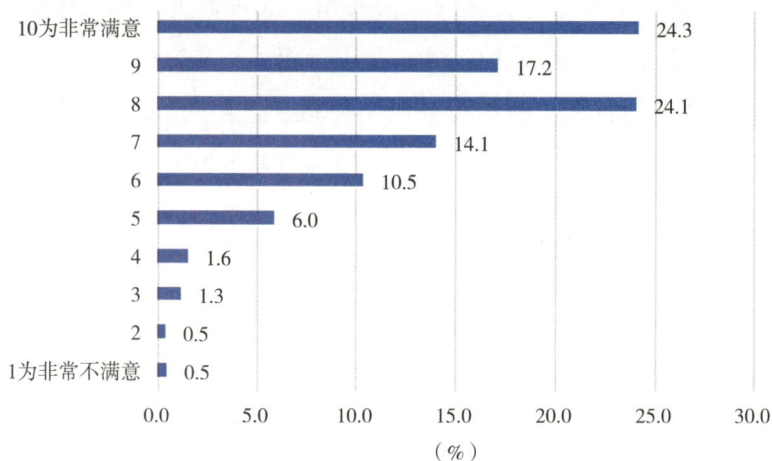

图 11-1　海外留学人员在留学过程中感受留学地区的治安情况

资料来源：教育部留学服务中心、全球化智库（CCG），2024年海外留学人员专题调研。

选择合适的居住区域至关重要。优先考虑治安良好、交通便利且生活设施齐全的区域居住，可以降低遭遇恶性事件的概率。在租房时，通过正规渠道寻找房源，例如学校的住宿服务、知名租房网站或当地合法中介，这样不仅可以避免非法租房的风险，还能享有更完善的租房和售后保障。租房前务必仔细阅读租赁合同条款，确认租金、押金及各项费用的支付方式，以防止后续产生纠纷或额外收费。入住后，应了解房间内的安全出口和逃生路线，确保在紧急情况下能够迅速撤离。房屋内的房门和窗户上的锁具要定期检查，确保完好无损，出门随手锁门，必要时应使用密码箱或锁柜来对重要证件、现金和贵重物品进行妥善保管。

日常生活中，留学人员应始终保持防范意识，尤其在拥挤场所，如车站、商场、校园活动区域等，谨防小偷。外出时，不要携带大量现金，尽量使用银行卡或电子支付。此外，不要轻易向陌生人透露个人信息，包括住址、电话、日常行程等，防范可能的骚扰和欺诈风险。留学人员还应熟悉当地的紧急报警电话，记录下警察局、医院、学校安保部门的联系方式，以便在遇到突发情况时迅速联系求助。夜间出行安全方面，留学人员应尽量减少夜晚独自外出的次数，特别是在陌生或治安不佳的区域。如确有需要，建议结伴而行，或选择信誉良好的出租车、网约车服务，避免步行。许多学校为晚归的学生提供夜间安全接送服务，或安排校车和安全巡逻，留学人员可以提前了解和利用这些资源。

此外，了解并遵守当地的交通规则是保障出行安全的另一重要措施，尤其是与国内交通标志和道路习惯不同的国家。留学人员在过马路、乘坐公共交通或骑行时，应始终保持警觉。骑行时应佩戴头盔等安全设备，遵守当地的骑行规则，避免进入车流密集的路段。尽量选择合法、规范的公共交通工具出行，这不仅安全便捷，还能降低自身遭遇交通事故的风险。

在社交与娱乐生活中应避免过量饮酒，远离毒品和其他非法活动，不要轻信他人对于出格行为后果的辩护，不被友情所胁迫，尤其是在夜晚的社交聚会中，应保持自控，确保清醒，避免将自己置于危险之中。

11.4　心理健康安全

"心理健康安全"近年来在校园中越来越受到重视。在跨文化环境中，学生可能面临孤独感、学业压力和文化适应等多方面的问题。根据调研，大部分留学人员在留学过程中都感受到不同方面不同程度上的压力。其中，语言压力最为明显，93.7%的留学人员在留学过程中感受到语言压力；92.5%感受到文化冲突，91.7%感受到社交压力，87.6%感受到经济压力，还有83.7%感受到歧视。

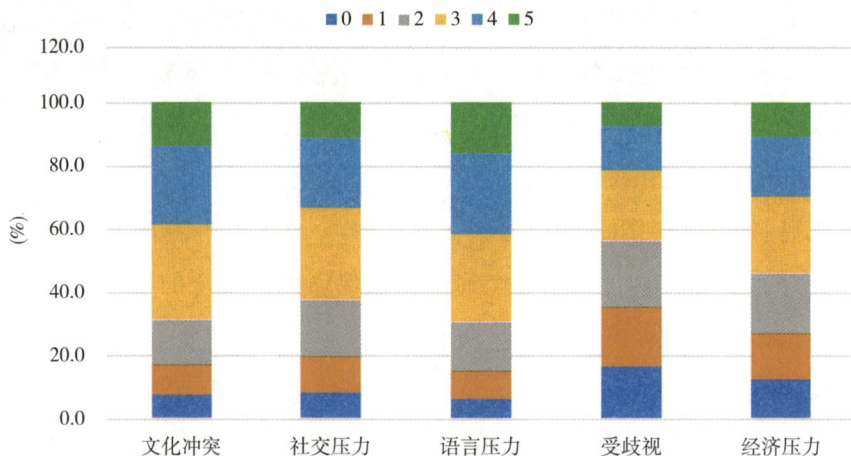

图 11-2　留学人员在留学过程中感受到的压力情况

资料来源：教育部留学服务中心、全球化智库（CCG），2024 年海外留学人员专题调研。

　　不同方面的压力会导致留学人员在留学过程中心理压力增加，根据调研，72.6% 的留学人员出现过消极的心理情绪。其中，31.7% 有消极情绪但未曾寻求支持，21.2% 曾寻求过就读学校的心理支持，19.2% 曾在国内医院咨询过心理医生，18.2% 曾寻求过当地社会上的心理支持，还有 14.9% 表示想寻求支持，但当地学校和社区没有免费的心理支持。

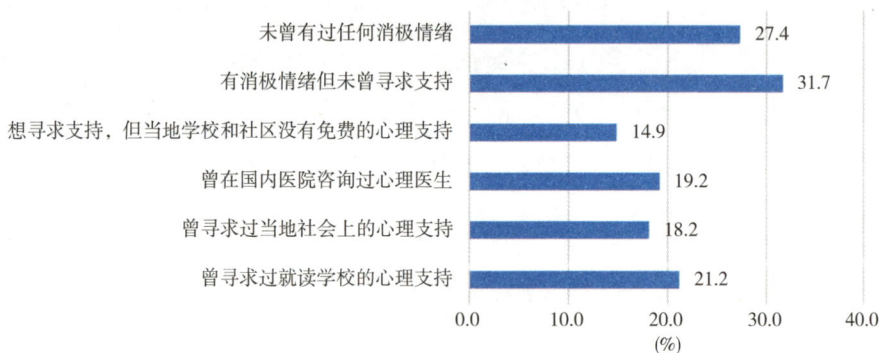

图 11-3　海外留学人员在留学过程中感受消极心理情绪时寻求支持情况

资料来源：教育部留学服务中心、全球化智库（CCG），2024 年海外留学人员专题调研。

大多数大学提供的心理健康服务旨在为学生提供安全的情感表达渠道。在心理咨询中心，学生可以通过预约获得免费的心理支持服务，部分高校甚至配备了多语言心理顾问以满足留学人员的需求。例如，一些学校的心理健康中心会针对留学人员举办压力管理或跨文化适应的研讨会，帮助他们学会调整心态。为了增加心理健康服务的可达性，部分学校还设有 24 小时心理热线，学生可以随时寻求帮助。与此同时，诸如正念冥想、瑜伽课程等活动也为学生提供了一种轻松的方式来释放压力。对于留学人员来说，充分利用这些服务不仅可以帮助他们应对日常困扰，还能提升他们的情绪稳定性和心理韧性。

为进一步加强对留学人员的关心关爱，提升心理健康服务水平，教育部留学服务中心联合北京幸福公益基金会于 2024 年共同开发了"平安留学健心计划"。该计划针对留学人员群体在海外学习生活中可能面临的心理挑战，如异域文化冲击、语言能力、生活适应、学业压力、人际交往、思乡情感等，推出"平安留学健心房"微信小程序，提供积极心理科普、心理咨询、心理测量、静心冥想等专业性、公益性服务内容，帮助留学人员培养积极乐观心态，增强心理韧性，预防心理健康风险，提升整体身心健康水平。

11.5　中国留学生安全提醒

随着中国留学人员数量的不断增加，留学人员的安全问题越来越受到社会各界的广泛关注。为确保留学人员在国外能够平安度过学习生活，教育部留学服务中心定期发布留学人员安全提醒，这些安全提醒整合了中国驻各国使领馆发布的关于留学人员面临的各种安全风险信息，涵盖了电信诈骗、换汇诈骗、防范盗抢、人身安全、学术诚信等多个领域，旨在帮助留学人员增强风险防范意识，提高应对能力，确保其在海外能够顺利、平安地完成学业。

2024 年，教育部留学服务中心共转发了 49 期"中国留学生安全提醒"，其中转发了中国驻各国使领馆发布的安全预警292次，涉及的领域包括电信诈骗、换汇诈骗、防范盗抢、跨境赌博、学术诚信、法律法规、人身安全、公共卫生、自然灾害、抗议示威、出入境事项以及罢工预警。这些提醒覆盖了全球35个国家和地区，频次和内容反映了留学人员在海外面临的多样性安全风险。特别是在电信诈骗、人身安全、自然灾害等方面，提醒的数量和频率尤为突出，反映出这些问题对留学人员的生活和学习产生了较大的影响。

表 11-2 2024 年度"中国留学生安全提醒"分析

国别	总预警次数（次）	预警次数最多的领域
爱尔兰	4	电信诈骗（3）
澳大利亚	37	电信诈骗（20）
白俄罗斯	0	N/A
比利时	8	人身安全（4）
波兰	0	N/A
丹麦	1	出入境事项（1）
德国	30	人身安全（10）
俄罗斯	9	人身安全（4）
法国	8	人身安全（3）
菲律宾	0	N/A
芬兰	1	人身安全（1）
韩国	20	人身安全（6）
荷兰	12	人身安全（7）
加拿大	12	电信诈骗（6）
马来西亚	0	N/A
美国	54	电信诈骗（18）
日本	37	自然灾害（13） 人身安全（13）
瑞典	8	人身安全（5）

续表

国别	总预警次数（次）	预警次数最多的领域
瑞士	4	电信诈骗（3）
泰国	1	人身安全（1）
西班牙	5	人身安全（2）
新加坡	6	公共卫生（2）
新西兰	13	电信诈骗（8）
匈牙利	1	电信诈骗（1）
意大利	7	人身安全（4）
印度	0	N/A
英国	14	人身安全（4）电信诈骗（4）
越南	0	N/A

注：部分国家总预警次数为 0，有可能因为未转发该国预警情况。

电信诈骗在 2024 年成为留学安全提醒中的重中之重，教育部留学服务中心共转发了 94 次关于电信诈骗的安全提醒。澳大利亚和美国是受影响最为严重的国家，提醒次数分别为 20 次和 18 次。电信诈骗的类型多样，包括冒充政府机构、银行或其他官方组织的电话诈骗，利用虚假的紧急情况迫使受害人转账，或通过网络钓鱼获取受害人的个人信息。这类诈骗手段的复杂性和隐蔽性使得留学人员容易成为被诈骗的受害者。为此，提醒留学人员在接到任何可疑电话时要保持高度警觉，避免通过不明电话或邮件泄露个人信息，尤其是在涉及金钱交易时，更应通过官方渠道进行核实。

具体案例如下：

根据中国驻韩国大使馆通报相关"虚拟绑架"电信诈骗案例。近期某留学人员父母来电请使馆"救人"，称绑匪打来电话同时通过孩子微信传送孩子"被绑"视频，并向家长威胁索要 50 万元赎金。接到求助后，我馆迅速联系校方向警方报警。经我馆与校方、警方协同努力，在学校附近旅馆内发现了孤身一人的该生，并及时阻断该生父母向绑匪汇送赎金。

近年来，"虚拟绑架"类电信诈骗时有发生，诈骗套路主要分为以下三步：一是诱导控制，并诱导受害人与外界切断联系。诈骗分子冒充"公检法"机关工作人员致电受害人，谎称其涉嫌重大犯罪，要求受害人"配合调查"。在骗取受害人信任后，以受害人有可能被当地警方"遣返、逮捕、引渡"或将遭遇"生命危险"等理由诱骗其离开学校或居住地，前往宾馆或其他国家，并要求切断手机电话、微信等与家人或亲友取得联系的渠道。还会要求受害人书写"个人情况自白书"、定时汇报行程及个人状态，以对其进行精神控制。二是伪造绑架，诈骗分子诱导受害人拍摄被绑架的照片、视频，用于威胁受害人父母或其他家属并索要赎金。其诱导手段多种多样。例如，诈骗分子声称受害人本人或父母涉嫌重大案件，若其配合拍摄照片、视频，配合警方完成秘密任务，即可获得宽大处理。又如，先要求受害人按期"依法"缴纳巨额保释金，当受害人表示困难时，诈骗分子称可"帮忙"出主意，引诱受害人伪造被绑架的假象，向其家人索取资金支付保释金。再如，诈骗分子声称目前掌握有受害人违法犯罪的视频证据，当受害人表示质疑或否定时，诈骗分子会诱导受害人按照要求拍摄视频作为对比以自证清白。三是骗取"赎金"。在受害人与外界"失联"期间，诈骗分子会冒用受害人身份联系其家长，谎称孩子被"绑架"，并发送事先拍摄好的照片或视频以证明"绑架"真实性，向家长骗取巨额"赎金"。

换汇诈骗问题也引起了广泛关注。2024 年，教育部留学服务中心共转发了 17 次关于换汇诈骗的安全提醒。特别是在日本，换汇诈骗案件的涉案金额巨大，令人警觉。留学人员在国外尤其容易遭遇一些非法换汇渠道的诱导，这些非法渠道不仅汇率不透明，还常通过虚假广告或"中介"角色，诱使留学人员进行非法交易。由此产生的损失常常不易追回，这使得留学人员的经济利益面临较大风险。为了避免此类风险，留学人员应当选择正规金融机构进行换汇，并且尽量避免通过私人渠道或非官方途径进行资金操作。

根据中国驻美国使馆案例分享，近期数名中国公民向大使馆反映遭遇

以换汇、转账为由的新型电信网络诈骗,诈骗陷阱如下:

案例一:中国公民王某因国内家人急需用钱,想将美元兑换成人民币转账给家人。恰巧此时,其网友小 C 表示需要美元,两人随即约定直接进行换汇交易。小 C 称,自己国内的银行卡月度转账额度已满,将请两个朋友协助转账。王某表示同意,并将美元转至小 C 提供的美元账户。不久,王某家人收到国内不同省市转来两笔人民币汇款,一切似乎都很顺利。然而,半天不到,其家人收款账户被冻结。经了解,这两笔汇款涉嫌属于诈骗赃款,受害人均已向警方报案,因此导致其家人收款账户被公安机关冻结。

案例二:有一个私下换汇诈骗团伙流窜各地作案。他们通常通过网络寻找需要换汇的人员,声称因缴纳学费、生活费等需要兑换美元,然后采取"面交"的方式,当面转人民币到受害人账户,受害人确认收款后即支付相应金额的美元。随后,由于汇款人民币涉嫌属于诈骗赃款,受害人的人民币账户就会被国内公安机关冻结。以上受害人,由于账户被冻结,影响其正常生活、经商等,带来极大不便。

此外,防范盗抢也是留学安全提醒中的重要内容,尤其是在一些西欧国家,如法国、德国、西班牙等地,盗抢事件发生较为频繁。2024 年,共转发了 9 次防范盗抢的安全提醒,提醒留学人员在公共场所尤其是交通工具、旅游景点等人员密集的地方保持警觉,妥善保管个人贵重物品。由于许多盗抢案件发生在留学人员出行高峰期,因此,建议留学人员尽量避免携带大量现金,并使用防盗背包等设备来确保自身的财物安全。此外,在面对可能的盗抢行为时,保持冷静并尽快报警也是关键应对措施。

人身安全是留学人员最为关心的问题之一。2024 年,关于人身安全的提醒数量高达 107 次,远超其他类别的提醒。美国、日本、澳大利亚和德国是发布人身安全提醒次数最多的国家。在这些国家,留学人员面临的主要安全威胁包括校园暴力、性骚扰、社会治安问题和突发的恐怖事件等。尤其是在美国,枪支暴力和社会治安问题时常成为留学人员的安全隐患。此外,随着国际局势的不稳定,一些国家的社会矛盾也可能影响到留学人员的日常生活。针对这一问题，提醒留学人员在出国前要了解目的地国家的法律法规、社会治安状况和紧急应对措施。留学人员要始终增强自我保护意识，避免深夜单独外出，遇到紧急情况时，要尽快联系当地警方和中国驻外使领馆寻求帮助。

自然灾害也是留学人员不得不面对的另一项重大安全风险。2024年，教育部留学服务中心共转发了37次关于自然灾害的安全提醒，其中日本、美国和德国是受影响较为严重的国家。自然灾害的类型主要包括地震、洪水、台风等，其中日本由于地处环太平洋地震带，地震预警频繁。留学人员在这些国家留学时需要时刻关注当地的自然灾害预警，并提前了解应急避险知识。尤其是在地震多发的国家，了解如何进行灾难时的自我保护和紧急疏散措施非常重要。建议留学人员在出国前了解当地的气候、地理以及自然灾害的常见类型，掌握基本的应急技能，以减少灾害发生时的风险。

在学术诚信方面，2024年教育部留学服务中心共转发了2次关于学术诚信的提醒。这些提醒主要集中在美国和澳大利亚，提醒留学人员在进行学术研究和写作时严格遵守学术道德，避免抄袭和作弊等不正当行为。随着国际学术环境的变化，学术不端行为越来越受到各大院校的严格审查，留学人员一旦违反学术诚信规定，不仅会面临学术处罚，还可能对其未来的学术和职业生涯造成严重影响。因此，留学人员在进行学术工作时要树立良好的学术道德，恪守学术规范，避免因学术不端而遭遇不必要的麻烦。

公共卫生事件的安全提醒较以往有所减少，2024年全年仅转发了4次公共卫生方面的提醒。这些提醒主要集中在新加坡，提醒留学人员注意流行病防控和疫苗接种等问题。当前，一些传染病仍然在部分地区存在，留学人员应继续关注所在国家的公共卫生政策，养成良好的个人卫生习惯，并根据目的地的要求及时接种疫苗，以减少感染的风险。

根据对2024年度留学安全提醒分析，可以发现，随着全球政治、经济以及社会环境的不断变化，留学人员面临的安全风险愈加复杂且多样化。教育部留学服务中心通过中国驻外使领馆发布的安全提醒，起到了至关重要的引导作用，帮助留学人员及家属及时了解国外的安全形势，为留学人员的安全提供有力保障。每一项安全提醒背后都透露出留学人员在海外生活的挑战与潜在风险，而这些提醒也提醒着我们，安全意识的提高对于留学人员的健康和学业生涯至关重要。

除了上述提到的电信诈骗、人身安全、自然灾害等领域，出入境事项的安全提醒同样值得关注。2024年，关于出入境事项的安全提醒达到了23次，其中美国的提醒次数最多，达到9次。随着地缘政治日益加剧，民粹主义逐步建起"小院高墙"，出现了不少国家在出入境政策上保持一定的限制和变化，尤其是美国，其出入境政策受特朗普政府的重新上台和一系列国际形势变化的影响，可能会出现新的调整。这些变化不仅会影响留学人员的签证审批、入境政策等，甚至可能会涉及部分留学人员的居留问题。教育部留学服务中心通过及时转发关于出入境事项的安全提醒，帮助留学人员提前了解相关政策，避免因政策变化造成不必要的麻烦。因此，留学人员需保持对出入境政策的高度关注，特别是在前往如美国这样的高风险国家时，要做好充分的准备工作，以应对可能的签证问题或入境限制。

在欧洲地区，尤其是在德国，罢工事件成为2024年频繁发布安全提醒的一个重要方面。全年发布了5次关于罢工的预警提醒。这些罢工往往影响到公共交通、学校的正常运行以及其他社会服务的运作，可能给留学人员的日常生活带来不小的困扰。因此，留学人员在德国等国家留学时，应当时刻关注当地的罢工动态，并及时调整自己的行程安排，确保不受影响。

跨境赌博问题的提醒在2024年同样不可忽视，尤其在新加坡和韩国，这一问题引发了对留学人员的安全隐患。在部分国家，赌博网站和非法赌博活动日益猖獗，留学人员有时会因为信息不畅或被误导而卷入其中。因此，留学人员不仅要远离非法赌博活动，还要提高对各类网络诈骗和非法活动的警觉性，避免因无意间参与而陷入困境。

2024年发布的中国留学人员安全提醒涵盖了从电信诈骗、换汇诈骗到自然灾害、人身安全等多个领域。教育部留学服务中心通过及时转发这些信息，不仅帮助留学人员提高了安全防范意识，也为留学人员提供了应对突发事件的实用技巧和指导。留学人员应结合自己的实际情况，在踏上留学旅程之前充分了解和准备，确保在国外能够拥有一个安全、健康、顺利的留学经历。

第十二章　留学回国

本章主要根据计划出国留学人员、海外留学人员、国内用人单位的专题调研，分析留学人员回国的意向，留学回国人员的就业反馈，以及用人单位对留学回国人员的就业反馈，并概述教育部留学服务中心在留学人员回国方面的服务情况。关于中国留学回国就业的详细情况，请参考教育部留学服务中心编写的《中国留学回国就业蓝皮书》。

12.1　留学人员回国意向

根据调研，98.5% 的计划出国留学人员计划学成后回国，仅 1.5% 明确不打算回国。其中 66.7% 有清晰的职业规划，或回国继承家业或创业，31.8% 表示回国后路径不清晰。

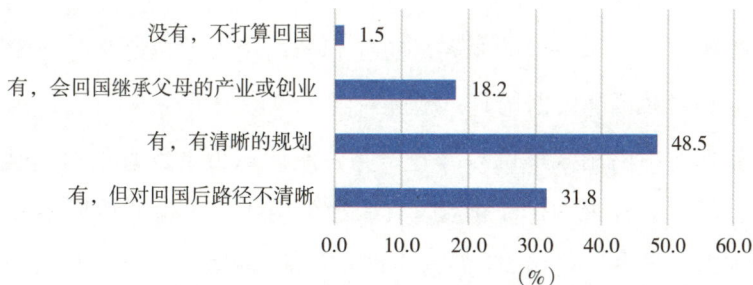

图 12-1　计划出国留学人员学成回国的计划

资料来源：教育部留学服务中心、全球化智库（CCG），2024 年计划出国留学人员专题调研。

独生子女不打算回国的比例（1.9%）比非独生子女不打算回国的比例（0.7%）高一些。打算回国的人员中，独生子女对自己的未来规划会比较明确，68.4%表示有清晰的职业规划或回国继承父母的产业或创业，表示回国后发展路径不清晰的占比要比非独生子女的低6.1%。

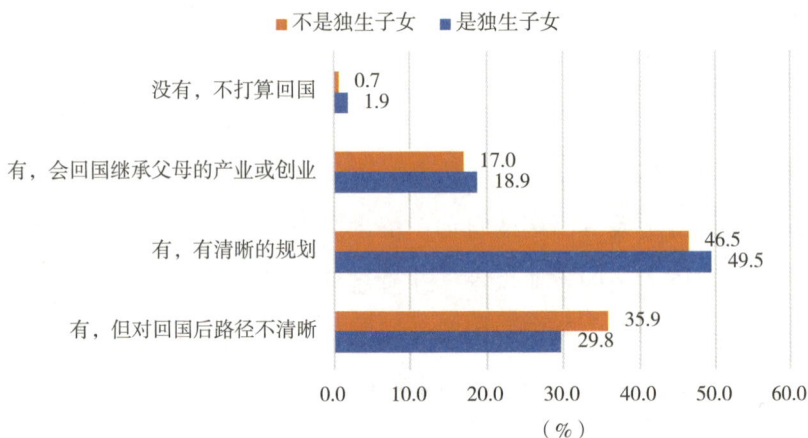

图 12-2　计划出国留学人员学成回国的计划（区分独生子女与非独生子女）

资料来源：教育部留学服务中心、全球化智库（CCG），2024年计划出国留学人员专题调研。

12.2　留学回国就业人员的就业反馈

总体而言，留学回国就业人员感受到国内用人单位对其海外学历的就业认可度相对较高。根据调研，超过一半（59.8%）的留学人员认为与国内毕业生相比，国内用人单位对海外留学背景的认可度没有差别，或者认可度更高。其中，有45.3%的留学人员认为国内用人单位对他们学历的认可度高于国内大学生，有14.5%的认为没有差别。相反，有18.9%的留学人员认为国内用人单位更倾向于国内重点大学的学生，且有10.3%的留学人员没有感受到认可或不被认可。

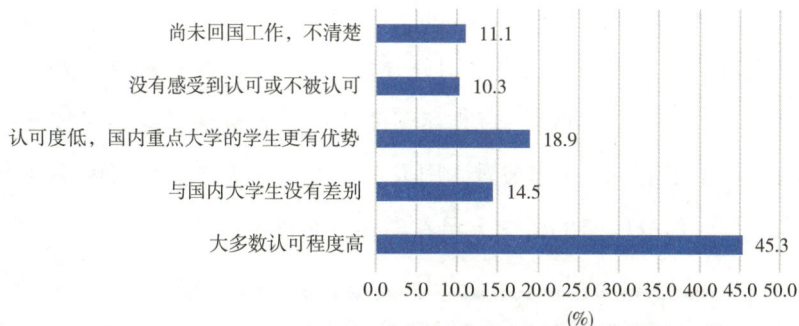

图 12-3 留学回国就业人员感受到的国内用人单位对其学历认可度

资料来源：教育部留学服务中心、全球化智库（CCG），2024 年海外留学人员专题调研。

根据调研，大多数留学人员（69.9%）认为相比于国内毕业的大学生，他们的海外留学经历对其薪资没有影响或更有优势。其中，有 31.7% 的表示留学生薪酬比国内毕业的大学生有优势；9.3% 的表示留学生国内就业薪酬比所留学国家当地就业薪酬高。

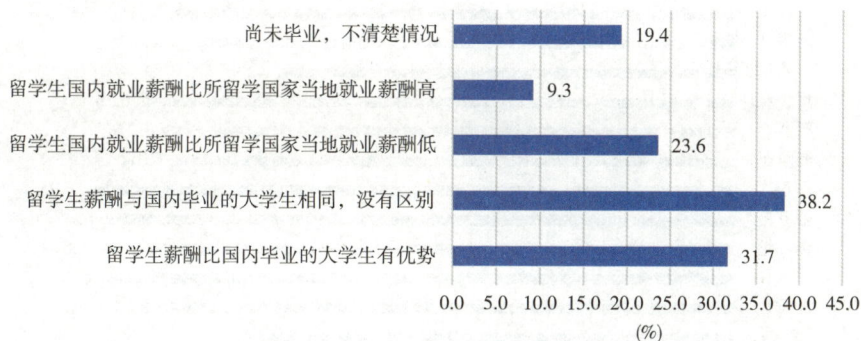

图 12-4 留学人员薪资收入反馈

资料来源：教育部留学服务中心、全球化智库（CCG），2024 年海外留学人员专题调研。

12.3 国内用人单位对留学回国就业人员的就业反馈

根据调研，国内用人单位对各国留学人员的总体认可度存在差异。用人单位对大部分国家的留学人员认可度较高，尤其是对于德国、英国、法国的留学人员认可度较为突出，平均分分别为 6.95、6.83 和 6.77（满分为 10分）。而对一些国家，如越南、南非和印度的留学人员认可度相对较低，分别为 4.44、4.48 和 4.49。总体来看，用人单位对留学人员的认可度呈现出明显的分布差异，部分国家的留学人员在整体认可度上较为突出。

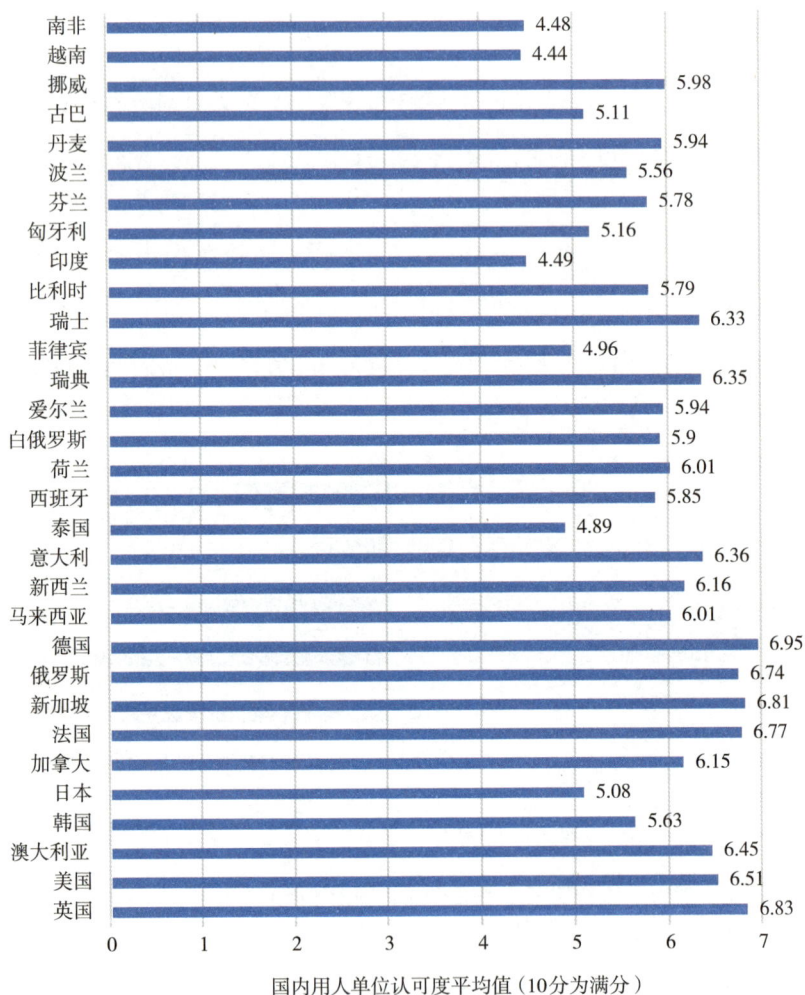

图 12-5　国内用人单位对不同国家留学人员平均认可度

资料来源：教育部留学服务中心、全球化智库（CCG），《中国出国留学蓝皮书2025》国内用人单位专题问卷。

根据调研，留学人员在国内用人单位招聘中受到关注的主要因素包括所学专业与岗位匹配度、专业知识与技能和跨文化交流能力。其中，最受重视的因素是所学专业与岗位匹配度（66.8%的受访者认可），其次是专业知识与技能（64.1%的受访者认可）。其他重要因素还包括创新能力（50.2%）、独立性和适应性（49.9%）以及在中国长期发展的意愿（46.4%）。毕业生的家庭背景和社会资源的重要性相对较低，仅占7.3%。

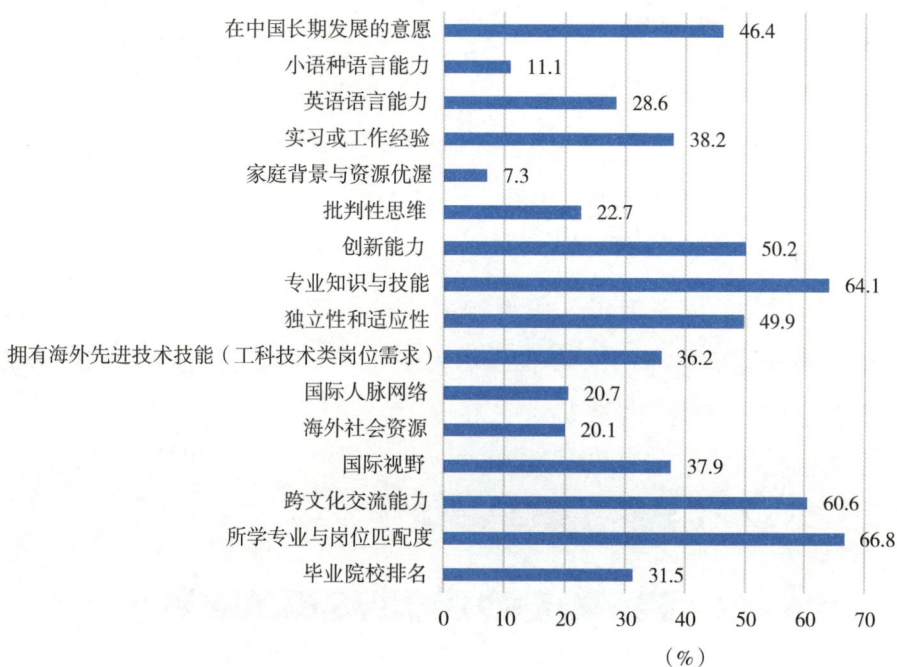

图 12-6　国内用人单位看重留学人员原因

资料来源：教育部留学服务中心、全球化智库（CCG），《中国出国留学蓝皮书2025》国内用人单位专题问卷。

根据调研，大多数公司为应届硕士留学毕业生提供的税前月薪预算集中在1万—1.5万元区间，占比最高，达到38.2%。其次是0.8万—1万元区间，占比为28%。而1.5万—2万元区间的薪资预算占比为15.5%，2万—2.5万元区间占比7.3%。高薪区间（2.5万—3万元和3万元以上）的预算较少，分别为3.8%和0.9%。

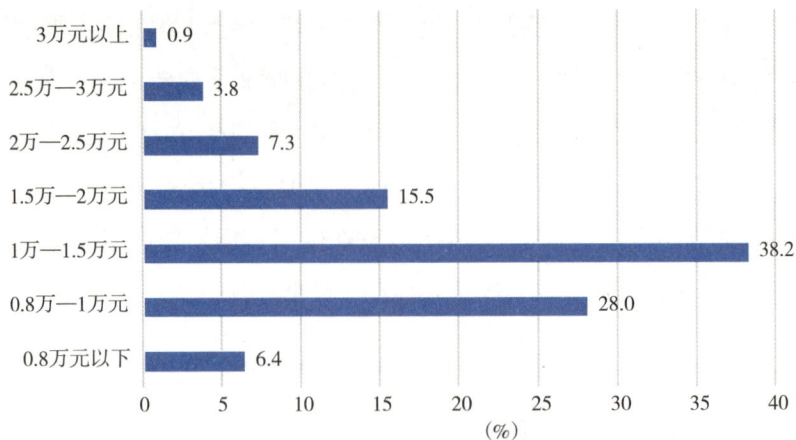

图 12-7 国内用人单位对于应届硕士留学毕业生的税前月薪预算

资料来源：教育部留学服务中心、全球化智库（CCG），《中国出国留学蓝皮书2025》国内用人单位专题问卷。

根据调研，更多的用人单位倾向于聘用国内院校毕业生，占比为53.1%。然而，27.1%的用人单位表示无偏好。相对而言，只有19.8%的受访单位偏好聘用海外留学人员。

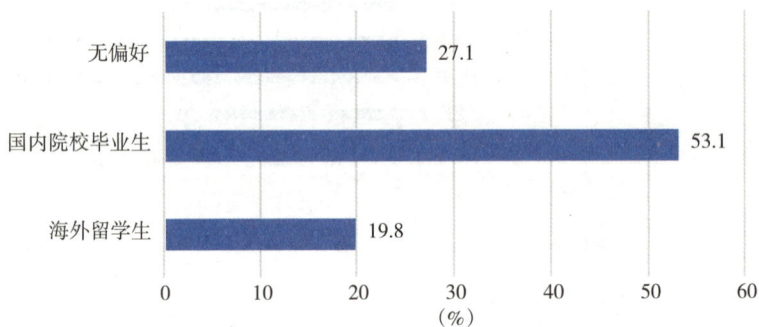

图 12-8 国内用人单位聘用偏好

资料来源：教育部留学服务中心、全球化智库（CCG），《中国出国留学蓝皮书2025》国内用人单位专题问卷。

第十三章　出国留学七件事

出国留学是一个获取知识、探索世界的重要途径，也是一段关于个人成长与自我发现的人生旅程。出国留学七件事，从行前准备到海外生活再到归国发展，护航留学全过程畅通无阻。

13.1　留学 e 网通 App：留学服务一触即通

政务服务指尖触达，最新消息智能推送，热门活动实时更新，留学 e 网通 App 关注广大留学人员所需所想，提供全流程一站式的留学服务。档案存放、学历学位认证、就业报到等各类手续"掌上办、一网办"，安全提醒、学生活动、招聘岗位等各类信息一触即达、精准获取。下载留学 e 网通 App，感受更有温度的留学服务，畅享高效便捷的留学体验。

留学 e 网通 App 下载二维码：

13.2　行前培训：安心开启留学旅程

"留学千万条，平安第一条"，出国前一定要做好充分的行前准备，了解留学目的地国家国情，认识各类安全风险，掌握基本应对措施。受教育部委托，教育部留学服务中心面向广大留学人员开展"平安留学"培训工作，提供安全防范、心理健康、防骗反诈、适应融入、法律保障等各类培训内容，帮助大家轻松掌握海外求学必备技能，从容面对未知挑战！

平安留学网站：https://palx.cscse.edu.cn

教育部平安留学微信公众号：pinganliuxue

13.3　档案存放：人事档案安全无忧

人事档案是每个人学习、工作等轨迹的汇总，有人把它比喻成第二张身份证，足见其重要程度。教育部留学服务中心为留学人员提供档案管理服务，引导规范存档并归档留学经历，结合"互联网＋留学服务"新模式，全程在线办理，并依托存档系统为留学人员提供后续留学服务，助力留学，档案无忧。

留学 e 网通服务大厅：https://zwfw.cscse.edu.cn

13.4 适应融入：留学生活精彩纷呈

保持积极开放的心态是快速融入海外生活的关键，要主动了解当地的历史文化和风土人情，积极适应融入校园文化氛围，参与学生社团和学校组织的各类有益活动，建立良好的社交关系。同时，建议与中国驻当地使领馆保持密切联系，及时获取安全提醒、实用资讯和活动信息，一旦遇到突发事件，可及时联系中国驻当地使领馆寻求领事保护与协助。祝愿每位留学人员都能拥有一段充实且有意义的留学生活。

13.5 学历学位认证：满足回国发展需要

对于很多留学人员来说，国（境）外学历学位认证是就业创业过程中的一份重要凭证，为更好满足留学人员需求，一直以来，国（境）外学历学位认证服务不断优化流程，提高质量和效率。鉴于学历认证调研需要一定时间，建议有需要的留学人员在获得学位证书后尽早提交申请，确保及时获得认证，为回国发展铺平道路。

留学 e 网通服务大厅：https://zwfw.cscse.edu.cn

13.6 留学人才人力资源服务：精准对接就业需求

就业是留学人员回国后关心关注的头等大事。"国家留学人才就业服务平台"为留学人才量身打造海量优质岗位，"留学英才招聘会"助力留学人员与用人单位零距离精准对接，"留学回国人员就业落户手续"足不出户在线申办，助力留学回国人员在广阔天地大展才华。

国家留学人才就业服务平台：https://lxyc.cscse.edu.cn

留学 e 网通服务大厅：https://zwfw.cscse.edu.cn

13.7 “春晖计划”：创新创业梦想起航

“春晖计划”为有创新创业梦想的留学人员搭建平台，鼓励留学人员开展创新创业实践，促进创新创业成果在国内转化落地。欢迎有志于创新创业的留学人员积极参与“春晖计划”，充分发挥自身优势，将海外所学与国内需求相结合，为祖国的科技创新和经济社会发展注入新的活力。

中国留学人员创新创业服务平台：https://cxcy.cscse.edu.cn

第五篇　附　录

第十四章　留学相关指南

对于初到海外的中国留学人员而言，校园生活是留学体验的核心组成部分，它既承载着学术发展，也融会着丰富的社交与文化融入体验。然而，不同国家与地区的教育体系、校园文化以及资源支持体系各有特色，如何高效适应并充分利用这些资源，是留学人员需要认真思考的问题。

首先，了解所在学校的学术体系与学习方式是适应校园生活的基础。在西方国家，学术独立性与主动性是教学模式的核心。例如，美国的大学强调参与式学习与课外研究，学生通常需要主动与教授互动、参加研讨会并撰写独立的研究报告。而在英国，导师制和深度阅读尤为重要，学生需要投入大量时间进行自主学习。因此，新生应尽早熟悉课程安排、学术评估标准以及学习支持资源，例如图书馆服务、写作中心和学术顾问办公室等。

除学术适应外，课外活动是融入校园文化的重要途径。大多数海外高校都有丰富的学生组织与社团活动，涵盖学术、体育、艺术、公益等多个领域。加入相关社团不仅有助于建立跨文化的友谊，也能增强语言能力与团队协作能力。此外，一些高校还为国际学生专门设立了文化交流项目，通过举办节庆活动、文化展示等方式帮助他们更好地融入校园社区。

同时，校园内的生活服务设施也是留学人员的重要支持系统。例如，大部分高校设有国际学生服务中心，为新生提供从入学注册到签证咨询的一站式服务。心理健康与安全问题同样不容忽视，许多学校提供心理咨询与辅导服务，帮助学生应对学业压力与文化冲突。

14.1　校园生活指南

14.1.1　学术支持的主要内容与形式

在出国留学的旅程中，学术生活是学生经历的核心组成部分。面对不同于国内教育体系的全新学习模式，如何高效适应并取得理想成绩，是许多留学人员关心的首要问题。学术支持体系的存在，不仅为学生提供了跨越学术障碍的桥梁，也在培养批判性思维、增强自我管理能力以及实现个人学术目标等方面发挥着不可或缺的作用。本节将从学术支持的定义、主要形式、不同国家的特点、学生的最佳实践建议等方面，探讨如何充分利用高校学术资源，为留学人员生活奠定坚实基础。

学术支持（Academic Support）指的是高等教育机构为学生提供的多层次帮助，包括课程学习、学术技能培训、科研指导等多方面内容。其主要目的是提升学生的学术表现，促进他们适应学校要求并实现学术上的个人发展。尤其对于初次进入国外高等教育体系的国际学生而言，语言差异、教学模式的不同以及文化适应压力，都可能成为影响学术表现的潜在障碍。因此，学术支持在帮助学生克服这些挑战方面尤为重要。首先，学术支持可以帮助学生快速理解并适应国外的教育模式。国外大学尤其强调独立学习能力与批判性思维，而这些要求可能与许多中国学生之前的学习方式存在显著差异。通过学术支持服务，学生可以逐步适应这种"以教师为中心"转向"以学生为中心"的学习模式，从而在新环境中游刃有余。其次，学术支持为学生提供了重要的资源网络，帮助他们解决学习过程中遇到的具体问题。例如，语言中心（Language Center）可以帮助国际学生提升学术写作与表达能力；学习技能工作坊（Study Skills Workshop）则能够教授时间管理、考试技巧等实用技能。利用这些服务不仅能提高学术表现，还能增强学生的自信心与适应能力。

学术支持服务的形式丰富多样，涵盖了从基础学习资源到高阶学术指导的广泛内容。以下是一些典型的学术支持形式及其功能。

（1）学术导师制度

学术导师制度（Academic Advising）是许多高校为学生提供个性化支持的核心方式。导师通常是经验丰富的教授或学术顾问，他们会根据学生的学术背景、兴趣与目标提供量身定制的学习建议。例如，帮助学生选择课程、规划研究项目或申请学术资源。导师制度不仅在学术层面提供指导，也常常涉及职业发展建议。

（2）学习技能工作坊与讲座

学校的学习支持中心（Learning Support Center）通常会定期举办针对学术技能的讲座和工作坊，内容包括时间管理、笔记技巧、演讲能力、论文写作等。这些活动不仅能帮助学生提高效率，还能为他们提供实用的工具与策略，以应对繁重的学术任务。

（3）语言支持与写作中心

国际学生在学术写作中经常遇到语言与表达方面的困难，因此写作中心（Writing Center）成为不可或缺的资源。写作中心通常提供论文审阅、语言修正以及学术写作技巧培训等服务，帮助学生掌握学术写作的核心规范与技巧。

（4）图书馆资源与服务

高校图书馆不仅是学习资料的主要来源，也是学术支持的重要组成部分。图书馆通常提供丰富的学术资源数据库、专业参考书籍，以及专业图书管理员的个性化指导。此外，一些高校图书馆还设有学习空间与协作室，为学生提供便利的学习环境。

（5）同伴辅导与学习小组

一些高校会组织同伴辅导计划（Peer Tutoring Program），让高年级学生为低年级学生提供学术帮助。这种方式不仅能弥补学生之间的知识差距，还能促进跨文化交流。同样，参与学习小组也是提高学术能力的有效途径，通过与同伴讨论与协作，学生可以更深入地理解复杂的学术概念。

（6）科技支持与在线学习平台

随着教育技术的快速发展，许多高校引入了在线学习平台（如 Canvas、Blackboard 等），为学生提供数字化支持。这些平台不仅能为学生提供课程资料、作业提交入口，还包含互动功能，方便学生与教师及同学交流。

14.1.2　不同国家学术支持体系的特点

在全球范围内，许多国家的高等教育体系都为学生提供了各种形式的学术支持服务。尽管每个国家的教育体系有所不同，但这些支持措施通常都具有帮助学生提高学术能力、克服困难、适应新环境的目的。

美国的学术支持体系的一个显著特点就是高度个性化和灵活性。美国的高校通常设有专业的学术顾问或导师，他们会与学生一对一交流，帮助学生制订学术发展规划，并为学生提供关于选课、时间管理、学术写作等方面的建议。除了这些，写作中心和学习支持中心也为学生提供了非常有价值的帮助，尤其是对于国际学生来说，这些中心的服务能够帮助他们提高语言能力，适应课堂讨论和学术写作要求。此外，许多学校还设有学术辅导班，帮助学生提高特定科目的理解和技能。

英国的学术支持体系强调导师制和学术诚信。每位学生都会被分配一名导师，导师不仅帮助学生制订个人学习计划，还会在学术方向的选择上给予专业意见。在学术写作方面，英国高校注重培养学生的批判性思维，写作支持中心为学生提供了一系列的培训，旨在提高他们的论文写作能力。除了这些学术支持，英国高校也特别注重学术诚信教育，帮助学生理解并遵守学术规范，避免学术不端行为。

澳大利亚的学术支持体系则更加注重包容性和多样性，特别是在国际学生的支持上。澳大利亚的高校通常为国际学生提供强化语言课程，帮助他们提升学术英语水平，使其能够顺利适应学习和生活。此外，澳大利亚的高校也会提供丰富的学术资源，包括图书馆、在线资源、学习小组等，帮助学生高效完成学术任务。值得注意的是，澳大利亚非常重视学生的心理健康，许多学校都提供免费的心理咨询服务，帮助学生应对文化冲击和学术压力。

日本的学术支持体系通常侧重于学术的严谨性与细节。许多日本高校会为学生提供专业的学术研究指导，帮助学生明确研究方向和课题设计，确保学生能够在严格的学术环境中进行有效学习。日本的高校还特别重视语言支持，除了提供日语课程，许多学校还设有外语学习中心，帮助学生提升语言能力，以便更好地与教师和同学交流。

14.1.3 留学人员如何有效利用学术支持资源

尽管不同国家的学术支持体系各有特色，但无论在哪个国家，留学人员要想最大限度地受益于这些资源，都需要采取积极主动的态度和有效的策略。

首先，主动了解并充分利用学校提供的各种学术支持服务。每所学校通常都会在开学初为新生介绍学术支持资源，留学人员可以在这一过程中了解哪些服务对自己最有帮助。如果学校提供一对一的学术辅导服务，留学人员应及时预约与学术顾问或导师的见面，确保自己在学习计划、时间管理等方面得到帮助。学术顾问和导师通常不仅能够帮助学生明确学习目标，还能在遇到困难时提供指导和支持。

其次，留学人员需要学会如何高效管理自己的学习时间和任务。特别是在异国他乡，学术任务的密集性和挑战性往往使留学人员感到巨大的压力。为了更好地应对这些挑战，留学人员可以参加学校的学习技能培训，这类培训通常包括如何有效地进行时间管理、如何阅读学术文献、如何撰写论文等内容。在学习过程中，留学人员可以根据个人的需要选择参加不同的辅导课程和小组讨论，充分利用学校的资源来提高学术能力。

此外，语言能力对学术成功至关重要，尤其对于非母语学生而言，如何克服语言障碍是一个重要课题。许多学校提供写作中心或语言支持课程，这些服务可以帮助留学人员提高英语写作、口语表达和学术交流能力。对于需要提高写作技能的学生来说，定期向写作中心求助是一个非常有效的做法。通过这些服务，学生能够得到专业的反馈和建议，从而不断提高自己的学术写作水平。除了学术写作，学术资源的利用也非常重要。许多高校提供强大的在线学习平台，学生可以通过这些平台随时获取课程资料、学习视频和参考书籍等。这些平台通常包括讨论论坛、作业提交系统以及电子图书馆等资源，学生可以充分利用这些工具来提高自己的学习效率。

最重要的一点是，积极参与学术活动和社交机会。许多学校定期举办学术讲座、研讨会和国际会议，参加这些活动不仅能够扩展学术视野，还能与其他学者、教授和同学建立联系。通过参与这些学术活动，留学人员能够提高自己的学术水平，并在未来的职业发展中建立宝贵的人脉。

14.1.4　学术诚信的重要性及常见问题

学术诚信作为全球高等教育体系的核心，是构建学术共同体信任和知识传播基础的重要支柱。这一概念不仅仅是一系列规则的集合，更是每位学生需要理解并实践的一种基本态度。对于国际学生来说，学术诚信的要求往往伴随着全新的文化和制度背景，这既是一项挑战，也是一种成长的机遇。通过更深入地了解学术诚信的文化内涵、跨国差异以及高校支持体系的作用，留学人员可以更好地适应这一要求，并在学术生涯中受益匪浅。

在学术诚信的框架内，尊重原创性思想和公正地承认知识的贡献者是核心原则。这种原则源于对学术共同体中公平、透明的尊重，并确保知识的积累和传承具备可信性。国际学生在新环境中可能遇到许多意想不到的文化差异。例如，在一些国家的教育体系中，引用经典文本和广泛使用参考资料被认为是学习的重要部分，而在其他国家，过度依赖外部材料可能会被视为缺乏原创性的表现。留学人员需要在这些不同的教育传统中找到平衡点，理解何为被接受的学术行为。

抄袭是违反学术诚信的最常见行为之一。无论是直接复制他人作品，还是未能恰当引用他人的思想，抄袭都会对学术成果的可信度造成严重影响。对于许多国际学生来说，抄袭往往不是出于主观意图，而是因为不了解具体规则或引用格式。例如，APA、MLA 或芝加哥格式等引用体系可能对初学者来说复杂而陌生，而这些体系的正确运用恰恰是维护学术规范的关键所在。高校通常会通过写作中心、在线资源以及专门课程，帮助学生逐渐掌握这些规则。

不同国家对学术诚信的解读和实践差异，进一步增加了留学人员适应的复杂性。在某些国家，例如美国或英国，学术诚信被严密嵌入教育体系，每一门课程可能都包括诚信条款，而学生在学期开始时需签署承诺。而在其他一些国家，学术诚信的教育可能更多通过非正式途径实现，例如导师的指导或同伴的提醒。对于国际学生来说，熟悉所在国家的学术诚信政策是第一步。他们可以通过学校的学术手册、入学指导材料甚至学术诚信办公室获取全面的信息。针对留学人员可能面临的文化和制度挑战，高校通常会设计专门的支持项目。例如，一些大学会为国际学生提供文化适应课程，解释学术诚信背后的逻辑和实践意义。其他学校则通过学生导师项目，帮助新生在非正式环境下熟悉学术规范。

时间管理、清晰的目标设定以及有效利用支持资源，也是实现学术诚信的关键因素。特别是对于那些学术压力大、语言障碍明显的学生来说，这些技巧可以帮助他们更好地平衡生活和学习。小组学习和同伴支持也是有效的策略，学生可以通过与其他人交流经验，分享适应学术文化的心得。此外，现代科技的发展为学术诚信提出了新的挑战与机遇。例如，生成式人工智能工具可以在学术研究中提供帮助，但滥用这些工具可能导致诚信问题。留学人员需要了解这些工具的适用范围和道德边界，以确保它们的使用符合学校政策和学术规范。许多高校已经认识到这一趋势，并在课程中加入对这些新技术的教育，以帮助学生合理使用。

14.1.5 校园文化的社交与融入

在国外大学的校园中，社团和组织扮演着至关重要的角色，它们不仅是留学人员参与校园生活、结识新朋友的渠道，也是跨文化交流的桥梁。无论是在学术领域、兴趣爱好，还是社会责任方面，社团和俱乐部都提供了丰富多样的活动。而作为中国留学人员，加入中国学生学者联合会（CSSA）等组织不仅能够帮助留学人员在国外建立联系、适应新环境，还能够让其更加深刻地体验不同文化的融合与交流。以下将详细探讨这些社团和组织在留学人员生活中的重要性，并提供一些参与这些活动的有效方法和实践建议。

在世界各地的大学，社团和俱乐部通常是学生文化生活的重要组成部分。它们为留学人员提供了多种多样的选择，能够让学生根据个人兴趣加入不同的组织，拓宽视野，培养新的爱好。例如，美国的大学里有许多专注于学术研究的社团，也有大量关注娱乐和社交的组织。无论是物理学会、文学社，还是电影俱乐部、摄影协会，都为学生提供了一个展示自己的平台，同时也创造了交流思想、分享经验的机会。

对于留学人员来说，加入学术类社团不仅有助于深入了解自己所在学科的前沿动态，还能拓宽职业发展道路。例如，参加计算机科学俱乐部的活动，不仅能够获得更多技术知识，还能结识到志同道合的同学，甚至是未来的职场合作伙伴。而对一些有艺术、音乐等兴趣的留学人员来说，加入这些领域的社团，不仅能放松压力，也能提高个人的艺术修养，结交更多同好。除此之外，许多学校的社团活动也鼓励学生承担一定的组织职责。无论是策划一次学术讲座，还是组织一次文化交流活动，这些经历都能够帮助学生提高组织能力、领导能力和沟通技巧。而这些技能，不仅在校园生活中有用，而且在职场上至关重要。

对于来自不同国家的学生来说，国际学生组织是一个非常重要的社交平台。它们的主要作用之一就是帮助国际学生适应新环境，消除文化差异带来的障碍。大部分大学都有国际学生会（International Students Association，ISA）这样的组织，负责组织和协调各类活动，帮助新生融入校园生活。通过这些组织，学生们可以参与语言交换、文化节和其他跨文化交流活动，从而加深对不同文化的理解。

例如，在英国，国际学生会通常会组织"国际文化周"，邀请来自世界各地的学生展示他们的传统文化、艺术和美食。这类活动不仅促进了不同文化的融合，也为学生提供了展示自己文化背景的机会。而在一些文化背景差异较大的国家，国际学生组织还会举办专门的适应培训，帮助学生们克服语言和文化的障碍，快速适应新环境。另外，国际学生组织还为留学人员提供了情感支持。在异国他乡，许多学生可能会感到孤单或者迷茫，而这些组织通过定期组织聚会、社交活动，帮助学生们建立友谊和支持网络。通过参与这些活动，留学人员不仅能够结交来自其他国家的朋友，还能增强与同乡的联系，从而缓解由于文化差异带来的压力。

作为中国留学人员的重要平台，CSSA 在帮助留学人员融入国外生活、传播中国文化方面发挥了巨大的作用。CSSA 的主要任务是为中国留学人员提供各种支持，帮助他们在异国他乡渡过难关。各地的中国学联通常会组织丰富多彩的文化活动，如春节联欢晚会、中秋节庆祝等，这些活动不仅为留学人员提供了一个展示自己文化的机会，也为他们提供了一个与同乡同学交流的社交平台。此外，CSSA 还为留学人员提供了很多实际的帮助。例如，在新生入学季，许多学联会组织迎新活动，包括接机、提供住宿信息、帮助办理入学手续等，帮助留学人员迅速适应新环境。同时，学联还经常邀请一些知名学者或成功企业家来举办讲座，帮助学生了解最新的学术和职业发展趋势。

对于中国留学人员而言，加入 CSSA 不仅能够提供生活上的便利，还能够增强归属感。学联通常会定期举办集体活动，如足球赛、团建活动等，这些活动能够有效地增强学生之间的情谊，也让他们在忙碌的学业生活中获得更多的社交机会。通过参加学联组织的活动，留学人员可以在享受中国文化的同时，也能更好地了解所在国家的社会风貌和文化特色。

尽管社团和国际学生组织提供了丰富的机会，但要从中获得最大的收获，留学人员需要采取一些积极主动的措施。首先，可以尝试参与不同的社团和组织，而不仅仅局限于自己的专业领域。其次，将参与社团活动视为一个自我成长的平台，而不仅仅是一个社交场所。另外，注重社交关系的长期建设。在参加社团或组织活动时，建立真正深厚的友谊比单纯的交际更为重要。通过与社团成员建立长期、稳定的关系，留学人员能够获得更强的支持网络，这对未来的学术或职业发展至关重要。

14.1.6 校园资源与生活便利

留学人员生活不仅仅是一场跨文化的学习旅程，更是一种对全新环境的深度适应和融入。对许多学生来说，如何在陌生的环境中高效地利用学校提供的资源，同时探索校园外的生活资源，是决定留学体验成功与否的关键所在。从学术支持到社交参与，从日常生活设施到医疗服务保障，留学人员需要全面了解并合理使用这些资源，以便在学习、生活和个人成长中找到平衡点。校园内的学术资源和服务体系，例如写作中心、职业发展办公室和心理健康支持，为学生提供了全方位的帮助，确保他们在学术和心理上能够适应挑战。而丰富多彩的社交活动和跨文化交流平台，则是帮助留学人员扩大视野、结交朋友的重要途径。

同时，校园外的生活资源也不可忽视。找到合适的住宿是第一步，接着是熟悉周边的餐饮、医疗和交通系统，这些直接影响到学生的日常生活便利性和舒适度。在生活资源丰富的城市，留学人员能够更加轻松地找到符合自己需求的服务，无论是购买食品、享受当地美食，还是应对突发的健康问题。此外，了解当地的文化和生活习惯也是融入的重要部分。通过积极探索和主动适应，留学人员不仅能够提升自己的生活质量，还能够更加深刻地感受到留学国家的社会文化。无论是在校园内还是校园外，主动获取信息、积极参与和学会平衡，是每位留学人员迈向成功的重要路径。

14.1.7 充分利用校园服务

校园服务体系是海外留学人员生活中至关重要的组成部分，不仅为学术发展提供支持，还为他们的身心健康和社会融入创造了有力的保障。通过了解并充分利用这些资源，留学人员能够更好地应对语言文化的差异、学术要求的压力以及生活上的挑战，从而在留学经历中获得更多的收获和成长。

"学术支持"是校园服务的核心内容之一，各大学提供了丰富的资源来帮助学生克服学术挑战。写作中心和学术辅导机构尤其重要，特别是针对母语非英语的学生。写作中心通常会安排专人进行一对一辅导，协助学生改进论文结构、提升语法准确性，并加强学术表达的逻辑性。比如，在许多英美大学中，学生可以通过在线预约与写作专家进行交流，不仅有助于完成日常作业，还能更好地应对期末论文或研究报告的写作要求。此外，学术辅导机构还专注于课程规划和学习方法的优化。例如，部分大学提供"学术成功工作坊"，教授学生如何高效阅读文献、设计实验或管理学习时间。这些技巧对于国际学生，尤其是首次接触国外教育体系的学生尤为宝贵。此外，图书馆服务也不可忽视。从开放的学习空间到全面的电子资源，再到与图书管理员预约的专业指导，这些资源共同构建了强大的学术支持体系。许多学校的图书馆还提供专为国际学生设计的导览课程，帮助他们熟悉图书馆的功能和使用方法。

"职业发展办公室"则是留学人员在规划未来时的重要助手。在就业市场竞争日益激烈的背景下，职业发展服务提供了从简历修改到模拟面试的全方位支持。例如，在一些北美大学中，职业顾问会根据学生的背景和职业目标提供个性化建议，帮助他们更好地适应目标国家的求职环境。此外，许多学校还举办定期招聘会，邀请本地企业和跨国公司参与，这不仅为学生提供了宝贵的就业机会，也让他们更深入地了解不同行业的需求和趋势。部分大学的职业服务部门还为学生提供了实习和合作项目的机会。例如，在加拿大的高校中，合作教育（Co-op Program）被广泛认可为一种有效的实践模式，学生可以通过在校期间的实习积累实际工作经验，同时为毕业后的正式就业做好准备。这些实践经历让留学人员更清楚自身的优势和不足，从而在就业市场上更具竞争力。

"社交与文化融入"是留学人员适应新环境的重要组成部分。通过参与学校组织的活动，学生可以更轻松地与本地同学建立联系，了解目标国的文化，同时也能宣传自己的文化背景。例如，中国学生学者联合会（CSSA）在许多高校中扮演着重要角色，它不仅协助新生适应校园生活，还通过举办春节联欢、文化展览等活动为留学人员搭建了一个展示自我的平台。这些活动帮助学生在陌生的文化环境中找到归属感，并与其他国家的学生建立友谊。另外，校园内的俱乐部和兴趣小组也为学生提供了丰富的选择。例如，学生可以加入舞蹈、音乐或体育俱乐部，在娱乐中结识志同道合的朋友。许多学校的国际学生组织还专门为留学人员设计了迎新活动和文化交流项目，这些活动不仅能帮助学生更好地适应新环境，还能拓展他们的国际视野。

"医疗服务和安全保障"同样是留学人员需要优先了解的部分。学校的健康中心通常提供基本的健康检查、疫苗接种以及紧急医疗服务。此外，一些大学还与校外医院建立合作，为学生提供更全面的健康支持。例如，在澳大利亚和英国等国家，学生签证要求通常附带保险覆盖，学校的健康中心可以协助学生了解保险的具体内容及使用方式。

14.1.8 探索学校附近的生活资源

生活资源的获取是留学人员在异国他乡建立稳定日常的重要一环。无论是购买日常用品、获取医疗支持，还是解决住房与出行问题，校外资源的合理利用直接影响着留学人员的生活质量和适应速度。

在校外生活资源中，购物和餐饮资源是最为基础的需求。许多留学人员初到国外时，会感到对陌生市场体系的不了解和对物价的疑惑。一般来说，每个国家和城市都有专门提供日常用品和食品的超市或市场，这些超市通常提供从新鲜蔬果到家居用品的全面商品种类。对于习惯了国内饮食的留学人员来说，在当地的华人超市中都可以找到中国食品和调料，让留学人员在异国他乡也能保持饮食的熟悉感。此外，许多国家的大型城市还设有亚洲食品街或唐人街，这些地方不仅提供多种中餐选择，也是感受本地华人社区文化的好去处。

健康和医疗资源是留学人员不得不重视的一部分。在多数西方国家，医疗费用较高，熟悉医疗体系和保险政策至关重要。例如，在美国，许多学校会为国际学生提供学生保险，这能覆盖诊所的基本费用，但学生通常需要额外购买牙科或眼科保险。如果需要紧急就医，了解附近的医院、诊所或药店的分布可以节省宝贵时间。除了出售常见药物外，还提供疫苗接种和健康咨询服务。在医疗资源有限的情况下，留学人员应尽量主动学习急救常识，并随身携带医疗保险卡以备不时之需。

住房选择是校外生活的重要决定因素之一。对于刚开始留学的学生而言，选择学校附近的学生公寓可能是最方便的方式，这些公寓通常提供基本家具和便利的社交环境。然而，随着生活经验的增加，一些学生会选择租住更经济或空间更大的住房。在租房时，学生需要熟悉当地的租房平台，这些平台不仅列出各类租赁信息，还提供市场均价的参考，帮助留学人员做出合理选择。此外，留学人员应注意仔细阅读租赁合同，了解租金支付方式、押金退还规则以及房东的责任，以避免后续产生不必要的纠纷。

交通出行是校外生活中不可避免的另一重要方面。国际学生通常需要熟悉当地的公共交通网络，尤其是城市内的地铁、公交和轻轨系统。例如，在纽约的 MTA，伦敦的 TFL，或悉尼的 Opal 系统，这些平台不仅为学生提供经济实惠的出行方式，还通过专属的学生票价政策减轻他们的负担。此外，在某些城市，骑行或租赁共享单车也是一种便捷的出行方式。如美国的 Lime，英国的 Santander Cycles，或澳大利亚的 Ofo 等公司，提供了便捷的骑行服务。如果学生希望远途出行，租赁汽车也是一种选择。在进行国际驾驶执照的认证后，留学人员可以通过流行的租车平台租车，探索更远的风景和文化。

除了日常必需的资源，留学人员也应积极探索校外的文化和娱乐资源。例如，城市的公共图书馆、博物馆和艺术展览，不仅可以提供免费的学习环境，还为学生了解当地文化提供了重要窗口。英国的 British Library，加拿大的 Toronto Public Library，以及澳大利亚的 State Library of Victoria，都因其丰富的藏书和活动而受到国际学生的欢迎。此外，许多国家也开设了适合年轻人的健身房和社区活动中心，学生通过参与这些活动，不仅能丰富自己的课余生活，还可以认识更多的本地朋友，增加融入社区的机会。

在综合利用校外生活资源的过程中，留学人员应培养主动性和灵活性。尽管初到国外可能面临文化差异和语言障碍，但通过利用互联网资源、询问本地居民和借助同学的经验，留学人员可以快速适应并享受海外生活的便利和丰富。总的来说，校外生活资源的合理利用不仅能提高留学人员的生活质量，更能帮助他们更快地融入当地社会，从而实现学术和个人发展的双重目标。

14.2　社会生活指南

留学人员在国外求学时，不可避免地会面临与母国文化差异带来的各种挑战。适应留学国家的社会文化和宗教习俗，是在异国他乡生活学习需要跨越的一道关卡。通过了解留学国的文化背景、社会习俗，留学人员可以更快更好地适应异国环境，避免跨文化交流中的误解和冲突。

14.2.1　主要留学国家社会文化

14.2.1.1　欧洲

欧洲是世界高等教育的中心之一，拥有众多历史悠久、学术实力雄厚的著名学府。欧洲各国在政治、经济、文化等方面各具特色，但同时也呈现出许多共同点。欧洲国家普遍重视个人权利和自由，社会民主意识较强。欧洲人崇尚人文精神，注重教养和修养，社交场合讲究礼仪。同时，欧洲各国都面临移民、难民、老龄化等共同的社会问题。

英国是一个传统留学国家。英国人典型的性格特点包括自律、注重隐私、含蓄、幽默、善于交际等。英国有较规范的教育体系，注重培养学生的批判性思维和独立研究能力。世界知名学府牛津、剑桥等高校与伦敦大学各院校在学术上各具特色。德国的经济体量较大，德国人注重理性务实，工作讲求效率。在德国，高校较重视理工科教育，会为学生提供较为系统的理论和实践训练。德国有较成熟的职业教育体系，产学研结合紧密。法国的高等教育强调通识教育和跨学科学习，人文学科如文科、社科较具优势。法国在饮食、服装、艺术、电影等领域具有一定国际影响力。荷兰是联合国国际法院所在地。该国社会治安良好，英语普及率较高。荷兰高校国际化程度较高，教育质量比较稳定。意大利是欧洲文明的重要发源地之一，拥有文艺复兴时期的诸多艺术遗产。意大利高校重视人文学科，艺术、建筑、设计等专业具有一定国际认可度。西班牙气候温暖，西班牙语是世界使用人数较多的语言之一。西班牙高校的学制与其他欧洲大陆国家略有差异，申请者需提前了解流程。

北欧国家包括瑞典、芬兰、丹麦等，具有相对完善的社会福利制度，重视环境保护。其中瑞典拥有诺贝尔奖相关机构，部分高校在科研和创新方面表现突出。芬兰的基础教育体系在国际测评中表现良好，高等教育水平稳定。丹麦等国教育资源充足，适合有留学意向的学生。

俄罗斯是横跨欧亚的国家，在多个领域具有影响力。俄罗斯高等教育体系承袭苏联时期的学术传统，理工科领域较强。莫斯科大学、圣彼得堡大学等高校对国际学生具有一定的吸引力。俄罗斯人在日常交往中重视社交礼仪，强调家庭与友谊。

中国留学人员在欧洲求学，要学会独立自主，培养全球视野。欧洲高校普遍重视学术研究，鼓励学生参与课堂讨论，查阅文献资料，勇于质疑。校园国际化程度高，来自世界各地的学生齐聚一堂，文化交流机会众多。中国学生要主动与本地学生和其他国际生接触，了解异国文化，培养跨文化沟通能力。此外，要注意遵守各国的法律法规，尊重当地风俗习惯，妥善处理学习、生活中的问题。欧洲医疗、交通等公共服务体系较为完善，办理相关手续要提前做好准备。总而言之，以开放包容的心态融入异国文化，用勤奋好学的精神投入学习生活，实现知识和阅历的双丰收。

14.2.1.2 北美洲

北美地区主要指美国和加拿大这两个主要的移民国家和经济体。美国拥有的高等院校数量众多，学科设置齐全，拥有比较丰富的教育资源，能够吸引大量国际学生。加拿大幅员辽阔，人口密度较低，推行双语政策。其教育体系兼具北美与英联邦特色，具备一定国际影响力。

美国的大学的教学模式强调学生参与，包括小班讨论、案例分析、实践项目等方式，关注学生的批判性思维与实践能力培养。部分高校设有创业孵化机构，产学研联系较为紧密。美国本科教育实行通识教育制度，学生需跨学科选修课程以拓展知识面。美国大学校园设有各类学生组织，组织活动覆盖学术、艺术、体育等多个方面。部分学校鼓励学生参与社区服务项目。美国社会文化多元，存在种族、宗教和生活方式的多样性，社会风气重视个人权利与机会获取。美国人在交往中直率，重视个人空间。

加拿大为移民国家，施行官方双语制度，英语和法语并行使用，为国际学生提供接触双语的机会。加拿大高校整体学生规模较小，教师与学生之间互动较为频繁。高校普遍实行学年制，学制设置与中国高校相对接近。部分高校在人工智能、材料科学、能源等专业方向具备较强科研能力。加拿大社会节奏相对缓慢，重视资源与环境管理。

留学人员在北美地区学习和生活，需克服语言障碍和文化适应问题。该地区以英语为主要语言，加拿大部分地区（如魁北克）使用法语较多。建议中国学生加强语言训练，主动与当地人沟通。北美高校普遍校园开放，但对安全管理有较强要求，需遵守相关制度。由于地域广阔，不同地区在经济、社会发展方面差异明显，学生应结合自身专业背景和需求选择适合的学校。客观看待当地文化，理性吸收相关经验，提升跨文化交流能力。

14.2.1.3 大洋洲

大洋洲主要由澳大利亚和新西兰两个国家组成，位于南半球，地理位置相对独立。澳新两国经济发展水平较高，教育体系较为完善。大洋洲人口密度较低，社会结构多元，移民人口占比高。

澳大利亚是一个移民国家，拥有较长的移民历史，社会文化多元。不同族裔在社会中共同生活。澳大利亚高校体系包括研究型大学与应用技术类院校，提供多样化的教育路径。各地区城市发展程度不一，悉尼、墨尔本等大城市为主要教育资源集中地，内陆和沿海地区地貌多样。澳大利亚社会对体育活动关注度较高，部分人群喜爱参与体育赛事。饮食文化呈现一定本地特色，市场上供应食材丰富多样。

新西兰与澳大利亚地理相近，在政治制度、语言文化等方面具有一定相似性。新西兰为岛国，社会文化中融入了毛利文化元素，国家语言为英语，毛利语为官方语言之一。新西兰高校多为中小规模，强调师生之间的沟通与教学互动。教学资源集中于奥克兰、惠灵顿、基督城等城市。南北岛自然环境存在较大差异，不同地区具有各自的地貌特征。

在大洋洲求学的留学人员需适应南半球季节与中国相反的自然节律。两国以英语为主流语言，存在一定的本地用语与表达习惯。建议中国学生提高语言表达能力，主动融入当地社会。澳新两国具有较强的法治意识，公共安全总体可控，但仍需加强风险防范意识，妥善保管个人物品，谨慎对待网络交往。由于地广人稀，部分地区交通不便，必要时可能需考虑自备交通工具以满足日常出行需求。

14.2.1.4 东亚

东亚地区泛指中国、日本、韩国等文化上受儒家思想影响较深的国家。日本和韩国在经济、科技、教育等领域发展较为成熟，是部分中国学生选择的留学目的地。与西方国家相比，东亚国家在地理位置、语言文字、文化习俗等方面与中国更为接近，部分中国学生在跨文化适应上面临的压力相对较低。

日本是东亚工业化程度较高的国家，拥有一批研究型高校与专门学校，教育体系较为系统，科研资源相对集中。日本高校注重专业技能训练和产学结合，在部分领域设有与企业合作的实习或项目机会。高校入学竞争激烈，课程要求严格，学生学习负担较重。日本校园内注重秩序和纪律，学生社团活动较多。日常生活中强调遵守公共规范与基本礼仪，包括着装整洁、准时赴约等。日本文化体系中，传统与现代并存，部分文娱内容如动漫、影视等受到国际关注。

韩国经济发展较快，部分高校在国际教育评价体系中排名较靠前。高校普遍实行导师制度，部分导师在学生学习与生活方面提供指导。校园文化中强调集体意识与组织管理，学生通常面临较大学业压力。韩国社会生活节奏较快，事务处理讲求效率。中韩语言文化有一定渊源，但在表达方式和沟通习惯上仍有明显差异。近年来，韩国大众文化在国际传播中影响力扩大，吸引部分留学生关注。

在日韩留学过程中，中国学生首先需应对语言学习挑战。日语与韩语皆属非母语类型，语法结构、词汇体系均较复杂，需要长期积累和练习。其次应尊重当地风俗与校园文化，保持平等心态，理性看待文化差异。在面对学习竞争压力时，应科学规划时间，调整个人心态，适度参与校园活动，有助于缓解心理负担，提升整体适应能力。

14.2.1.5 东南亚

东南亚地区包括新加坡、马来西亚、泰国、越南等国，地处"一带一路"交会点，是中国推进教育国际化过程中逐步受到关注的地区。东南亚国家地理位置相对邻近，自然资源多样，常年气候温暖湿润，部分国家以旅游业为支柱产业。历史上，中华文化、印度文化、伊斯兰文化等在该地区交汇融合，形成了具有区域特色的多元文化格局。华人群体在该地区人口构成中占据一定比例，对经济和文化产生一定影响，这为部分中国学生提供了相对熟悉的语言和文化环境。

新加坡是东南亚经济较为发达的国家之一，教育体系受到英联邦传统与亚洲管理文化的双重影响。该国政府在吸引国际学生方面制定了相关政策。新加坡国立大学、南洋理工大学等高校在部分学科领域具有国际影响力。新加坡设有多种官方语言，包括英语、华语、马来语、泰米尔语，语言使用具有多样性。其社会管理制度较为严格，种族和文化政策以维持稳定与秩序为导向。高校普遍采用小班教学，校园设施现代化，师生互动较为频繁。

马来西亚是一个多民族国家，华人、马来人和印度裔等群体共同生活，文化面貌呈现出融合性特征。该国部分高校采用英语授课，学费与生活成本相对较低，吸引了一定数量的国际学生。部分华人社区保留了中华传统节庆、语言习惯等，对中国学生在文化适应方面提供了一定便利。近年来，马来西亚政府推动中外合作办学，简化国际学生相关手续，但整体高等教育资源集中度相对有限。

泰国与中国在地理上相对接近，两国在经贸、人文交流方面往来频繁。泰国部分高校提供多语种课程设置，学生可通过学习掌握英语或泰语等语言技能。泰国高校教育资源分布不均，部分高校在医学、农业等专业具有一定优势。近年来，随着汉语教学推广，中泰教育合作有所加强。中国学生在当地求学，应关注教学质量、课程设置和学历认可度等关键因素，结合自身发展方向作出理性判断。

14.3 职业规划与发展

14.3.1 职业探索与实习机会

留学人员在海外的学习经历不仅仅是学术知识的积累，更是个人成长和职业发展的重要阶段。其中，职业探索与实习机会尤为重要，因为它们不仅能帮助学生获得实践经验，还能为未来的就业奠定坚实的基础。根据调研，69.5% 的留学人员在留学过程中拥有一次以上在当地兼职或实习经历，30.5% 的留学人员留学过程中没有在当地兼职或实习经历。本部分将深入探讨留学人员在留学国家如何有效地寻找实习和兼职机会，利用职业服务中心、网络平台以及参与针对国际学生的特殊支持项目或资源，为自己的职业发展铺平道路。

职业探索和实习机会是留学人员进入职场的重要跳板，也是适应当地文化和积累专业经验的关键途径。留学人员面临的第一个挑战是如何找到合适的职业资源。在许多大学中，职业服务中心（Career Service Centre）通常是一个被低估的宝藏。这里不仅提供简历和求职信的修改服务，还会举办各种职业发展活动，如模拟面试、校内招聘会和行业讲座。尤其在一些大型高校，职业服务中心通常拥有丰富的企业合作资源，可以帮助学生直接对接到实习和全职工作的机会。对于国际学生而言，充分利用这些资源尤为重要，尤其是在跨文化沟通和工作许可方面，职业服务中心常能提供非常实用的指导。

除了常规的求职资源，许多国家和地区还为国际学生提供了特别设计的支持项目。例如，在美国，很多大学提供OPT（Optional Practical Training）项目，使国际学生在毕业后能合法工作一年甚至更长时间。在加拿大，政府支持的"Co-op"实习计划更是吸引了大批国际学生参与，这类项目不仅让学生可以通过课程安排获取工作经验，还常常附带带薪岗位。类似的项目在英国、澳大利亚和新西兰也相当普遍，各国政府和教育机构都认识到吸引国际学生参与本地劳动力市场的重要性，因此积极出台利好政策。

实习机会的多样性也为国际学生提供了更多的选择。在科技行业发达的国家，如美国硅谷地区或加拿大多伦多，许多高科技企业热衷于招收国际学生担任短期实习生，因为他们常能带来创新的视角和多样化的文化背景。而在英国和欧洲大陆，金融服务和管理咨询等行业也对国际学生展现出浓厚兴趣，这些企业通常看重留学人员的双语能力和跨文化沟通能力。即便是在语言和文化壁垒较高的国家，如日本和韩国，国际学生也可以通过积极学习语言并参与政府主导的职业支持项目，逐渐打破这些障碍。

在实际寻找实习或兼职的过程中，留学人员也需要掌握一些技巧。首先，主动性非常重要。无论是通过职业服务中心的推荐，还是通过网络平台的申请，留学人员都应展现出强烈的求职意愿和明确的职业目标。其次，尽早参与职业发展活动是成功的关键。很多留学人员往往在毕业前才开始寻找实习机会，这实际上错过了大量潜在的机会。通过提早规划和参与相关活动，留学人员可以积累更多的经验，从而为后续的全职工作申请打下坚实的基础。

许多国家的中国学生学者联合会（CSSA）和国际学生组织也为学生提供了职业探索的额外支持。中国学联在多个国家和地区都设有分会，其举办的职业发展论坛、企业参访和校友交流活动为中国留学人员创造了良好的平台。这些活动不仅帮助学生了解行业趋势，还为他们提供了建立专业网络的机会。在某些情况下，学联还会与本地企业合作，为留学人员开设专属的实习和工作岗位。

14.3.2 毕业后的职业选择

毕业后的职业选择是留学人员人生中的重要环节，它既是个人成长的延续，也直接影响未来的生活质量与职业发展。每一名国际学生在面对这一问题时，都会受到政策环境、行业需求、文化背景以及自身发展目标的综合影响。这也导致海外留学人员归国后求职情况也各有不同，但总体趋势较好。根据调研，仅有2.57%的留学毕业生未能找到工作，花费半年以上的时间找到第一份工作的留学毕业生也仅占5.2%。相应地，有些留学人员求职过程很顺利，在一个月之内找到工作的留学人员占12.6%；在三个月及以内找到工作的留学人员占40.43%。当然求职也不是留学人员毕业唯一的职业选择，有4.84%的留学人员选择回国继续深造学业，也有4.36%的留学人员选择自己创业。

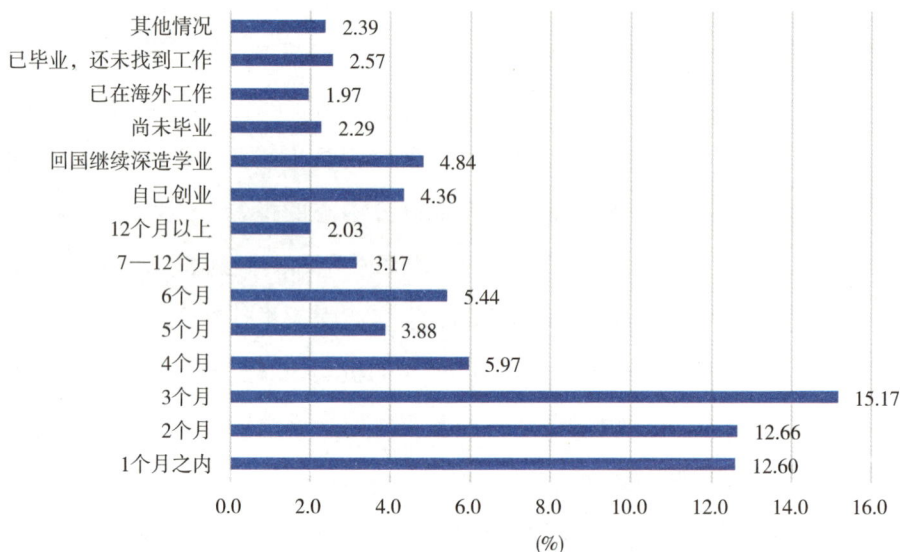

图 14-1　海外留学人员的求职情况

资料来源：教育部留学服务中心、全球化智库（CCG），2024年海外留学人员专题调研。

14.3.3 行业趋势与职业定位

选择适合的行业是毕业后职业发展的关键之一。科技行业近年来成为吸引国际学生的热门领域，特别是随着人工智能、大数据和云计算的发展，对技术人才的需求持续上升。北京、深圳、杭州、硅谷、班加罗尔、多伦多等城市已成为全球技术人才的中心，它们不仅为留学生提供了高薪的工作机会，还为其创新创业提供了丰富的资源。与此同时，金融行业也对国际学生敞开大门，尤其是在上海、伦敦、纽约等国际金融中心，许多公司通过跨国业务招募熟悉多文化背景的毕业生。

除了传统的高薪行业，服务业和教育行业也为留学人员提供了广阔的机会。例如，教育技术的兴起在英国和澳大利亚创造了大量需求，而对语言技能和跨文化交流能力的重视，则使得这些国家的教育和培训行业对国际学生充满吸引力。生命科学和医疗行业，尤其是在中国、北美和欧洲国家，同样为生物技术、药物研发等领域的专业人士提供了良好的发展前景。

14.3.4 跨文化适应：职场融入的隐形门槛

语言和文化适应是留学人员在职业发展中最常遇到的挑战之一。虽然技术技能和专业能力是求职的核心，但语言能力往往是能否融入团队的决定性因素。在英语国家，流利的英语表达和书面沟通能力不仅对面试至关重要，更是日常工作中的必要技能。对于非英语国家如日本和德国，学习当地语言成为融入当地职场文化的必经之路。

除了语言，职场文化差异也可能成为隐性的挑战。例如，美国企业强调员工的独立性和创造性，这对许多习惯团队合作和任务分配的国际学生来说可能需要一段时间适应。相比之下，日本企业更注重集体荣誉和忠诚度，这与许多西方国家的职场文化形成鲜明对比。了解并适应这些文化差异，需要留学人员在求职之前做好功课，并在工作中不断调整自己的行为方式。

14.3.5 个人规划与职业选择的长期影响

个人规划对职业选择的作用不可忽视。无论是选择在留学国就业、回国发展，还是进入跨国企业，明确的职业目标和行动计划都能帮助留学人员更加有针对性地利用资源。例如，在留学期间通过实习项目了解目标行业的需求，通过职业博览会建立联系，抑或是加入校友网络获取就业指导，这些都是帮助自己脱颖而出的有效方式。

在制订职业规划时，留学人员需要平衡短期利益与长期发展。例如，有些学生选择在国外积累经验再回国，而另一些学生则专注于本地职业发展，以期通过深耕一个市场来实现更高层次的成长。这种选择往往受到个人兴趣、家庭背景以及外部环境的综合影响。

第十五章 出国留学相关资源与通讯录

15.1 中国驻外各主要使领馆及各教育处通讯方式

中国驻外各主要使领馆及各教育处通讯方式

国别	驻外使领馆	24小时领事保护与协助电话	教育处联系电话	负责内容	链接
美国	驻美国大使馆教育处	(+1) 202-4952216	外交部全球领事保护与服务应急热线（24小时接听）+86-10-12308 或 +86-10-65612308		
			(+1) 202-495-2372	负责佐治亚、亚拉巴马、田纳西、北卡罗来纳、南卡罗来纳州留学人员管理服务工作、上述州别的J1签证豁免初审；负责留学服务管理。	
			(+1) 202-495-2373	负责特拉华、波多黎各、俄克拉何马、阿肯色、肯塔基州留学人员管理服务工作、全美J1签证豁免复核；负责国家优秀自费留学人员奖学金项目、自费转公费项目、春晖杯创新创业大赛。	https://usa.lxgz.org.cn/usa//gywm/index.html
			(+1) 202-495-2363	负责华盛顿特区、马里兰、弗吉尼亚、西弗吉尼亚州留学人员管理服务工作、上述州别的J1签证豁免初审；负责基础教育合作。	

续表

国别	驻外使领馆	24小时领事保护与协助电话	教育处联系电话	负责内容	链接
美国	驻美国大使馆教育处	202-4952216	(+1) 202-495-2193	负责得克萨斯、路易斯安那、密西西比、佛罗里达州留学人员管理服务工作，上述州别的J1签证豁免初审，协助开展中文教育、基础教育领域工作。	https://usa.lxgz.org.cn/usa/gywm/index.html
			(+1) 202-495-2163	负责全美中文教育工作，全美优秀中文教师奖评选和使馆收养项目。	
			(+1) 202-495-2374	联系得克萨斯、路易斯安那、密西西比、佛罗里达州政府教育部门和院校。负责中外合作办学和教师教育领域工作。	
			(+1) 202-495-2362	联系佐治亚、亚拉巴马、田纳西、北卡罗来纳、南卡罗来纳州政府教育组织组织人才培养项目和教育评估领域工作。负责国际组织	
			(+1) 202-495-2152	负责美教育部和主要全国性教育组织合作；负责高等教育和职业教育领域合作；联系特拉华、俄克拉何马、阿肯色、肯塔基和波多黎各各政府教育部门和院校。	
			(+1) 202-495-2202	联系美国国务院和主要全国性教育组织；负责来华留学工作；提供来华留学签证支持；联系华盛顿特区、马里兰、弗吉尼亚、西弗吉尼亚政府教育部门和院校。	
	驻纽约总领馆教育处	(+1) 212-6953125	(+1) 212-244-9392		https://newyork.lxgz.org.cn/newyork/gywm/lxfs/index.html
	驻芝加哥总领馆教育处	(+1) 312-7800170	(+1) 312-642-5981		https://chicago.lxgz.org.cn/chicago/gywm/index.html

续表

国别	驻外使领馆	24小时领事保护与协助助电话	教育处联系电话	负责内容	链接
美国	驻旧金山总领事馆教育处	(+1) 415-2168525	(+1) 415-852-5981	主持全面工作。	https://sanfrancisco.lxgz.org.cn/sanfrancisco/gywm/index.html
			(+1) 415-852-5985	牵头负责教育调研工作。	
			(+1) 415-852-5987	牵头负责留学人员事务。J1签证豁免、春晖杯大赛、春晖计划。	
	驻洛杉矶总领馆教育处	(+1) 213-8078052	(+1) 213-807-8009		https://losangeles.lxgz.org.cn/losangeles/gywm/index.html
加拿大	驻加拿大使馆教育处	(+1) 604-3369926	(+1) 613-798-3434 转 407	对外交流服务	https://canada.lxgz.org.cn/canada/gywm/index.html
			(+1) 613-789-3434 转 407	领区内留学人员管理和服务	
	驻温哥华总领事馆教育组	(+1) 604-3369926	(+1) 604-732-6723	留学人员服务管理事务	https://vancouver.lxgz.org.cn/vancouver/lxwm/index.html
			(+1) 604-736-3969	教育对外交流	
			(+1) 604-732-6723	汉语推广事务	
	驻多伦多总领事馆教育组	(+1) 416-594-2308	edutoronto02@gmail.com	中文推广、国家优秀自费留学人员奖学金项目等	https://toronto.lxgz.org.cn/toronto/gywm/index.html
			torontoeduk@gmail.com	自费、公派留学人员事务	
			torontoeduhan@gmail.com	教育交流、赴华留学、机构认证	
	驻蒙特利尔总领事馆教科文处	(+1) 438-401-6980	(+1) 514-419-6748		https://montreal.lxgz.org.cn/

续表

国别	驻外使领馆	24 小时领事保护与协助电话	教育处联系电话	负责内容	链接
墨西哥	驻墨西哥大使馆	(+52) 5556162129	使馆总机: (+52) 55-56160609; 24 小时领事保护与协助电话: 0052555616212		http://mx.china-embassy.gov.cn/chn/null/
英国	驻大不列颠及北爱尔兰联合王国大使馆教育处	(+44) 20-74368294	(+44) 7410429777	24 小时应急电话	https://england.lxgz.org.cn/england/gywm/index.html
	驻曼彻斯特总领事馆教育处	(+44) 161-2248986	manchester01@lxgz.org.cn	学生事务咨询及公派留学人员事务	https://manchester.lxgz.org.cn/manchester/lxwm/index.html
			manchester@lxgz.org.cn	汉语推广、大学资质认证	
			manchester@lxgz.org.cn	教育交流	
	驻爱丁堡总领馆	(+44) 131-3374449	(+44) 1313373220 (证件咨询)、(+44) 1313372620 (交往合作)		http://edinburgh.china-consulate.gov.cn/chn/
	驻贝尔法斯特总领馆	(+44) 7895306461	(+44) 28-90682499		http://belfast.china-consulate.gov.cn/chn/zlgxx/lxwm/201506/t20150604_4070976.htm
德国	驻德意志联邦共和国大使馆教育处	(+49) 30-27588551	(+49) 30-27588-0		http://www.de-moe.org/article/read_one/326

续表

国别	驻外使领馆	24小时领事保护与协助助电话	教育处联系电话	负责内容	链接
俄罗斯	驻俄罗斯联邦大使馆教育处	(+7) 499-951-8661	(+7) 499-951-8395/8397/8400		https://russia.lxgz.org.cn/russia/lxwm/index.html
	驻圣彼得堡总领事馆教育处	(+7) 812-7137605	(+7) 812-7137605		https://stpeterburg.lxgz.org.cn/stpeterburg/gywm/index.html
			(+7) 4951727	交流合作处（教育）电话	
	驻叶卡捷琳堡总领馆	(+7) 9221509999	(+7) 9221509999		http://ekaterinburg.china-consulate.gov.cn/chn/lxwm/
	俄罗斯伊尔库茨克留学工作网	(+7) 499-951-8661	(+7) 3952-781434		https://irkutsk.lxgz.org.cn/irkutsk/gywm/index.html
法国	驻法兰西共和国大使馆教育处	(+7) 499-951-8661	(+33) 01 53 75 89 08	负责联系驻法国使馆领区留学人员	https://france.lxgz.org.cn/france/lxwm23/index.html
日本	日本留学服务网	(+81) 03-6450-2195	(+81) 03-3403-3388 (总机)（若从国内打来：请拨 00813 再拨后面8位）转 8820		https://japan.lxgz.org.cn/japan/lxwm/index.html
	驻大阪总领事馆教育处	(+81) 06-6445-9427	(+81) 06-6445-9486/9488		https://osaka.lxgz.org.cn/osaka/gywm/index.html
	驻札幌总领馆	(+81) 011-513-5335	(+81) 011-563-5563		http://sapporo.china-consulate.gov.cn/chn/lsfw/lxdh/
	驻新潟总领事馆	(+81) 025-228-8888	(+81) 025-228-8888		http://niigata.china-consulate.gov.cn/chn/lxwm/201908/t20190828_9299824.htm
澳大利亚	驻悉尼总领事馆教育处	(+61) 02 9550 5519	(+61) 02 8595 8024 (+61) 02 85958027 (+61) 02 85958077		https://sydney.lxgz.org.cn/sydney/gywm/202107061010197339970/index.html

师沈倬丞。非常感谢海内外的中国留学人员、留学回国人员、相关专家、高校教师以及有关机构对本书调研、座谈等活动的积极参与；感谢国内外相关教育主管部门、服务机构、研究机构和学校对我们工作的支持。

我们希望本书能帮助我国广大留学人员与家庭做出更客观、更有效的留学决策，为各界提供更权威、更丰富的研究和实践成果，为全球教育机构提供相应的参考与研究，为相关政策制定者带来有价值的参考。我们也切实认识到，由于数据积累不够全面、充分，学理与实践研究还不深入，以及编者水平所限等因素，本书还存在着许多不足。未来，我们将携手更多专业机构和专家，不断丰富完善蓝皮书的编写机制，提升编写质量，形成更为权威和准确的出国留学数据库和数据源，推动中国留学事业迈向新的高度，为全面推进中国式现代化培养更多高素质、国际化的人才。

编　者

2025 年 3 月